19 Impulse für positive Veränderer

Beate Nimsky

19 Impulse für positive Veränderer

Aktivieren und nutzen Sie Ihre
verborgenen Energien für sich selbst und andere

Integral

Der Integral Verlag ist ein Unternehmen
der Econ Ullstein List Verlag GmbH & Co. KG

ISBN 3-7787-9087-0

Unter Mitarbeit von: Inga-Annett Hansen,
Livingston Media, Hamburg
Redaktion: Anja Schmidt, München
Umschlaggestaltung: Gerd Aumann, Wiesbaden
Gesetzt aus der Sabon und Odense
bei Franzis print & media, München
Druck und Bindung: Wiener Verlag, Himberg

Inhalt

Vorwort

Was will dieses Buch? Dieses Buch will nicht weniger, als einen kleinen Beitrag zur Veränderung der Welt leisten. Das klingt vielleicht etwas hochtrabend, aber wenn Sie es gelesen haben, werden Sie wissen, was ich meine.

Wir leben in einer Welt voller unglaublicher Möglichkeiten und Chancen. Aber: Ist unser Leben wirklich erfüllt mit der Freude und Qualität, nach der wir uns sehnen?

Viele Heilslehren haben bereits den Himmel auf Erden versprochen und sind damit gescheitert. Das globale Patentrezept für paradiesische Zustände gibt es nicht. Wer aber wie ich erlebt hat, dass es durchaus möglich ist, sein eigenes Leben in stetigen Schritten so zu verändern, dass aus eigener Kraft ein Vielfaches mehr an Glück und persönlichem Erfolg erreicht werden kann, möchte dieses Wissen mit anderen teilen. Denn prinzipiell trägt jeder die Voraussetzungen für ein erfülltes Leben in sich.

Es war im Jahr 1987, als ich begann, meinem Leben eine völlig neue Wendung zu geben. Nach einem Autounfall mit mehrfachem Schleudertrauma der Hals-, Lenden- und Brustwirbelsäule schickte mich mein behandelnder Arzt zu dem weltweit anerkannten Energie-Meister Mantak Chia. Und zwar mit den Worten: »Da dürfen Sie hingehen.«

Nachdem ich bis zu diesem Zeitpunkt weder Energie- oder Körperübungen geschweige denn Meditation praktiziert hatte, saß ich im Mai 1987 völlig unbedarft in diesem Seminarsaal. Ich hatte absolut keine Erwartungen, denn ich konnte mir nicht einmal vorstellen, was hier geschehen oder gelehrt werden würde. Ich hatte lediglich ein intensives Vertrauen zu meinem Arzt und den festen Glauben daran, dass er wusste, was er tat, wenn er mir diese Energiearbeit empfahl. Somit hatte ich lediglich eine diffuse Erwartung von Gesundung oder Heilung oder Schmerzbefreiung, aber keinen Plan und keine Vorstellung über das Wie.

Was ich dann erleben durfte, liegt jenseits der Beschreibungsmöglichkeiten. Ich kann es nur unzureichend schildern, indem ich Ihnen sage, dass ich unglaubliche körperliche Erfahrungen machte und so intensive Gefühle und Energieströme erlebte wie nie zuvor. Die Energie strömte über die Wirbelsäule, jagte durch meine Verletzungen und drohte meinen Rücken fast zu verbrennen.

Nach den Tagen des Seminars hatte ich keinen Zweifel, dass ich die ersten Schritte auf einem Weg gemacht hatte, der mein ganzes Leben verändern sollte. Aber natürlich musste ich geduldig sein. So schnell, wie ich am Anfang dachte, ging es dann doch nicht, jahrzehntelang eingeübte Lebensgewohnheiten zu verändern. Ich machte weiter mit der Energiearbeit und besuchte etliche Seminare. Immer erwartete ich, dass es mir nach dem nächsten Seminar noch besser gehen würde. Ich habe auch tatsächlich viel gelernt. Aber irgendwann ist mir klar geworden, dass ich auf nichts warten muss, um ein gutes Gefühl zu haben, sondern dass ich es selbst tun kann. Jederzeit. Jetzt sofort.

Dieses Aha-Erlebnis zusammen mit den Erfahrungen der Seminare gab mir enorm viel Kraft. Als der Autounfall passierte, arbeitete ich als Regionalmanagerin für Bayern in einem deutschen Konzern. Fünf Monate dauerte meine Zeit der Genesung. Fünf Monate, um neue Gedanken zu denken, eine neue Richtung einzuschlagen. Zunächst nur innerlich. Aber nachdem ich erkannt hatte, dass ich jeden einzelnen Erkenntnisschritt sofort in praktisches Handeln umsetzen kann, merkte ich täglich, wie mein Selbstvertrauen wuchs.

Doch es dauerte noch zwei Jahre, bis ich mich traute, mich selbstständig zu machen. Ich wollte ganz raus aus dem Management und stattdessen nur noch Energiearbeit praktizieren und Seminare anbieten. Gesagt, getan. Und auf die Nase gefallen. Meine Vision war zwar klar, aber die Vorgehensweise nicht. So habe ich etliche Monate gebraucht, in denen ich geplant, konzipiert und gefeilt habe, bis schließlich meine eigenen Seminare entstanden sind. Bis heute habe ich dafür jedoch noch viele weitere Ausbildungsschritte gemacht wie zum Beispiel NLP (Neuro-Linguistisches Programmieren), Mentaltrainings, Körpersprache, Rhetorik und einiges andere mehr.

Heute bin ich sowohl im Management als auch in der Energiearbeit zu Hause. Die Arbeit in Firmen macht mir mit dem neuen Hintergrund sehr viel Freude. Ich coache viele Führungskräfte und bin ihr persönlicher Berater auf ihrem Weg zu mehr Erfolg und einem besseren Miteinander. Gemeinsam mit den Führungskräften entwickeln wir ihre Vision für sie selbst und ihre Firmen; ich trainiere ihre Mitarbeiter und gebe darüber hinaus freie Seminare.

Und nun sitze ich mit meinem Computer quasi vor Ihnen und halte ein Seminar für Sie. Ich stelle mir vor, ich habe mein Flipchart rechts neben mir und Sie in einem großen Halbkreis vor mir. Ich schaue Ihnen in die Augen, lasse meine Energie in den Raum strömen und bin intensiv mit Ihnen im Dialog. Ich teile mit Ihnen meine Erfahrungen, meine Hoffnungen und meine Wünsche. Meine Wünsche für eine lebensbejahendere Welt, für gesunde glückliche Menschen und für Erfolg auf allen Ebenen des Seins.

In diesem Sinne wäre es für mich eine große Freude, wenn Sie unseren Dialog in Form dieses Buches mit offenem Verstand und offenem Herzen verfolgen. Lassen Sie sich überraschen von dem, was geschieht. Nichts von dem, was ich sage, ist ein Muss, alles sind Möglichkeiten. Sie wählen. Sollten Sie herausfinden, dass diese Ihr Leben verbessern, dann hatte die Zeit unserer gemeinsamen Unterhaltung für jeden von uns Sinn.

Herzlichst Ihre
Beate Nimsky

Dielheim, im Sommer 2001

19 Schlüssel öffnen die Tür zu Glück und Erfolg

Stellen Sie sich einmal folgende Frage: Welche Dinge müssen eintreten, damit Sie glücklich sein können?

Werden Sie glücklich sein, wenn Sie auf der Terrasse Ihres abbezahlten Eigenheims sitzen, das Traumauto in der Garage? Muss Ihre Frau oder Ihr Mann genügend Zeit für Sie haben? Müssen Sie in Ihrem Beruf erfolgreich sein? Und wenn ja, wann glauben Sie, sind Sie so erfolgreich, dass Sie sich endlich erlauben können, Ihr Glück neben all den Verpflichtungen tatsächlich zu genießen?

Was muss passieren, damit Sie glücklich sind?

Wer dem Glück den Rücken zukehrt, kann es nicht finden

Wenn Ihr Auto schlecht fährt, erst nach vielen Versuchen anspringt und außerdem qualmt und zu viel Benzin verbraucht, würden Sie dann auf die Idee kommen, die Straßen müssten erneuert, der Treibstoff verbessert oder neue Reifen montiert werden?

Auch ohne den technischen Sachverstand eines Automechanikers würden Sie wahrscheinlich als Erstes die Einstellung des Motors überprüfen lassen.

So vollkommen absurd wie in diesem Beispiel verhalten sich aber sehr viele Menschen, ohne es zu merken: Sie kommen nicht richtig in Gang, die Arbeit geht nur stockend voran, und auch im Privatleben läuft es nicht wirklich gut. Doch die Ursachen dafür suchen sie fast immer in den äußeren Bedingungen, am Arbeitsplatz, in der Wohnsituation, beim Partner. Doch selbst die besten aller möglichen Voraussetzungen können niemanden zufriedener machen, der mit einer falschen Grundeinstellung durchs Leben geht.

Und diese Einstellung müssen Sie selbst verändern.

Genau darin liegt Ihre größte Chance – denn vor allem die können Sie auch selbst verändern.

Trügerische Bedingungen

Das ist der Knackpunkt. Wir glauben, erst muss etwas passieren, damit uns das gute Ergebnis die Berechtigung gibt, glücklich zu sein. Wir sind so programmiert, dass wir glauben, immer erst etwas leisten, etwas Bestimmtes tun zu müssen, damit wir uns besser fühlen können.

Wenn wir jung sind, denken wir zum Beispiel: »Ja, wenn du erst einmal deinen Doktor gemacht hast, dann bist du etwas. Und dann kannst du anfangen, glücklich zu sein.«

Und wenn dann der Doktortitel erworben wurde, und das Glück lässt auf sich warten, wird es sich sicher einstellen, »wenn ich erst einmal meine Arztpraxis aufgebaut habe«. Und dann wird gearbeitet und geschuftet, denn erst, »wenn ich den benötigten Umsatz erreicht habe, bin ich ein glücklicher Mensch«.

Oder vielleicht haben Sie gerade eine führende Position übernommen, sind die Karriereleiter noch höher hinaufgestiegen. Da ist es doch klar, dass jetzt weniger Zeit für die Familie und für sich selbst bleibt. Also gibt es wahrscheinlich auch weniger Glücksmomente, aber das ist in Ordnung, denn jetzt ist es für die nächsten Monate und Jahre erst einmal wichtiger, diese Position zu sichern. Zeit zum Glücklichsein gibt's ja dann im Urlaub oder später. Und ehe man sich's versieht, hat man das Glück auf die Rente verschoben.

Wir schuften und tun und machen. Wir erreichen unendlich viel, machen ständig Fortschritte. Aber: Sehen Sie glückliche Gesichter, wenn Sie einkaufen gehen? Sehen Sie glückliche Mienen, wenn Sie morgens im Auto zur Arbeit fahren und an der Ampel einen Blick auf Ihren Nachbarn riskieren?

Begrüßen Sie selbst morgens freudig und mit glücklichem Gesicht Ihre Mitmenschen? Kommen Sie abends

Wer Erfolg hat, macht nicht grundsätzlich andere Dinge. Er macht lediglich einige Dinge grundsätzlich anders.

13

glücklich nach Hause, weil es Spaß gemacht hat, gemeinsam mit anderen Menschen neue Dinge zu entwickeln? Sind Sie mit sich selbst zufrieden?

Um das ausführlich zu beantworten, nehmen Sie sich kurz die Zeit für den folgenden Test.

● ●

DER SELBSTERKENNTNIS-CHECK:
Wie ist Ihre Selbsteinschätzung?

Wer schon an Selbsterfahrungsgruppen oder Ähnlichem teilgenommen hat, kennt vermutlich diese einfache psychologische Übung: »Sage hier in der Runde drei Dinge, die du an dir schlecht findest.«

Das ist schwer, aber noch jeder schafft es – selbst wenn es nicht mehr bloß ums eigene Aussehen, sondern auch um den Charakter geht. Probieren Sie es einmal selbst aus, sagen Sie

• drei Dinge, die Sie an Ihrem Aussehen schlecht finden:

_____

_____

_____

• und drei Dinge, die Sie an Ihrem Charakter schlecht finden:

_____

_____

_____

Sie können diese zwei mal drei Dinge still für sich denken, aufschreiben, allein vor sich selbst oder vor einem anderen Menschen aussprechen.

Das ist ein ganz interessanter kleiner Test. Sie werden merken, wie schwer es ist, sich deutlich zu dem zu bekennen, was man an sich selbst nicht mag.

Viele Menschen – vermutlich alle – haben etwas an sich

● ●

auszusetzen, sind unsicher über ihr Aussehen und ihre Erscheinung, ihren Charakter und ihre Motive. Bei vielen spielt in der Seele eine Hintergrundmusik in Moll. Sie stimmt uns auf eine negative Grundmelodie ein. Sie lautet: »Du bist nicht so viel wert wie die anderen.«

Eigenartigerweise fällt es gerade Menschen, die solch eine negative Platte ständig in ihrer Seele abspielen, besonders schwer, den Text einmal laut zu sagen. Schade, da gerade sie es sind, die am meisten davon profitieren. Denn erst wenn sie den Mut haben, es vor anderen Menschen zu tun, erfahren sie, dass diese ihre negative Selbsteinschätzung meist nicht teilen. Sie können sich selbst davon überzeugen, dass wir uns selbst in der Regel tatsächlich viel negativer sehen, als andere uns wahrnehmen.

Machen Sie nun eine zweite Übung. Sie ist ungleich schwerer als die erste. Manchen Menschen verschlägt es dabei regelrecht die Sprache:

Lernen Sie, sich selbst zu akzeptieren. Bekennen Sie sich zu Ihren positiven Seiten.

• Sagen Sie drei Dinge, die Sie an Ihrem Aussehen gut finden.

_____

_____

_____

• Und: Nennen Sie drei Dinge, die Sie an Ihrem Charakter gut finden.

_____

_____

_____

Das ist eigenartig. Wir sind so voller Zweifel, voller Unsicherheit, dass wir kaum sagen können, was wir an uns gut finden. Der große Psychologe Erich Fromm hat einmal gesagt: Das eigentliche Problem der Menschen unserer Zeit liegt darin, dass das Gute mit einem Tabu belegt ist. Wir wagen es nicht, uns zum Guten in uns selbst zu bekennen.

Warum tun wir uns damit so schwer? Lassen Sie uns dieser Frage nachgehen. Die Antwort hat etwas mit unserer Lebenseinstellung zu tun, der Sie mit diesem Buch auf die Spur kommen können.

· ·

Das Glücksgefühl ist immer da

Woran liegt es, dass viele Menschen einer für sie unbefriedigenden Lebenssituation verhaftet bleiben? Warum scheitern die meisten fast täglich an den unzähligen Hürden, die dem Erreichen ihrer Ziele und ihres Glücks im Weg stehen?

Wir alle sind konditioniert. Und es gibt so viele Konditionierungen, die uns vom Glücklichsein fernhalten. Dabei ist das Glücksgefühl eigentlich in uns. Wir müssen nichts dafür tun, um es zu entwickeln. Nichts muss passieren, damit wir glücklich sein können.

Glück kommt nicht von außen

Kürzlich fuhr ich mit etwa 180 km/h auf der Überholspur. Ich war auf dem Heimweg von einem Seminar und ganz froh, dass es erst 19.00 Uhr war. Ich hatte nur noch etwa zwei Stunden Fahrt vor mir und freute mich, somit relativ früh zu Hause sein. Plötzlich hörte ich ein raues, holpriges Geräusch, als hätte die Fahrbahn tiefe Rillen. Ich nahm langsam den Fuß vom Gas, hörte intensiver hin und dachte: da stimmt etwas nicht. Ein kurzer Blick in den Rückspiegel zeigte mir einen roten BMW mit eingeschalteter Warnblinkanlage. Er fuhr auf der mittleren Spur und hielt Abstand. Irgendetwas konnte da nicht stimmen. Immer langsamer werdend steuerte ich mein Fahrzeug auf den rechten Seitenstreifen und bremste ganz langsam. Ich stieg aus und sah die Bescherung. Der rechte vordere Reifen war total zerfetzt. Der BMW-Fahrer hielt in einigem

Abstand ebenfalls auf dem Seitenstreifen, stieg aus, kam langsam auf mich zu mit den Worten: »Da haben Sie aber Glück gehabt.«

Nachdem ich den ADAC angerufen hatte und mir eine Stunde Wartezeit vorausgesagt worden war, setzte ich mich in meinen Wagen und ließ das Geschehen Revue passieren. Und wissen Sie, was mir dabei auffiel? Ich fühlte mich total glücklich. Kein Gedanke an das, was alles hätte passieren können, sondern nur Erleichterung darüber, wie gut ich reagiert, wie hervorragend das Ausbremsen funktioniert hatte. Freude darüber, dass ich es mir leisten kann, ein so stabiles Auto zu fahren. In mir war völlige Gelassenheit und Ruhe.

Während der Wartezeit kam mir nicht einmal der Gedanke, dass ich jetzt hier eine Stunde Zeit verlor, dass das Reifenwechseln wahrscheinlich noch einmal ebenso lang dauern würde, dass ich viel später nach Hause käme als geplant. Ich wunderte mich über mich selbst. Ich empfand nur Glück. Ich saß voller Freude in meinem Auto. Ich war nur dankbar und glücklich. Ein wunderbarer Zustand.

»Glück ist die Ernte eines stillen Augenblicks.« Austin O'Malley

Da wurde mir völlig klar: Unser Glücksgefühl ist eigentlich immer da, in uns. Und zwar mehr als alles, was wir je von außen bekommen können. Sie können jetzt, in diesem Moment, absolut glücklich sein. Wenn wir glücklich sind, wenn wir uns gut fühlen, dann fällt uns alles leichter. Denn dieses Glücksgefühl wirkt wie ein Motor. Die Arbeit geht schnell von der Hand. Nichts ist uns in diesem Moment zu viel. Wir sagen lächelnd ja zu zusätzlichen Wünschen unserer Umwelt. Wir bringen Blumen mit, machen kleine Geschenke. Wir verhalten uns absolut liebenswürdig. Und wir bekommen von allen Seiten Bestätigung, weil wir in diesen Momenten eine mitreißende Ausstrahlung haben.

Warum sind diese Momente so selten? Warum werden glückliche Menschen immer wieder mit so großer Skepsis betrachtet?

Weil wir falsch konditioniert sind. Seien Sie einmal ganz ehrlich: Denken Sie nicht auch, ein Mensch der ständig glücklich ist, müsse nicht ganz richtig im Kopf, aber zumindest ein hoffnungsloser Idealist sein, der die Grausamkeit der Welt ausblendet? Oder führen Sie auch diese Zwiegespräche nach dem Motto: »Sei nur nicht so glücklich, sonst bekommst du gleich wieder was auf den Deckel.«? Und das Glück, das wir uns nicht gönnen, möchten wir dann natürlich ungern anderen zugestehen.

19 Impulse verändern falsche Konditionierungen

Erkennen Sie, mit welchen eingeschliffenen Gewohnheiten Sie sich selbst blockieren.

Unsere sozusagen »falsche« Programmierung ist kein unabwendbares Schicksal. Lassen Sie sich nicht davon täuschen, dass sich die meisten anderen genauso verhalten wie Sie. Das ist kein Kriterium. Wir alle haben seit unserer Kindheit bestimmte Verhaltensweisen erlernt, die wir seitdem unhinterfragt praktizieren. In diesem Buch geht es darum, zu erkennen, mit welchen dieser eingeschliffenen Gewohnheiten wir uns permanent selbst blockieren.

Spüren Sie mithilfe der 19 Impulse Ihre persönlichen negativen und hinderlichen Programmierungen auf. Stellen Sie die Selbstverständlichkeiten, die Sie einst gelernt haben, auf den Prüfstand. Machen Sie Hausputz in Ihrem Unterbewusstsein, und entsorgen Sie falsche Glaubenssätze, die oft der Grund dafür sind, dass Sie ein Leben lang mit angezogener Handbremse fahren. Sie können alles ändern, was Ihnen schadet, oder kurz gesagt: »entlernen«.

Falsche Glaubensmuster durch neue Ziele ersetzen

Überprüfen Sie mit jedem einzelnen der 19 Impulse vor allem auch die Rechtfertigungsmechanismen, die Ihren Erfolg blockieren. Egal, ob Beruf, Familie oder Freundeskreis: Wenn es nicht optimal läuft, geben viele den Umständen oder anderen Menschen die Schuld.

Dabei gehört gar nicht so viel dazu, selbst unter weniger guten Voraussetzungen erfolgreich zu sein.

Mit kraftvollen Impulsen Visionen entwickeln

Um erfolgreich zu sein, um die Energie für positive Veränderungen zu erzeugen, brauchen Sie eine starke Vision, ein Ziel, das Sie zu Ihrem Leitstern erklären und voller Vorfreude anstreben. Daraus entsteht die Kraft, die Sie über sich selbst hinauswachsen lässt.

Die meisten von uns verharren verzagt in der Domestikenfalle, lassen ihre Handlungen viel zu sehr von anderen bestimmen und kommen nicht dazu, ihre eigenen Wünsche überhaupt zu formulieren.

Nutzen Sie die 19 Impulse, um endlich aus der zweiten Reihe herauszutreten, und gewinnen Sie die Energie, Ihre Ziele auch umzusetzen. Verausgaben Sie sich nicht an falschen Fronten. Setzen Sie all Ihre Fähigkeiten und Kräfte an der richtigen Stelle ein.

Erfolg ist keine Solonummer

Stellen Sie Ihre Ziele in das Zentrum Ihrer Aufmerksamkeit. Fokussiert zu denken bedeutet, jederzeit zu wissen, was Sie wollen und warum Sie es wollen. Und das ist das Gegenteil von rücksichtslosem Egoismus. Wenn Sie das, was Sie tun, mit Begeisterung und Engagement angehen, werden Sie die anderen mit Ihrem Enthusiasmus und Ihrem Tatendrang anstecken. Echte Initiative ist immer mitreißend. Wenn Sie selbst unbeirrt freudig an neue Aufgaben herangehen, wird sich der »Dienst-nach-Vorschrift-Angestellte« und der »So-wenig-wie-möglich-tun-Kollege« schon in die hinterste Ecke verkrümeln müssen, um sich Ihrer Dynamik zu entziehen.

Kommunizieren Sie offen und klar über gemeinsame Projekte oder mögliche Verbesserungen. So können Sie jeder Intrige und jedem Mobbing von vornherein die Spit-

Erfolgreich sein bedeutet erfüllt zu sein – in jedem Bereich des Lebens.

ze nehmen. Gegen positive Veränderer haben selbst notorische Miesmacher kaum eine Chance.

Durch Ihre Initiative legen Sie den Stil der Kommunikation fest und öffnen dadurch den Raum, in dem konstruktiver Austausch möglich ist.

Der Ausgangspunkt sind Sie

Der Ausgangspunkt für alle Veränderungen sind Sie. Die 19 Impulse helfen Ihnen, Schritt für Schritt viele Dinge aus einer anderen Perspektive zu sehen und mit Veränderungen zuallererst in Ihrem Kopf zu beginnen. Das setzt voraus, dass Sie andere Fragen stellen als bisher, um neue Antworten zu erhalten. Und, dass Sie sich auf Lösungen konzentrieren und nicht auf das, was vermeintlich nicht geht. Die Perspektiven ändern sich und somit auch die Wahrnehmung Ihrer Realität. Wenn eine andere Perspektive einen Neubeginn im Denken, Fühlen und Handeln einleitet, dann wird sich gleichzeitig auch die Art und Weise, wie Sie Ihr Umfeld betrachten, für immer verändern. Sie verwandeln Hürden in Chancen, und bei jedem »Unmöglich!« wissen Sie, dass Sie trotzdem alle Mittel in der Hand haben, einen erfolgreichen Weg zu finden.

So wie ein Trainer im Sport hilft, Körper und Geist für die jeweilige Sportart in Hochform zu bringen, so helfen Ihnen die 19 Impulse, Ihre ungenutzten Fähigkeiten und Ressourcen für ein erfolgreiches Leben zu aktivieren.

In jedem Kapitel finden Sie Selbsterkenntnis-Checks, mit deren Hilfe Sie feststellen können, wo Sie stehen, und wie es um Ihr Potenzial in diesem Bereich bestellt ist. Am Ende der Impulse folgen Techniken und praktische Übungen, mit denen Sie die Erkenntnisse anwenden, erweitern und vertiefen können. Nachhaltige Veränderung hängt davon ab, dass der Einsicht auch konkrete Handlungen folgen. Mit den Übungen können Sie sofort beginnen, falsche Programmierungen abzulegen und neue Denkmuster in Ihr Unterbewusstsein einzuprägen. Wappnen Sie sich dabei

Auf dem Weg zum großen Ziel feiern Sie viele Erfolge und Resultate. Täglich.

gegen die Versuche Ihrer Umwelt, wirksame Veränderungen zu verhindern.

Die Reihenfolge der 19 Impulse folgt zwar einer inneren Logik, Sie können aber ohne Schwierigkeiten alle Impulse auch einzeln lesen, in der Reihenfolge, die für Sie gerade stimmt.

Warum 19?

Bei den ersten Überlegungen für dieses Buch fing ich an, die Erfahrungen aus meinen Seminaren und intensiven Begegnungen zusammenzutragen, und kam schon in der ersten Fassung auf 19 Impulse, die mir und anderen entscheidend geholfen hatten, unser Leben neu auszurichten.

Ich sammelte noch mehr Material, nahm weitere Impulse auf, kam aber immer wieder auf die anfangs intuitiv aufgeschriebenen 19 Impulse zurück.

Obwohl mir die 19 als kraftvolle Zahl erschien, versuchte ich mir einzureden: 20 ist doch eine viel rundere Zahl, einen Impuls wird es ja wohl noch geben. Aber wie ich es wendete und drehte, es waren 19 und es blieben 19. Kein weiterer Impuls war wirklich so wichtig, dass er beschrieben werden musste.

Erst später erfuhr ich, dass mein Unterbewusstsein intuitiv richtig geurteilt hatte: Die 19 ist in etlichen Numerologien und Religionen eine derart bedeutende Zahl, dass ich geradezu erschüttert war über diese Zusammenhänge, die mir zuvor nicht bewusst gewesen waren.

Fest steht, dass diese Zahl seit Jahrtausenden als etwas Besonderes betrachtet und dass ihr bis heute große Kraft zugeschrieben wird:

- In der Numerologie steht die 19 für den Anfang und die Schöpferkraft. Ihre Quersumme ergibt die Zahl 10, die wiederum zur 1 wird. Die 19 ist daher nach alter okkulter Tradition eine Form der 1 und damit des großen Alleinen.
- Die gleiche Bedeutung finden wir in der islamischen Mys-

tik. Auch hier weist die 19 auf den Ursprung, das Göttliche, das *Eine* hin.

- Am deutlichsten ausgeprägt ist die Dominanz der 19 in der Bahai-Religion: Auch dort ist sie der Inbegriff von göttlicher Schöpferkraft, die Zahl Gottes und seines Stellvertreters. Außerdem taucht sie in allen wichtigen Daten auf. Der Stellvertreter verkündete gar, Gott habe ihn als einsamen Zeugen für ein verborgenes Wissen um die Zahl 19 berufen, das niemand entkräften könne. Der Kalender der Bahai beruht auf der heiligen Zahl 19. Sein Jahr hat 19 Monate. Jeder Monat hat 19 Tage.
- Auch der Kalender der *Encyclopedia Judaica* weist der 19 eine besondere Position zu, weil die Sonne, der Mond und die Erde alle 19 Jahre in der gleichen relativen Position zueinander stehen.
- Im Tarot ist die 19 die Karte des Glücks, die Sonnenkarte.
- Und Dan Millmann schreibt in seinem Buch *Die Lebenszahl als Lebensweg*, dass die 19 die Lebenszahl von Menschen sei, »die ihre magnetischen Kräfte, ihre intuitive Weisheit und ihre inneren Gaben in positive Formen der Kreativität einfließen lassen, während sie andere durch ihr Beispiel führen und inspirieren«.

Das sind mit Sicherheit noch nicht alle Beispiele für das Vertrauen in die Kraft der 19. Lassen Sie sich davon leiten. Jeder der 19 Impulse wird Ihnen auf dem Weg zum persönlichen Fortschritt und zur positiven Veränderung Ihres Umfelds eine gute Unterstützung sein.

»Und jedem Anfang wohnt ein Zauber inne, der uns beschützt und der uns hilft, zu leben.« (Hermann Hesse)

1. Die Macht der geistigen Gesetze

Grundlegende Störungen im sozialen und emotionalen Bereich sind heute weiter verbreitet denn je – durch Reizüberflutung ebenso wie durch Stress verursacht. Oft stehen wir uns im Alltag selbst im Weg, ohne dass wir es merken oder die Gründe dafür erkennen können. Warum sind wir zum Beispiel so schnell ungeduldig gegenüber anderen oder auch uns selbst?

Persönliche Fallstricke aufspüren

Der folgende Test soll Ihnen zeigen, wo sich Ihre ganz persönlichen Fallstricke befinden, denn »... wir werden durch uns selbst geschaffen und zerstört. In der Rüstkammer der Gedanken schmieden wir die Waffen, durch die wir uns selbst zerstören, und wir stellen auch die Werkzeuge her, mit denen wir uns selbst himmlische Gebäude der Freude, der Stärke und des Friedens errichten.« (James Allen)

Der Geist lenkt unsere Handlungen. Aber wir lenken unseren Geist.

• •

DER SELBSTERKENNTNIS-CHECK:
Stehen Sie sich selbst im Weg?

Mit diesem Test können Sie herausfinden, ob Sie – wahrscheinlich sogar ohne sie genau zu kennen – die geistigen Gesetze gewinnbringend für sich nutzen oder ob Sie es sich im Leben unnötig schwer machen. Finden Sie heraus, ob Sie gegen Ihre eigenen Interessen arbeiten und mögliche Chancen vielleicht nur durch eine falsche Grundhaltung verpassen. Bitte kreuzen Sie alle Aussagen an, die zu Ihrer Situation passen.

• •

1. Sie sind gerade 20 Minuten gejoggt. Wie fühlen Sie sich?

☐ 1 Toll.
☐ 2 Müde.
☐ 3 Fix und fertig.

2. Eine Frau sucht eine feste Bindung. Ein Verehrer fährt mit einem 200.000-Mark-Auto bei ihr vor. Was bedeutet das für sie aus Ihrer Sicht?

☐ 1 Anlass, dem Mann mit Vorsicht zu begegnen.
☐ 2 Genauso viel und genauso wenig, als wenn er mit dem Fahrrad käme.
☐ 3 Eine tolle Chance.

3. Sie kommen zu spät und gestresst zu einer Feier, bei der die Leute besonders fröhlich sind. Wie schnell finden Sie sich dort hinein?

☐ 1 Sofort.
☐ 2 Langsam.
☐ 3 Meist gar nicht.

4. Ein Kind hat sich eine zu große Aufgabe vorgenommen. (Es versucht beispielsweise sehr schwere Dinge zu heben.) Wenn das Kind an seiner Aufgabe verzweifelt, würde ich es vor allem

☐ 1 ermutigen.
☐ 2 trösten.
☐ 3 ihm erklären, dass es lernen muss, seine Kräfte richtig einzuschätzen.

5. Wenn ich Hilfe brauche und sie mir angeboten wird,

☐ 1 lasse ich mir gern helfen.
☐ 2 habe ich Bedenken, mich zu verpflichten.
☐ 3 lehne ich fast immer ab.

6. Ich helfe anderen Menschen

☐ 1 nur, wenn es Sinn macht.
☐ 2 nur, wenn sie mich um Hilfe bitten.
☐ 3 sogar, wenn sie gar nicht um Hilfe fragen.

7. Wenn ich Erfolg habe, freue ich mich

☐ 1 jedes Mal von Herzen.
☐ 2 ein bisschen.
☐ 3 eigentlich nie richtig.

8. Krach mit anderen Menschen habe ich

☐ 1 ganz selten.
☐ 2 öfter mal.
☐ 3 zu oft.

9. Menschen, die ständig freundlich zu mir sind,

☐ 1 finde ich prima.
☐ 2 sind mir etwas verdächtig.
☐ 3 langweilen mich.

10. Zu anderen Menschen bin ich

☐ 1 immer spontan freundlich.
☐ 2 anfangs meist etwas distanziert.
☐ 3 oft zu streng, sodass sich andere verletzt fühlen.

11. Mich haben Freunde schon enttäuscht:

- ☐ 1 sehr selten.
- ☐ 2 öfter mal.
- ☐ 3 eigentlich ständig.

Auf Partys

- ☐ 1 bin ich immer gesprächig.
- ☐ 2 rede ich nicht mehr als die meisten.
- ☐ 3 gehöre ich meist zu den »stillen Wassern«.

Wenn ich mal aus der Haut fahre,

- ☐ 1 verletze ich andere Menschen trotzdem nicht.
- ☐ 2 werde ich öfter mal beleidigend.
- ☐ 3 staunen die Leute, wie aggressiv ich sein kann.

Auswertung zum Check

Bitte zählen Sie die Zahlen vor den von Ihnen angekreuzten Antworten zusammen. Das ergibt Ihre Punktzahl.

Weniger als 20 Punkte: Sie haben eine gute Art, für Ihre Interessen zu sorgen. Sie tun im Leben meistens das, was gut für Sie ist – ohne dass dies auf Kosten anderer Menschen geschieht. Behalten Sie diesen Lebensstil grundsätzlich bei. Denn dies ist der beste Weg, glücklich und zufrieden zu werden. Das Wissen über die geistigen Gesetze wird Ihnen helfen, Ihr Leben in allen Bereichen noch zu optimieren.

20–30 Punkte: Sie nehmen sich selbst nicht wichtig genug. Sie sind zu gutmütig – etwa in dem Stil: »Bevor ich jemanden bitte, habe ich es schon selbst gemacht«. Diese Haltung macht

Menschen »pflegeleicht«. Solche Menschen sind für die Mitmenschen praktisch, weil sie keine Probleme machen. Aber sie selbst kommen dabei im Leben zu kurz. Nutzen Sie die Kraft der geistigen Gesetze, um Ihre Einstellung gegenüber sich selbst zu verändern.

Mehr als 30 Punkte: Sie arbeiten oft gegen Ihre eigenen Interessen. Sie richten sich nach den anderen, tun Ihnen Gefallen und wollen ihnen gefallen. Aber Sie bekommen zu wenig dafür zurück. Es gibt einen harten Satz, der Ihre Lage aber ganz gut trifft: »Wer sich zum Teppich macht, darf sich nicht wundern, wenn auf ihm herumgetrampelt wird.« Versuchen Sie, mehr auf Ihre Interessen zu achten. Der erste Schritt: Erkennen und formulieren Sie Ihre eigenen Interessen zuerst einmal!

Der Zwang zur Wiederholung

Viele – wenn nicht gar alle – Menschen lösen seit frühester Kindheit im Grunde genommen immer dieselben Probleme. Das zu begreifen, Einsicht in diesen Mechanismus zu bringen, den der große Sigmund Freud »Wiederholungszwang« genannt hat, ist eine der wichtigen Aufgaben, die viele von uns zu bewältigen haben. Wenn Sie Ihre Energie dabei an der richtigen Stelle einsetzen, werden Sie in Riesenschritten vorankommen. Sie werden mithilfe der 19 Impulse Schritt für Schritt lernen, die alten Muster zu erkennen und schließlich zu vermeiden.

Es ist wie mit dem Problem von Diät und Übergewicht. Man kann allerlei Diätvorschriften befolgen und trotzdem ein Leben lang unter Übergewicht leiden. Man kann Zeitpläne aufstellen und trotzdem nie aus der Hetze herauskommen. Und wie oft nimmt man sich vor, die Kinder nicht mehr anzumeckern, sich das Rauchen abzugewöhnen, nicht mehr Auto zu fahren, wenn man getrunken hat, regelmäßig Sport zu treiben und niemals mit ungeputzten Zähnen ins Bett zu gehen. Mit guten Vorsätzen ist der Weg zur Hölle gepflastert.

Die Lösung eines Problems erfordert vielmehr ein grundsätzliches Umdenken, das mit der Einsicht in die Wirkungsweise der geistigen Gesetze beginnt.

So wirken die geistigen Gesetze

Um Missverständnisse zu vermeiden, möchte ich zum Einstieg die Definition von Geist vorstellen, die ich in meinen Seminaren benutze. Für mich umfasst der Begriff Geist wesentlich mehr als nur das, was sich zwischen unseren Ohren abspielt. Das universale Potenzial von geistigen Prozessen geht über das hinaus, was der einzelne Mensch für sich erlebt.

Die Energie des Geistes eröffnet dem Menschen unerschöpfliche Möglichkeiten.

Die Möglichkeiten des Geistes sind unbegrenzt und mit unserem rationalen Verstand nicht zu erfassen. Alles, was je geschaffen wurde – Dinge, Situationen und Gedankengebäude – ist durch die Schöpferkraft des Geistes entstanden.

Energie ist nicht zerstörbar, sie ändert nur ihre Erscheinungsform.

Geist ist universelle Kraft, ist die Ur-Energie. Energie als unsichtbarer Informationsträger oder -übermittler. Gehen wir davon aus, dass unser gesamtes Universum, die Erde, Pflanzen und alle Lebewesen von Energie durchdrungen, aus Energie geformt sind, dann können wir auch davon ausgehen, dass wir – und alles was ist – teilhaben an dieser Energie, in diesem Sinne teilhaben am Geist.

Diese geistige Energie steht allen Menschen jederzeit und uneingeschränkt zur Verfügung. Denn: Wir sind aus ihr entstanden, sind von ihr durchdrungen und bewegen uns in ihr. Geist ist die hinter allem befindliche Kraft, die sozusagen allem, was ist, zugrunde liegt.

Energie ist also ein Träger von Informationen, Geist die sich darin befindliche potenzielle Schöpferkraft.

Welche Informationen transportiert werden, ist dem

Medium Energie gleichgültig. Die Funktion der Schöpferkraft besteht darin, zu erschaffen, unabhängig davon, was erschaffen wird.

Wie nutzen wir die Kraft des Geistes?

Jeder einzelne Gedanke, den wir erzeugen, ist Teil des Geistes. Unsere Gedanken entstehen aus dem Geist und gleichzeitig lenken sie dessen Kraft. Jeder Gedanke ist von geistiger Energie durchdrungen und prägt diese Energie. Jeder Gedanke schafft geistige Muster.

Diese komplexe Verknüpfung von Wirkung und Ursache macht es auch so schwer, die Frage zu beantworten, wie einzelne Gedanken entstehen und welche körperlichen Vorgänge mit ihnen verbunden sind. Über das Verhältnis von Geist, Seele und Körper streiten sich Philosophen und Naturwissenschaftler seit Tausenden von Jahren. Einig sind sie sich lediglich darin, dass wir weder nur Geist noch nur Seele noch nur Körper sind. Ebenso sicher wissen wir, dass wir als Geist-Wesen oder Geist-Seele einen Körper haben und dass ein großer Teil unserer zwischenmenschlichen Kommunikation über körperliche Ausdrucksformen stattfindet.

Sicher ist außerdem, dass der Mensch mit einem freien Willen ausgestattet ist. Er drückt diesen Willen über sein Denken, sein Fühlen, sein Handeln aus. Das bedeutet, dass er mittels seines Denkens und Fühlens die Geist-Energie, also die Schöpferkraft benutzt und ihr eine bestimmte Ausrichtung gibt.

Sie können sich diesen Vorgang durch folgenden Vergleich verdeutlichen: Jede Farbe und jeder Ton haben eine bestimmte Wellenlänge, das heißt eine für sie charakteristische Schwingung. Diese Schwingungen lösen zum Teil ganz bestimmte Reaktionen aus, zum Beispiel können Gerüche unsere Träume beeinflussen. Manche Töne, Farben und Gerüche verursachen Wohlgefühl, andere bewirken deutlich negative Empfindungen. So wie die Farben,

Töne und Gerüche bewegt auch jeder Gedanke Energie und versetzt sie in ein bestimmte Schwingung. Es entsteht ein spezielles Schwingungsmuster oder Energiefeld, das mehr oder weniger bewusst von anderen wahrgenommen werden kann. Das bedeutet, jeder Gedanke hat auch eine reale Existenz und damit eine bestimmte Wirkung.

Die Existenz eines Gedankens wirkt in zwei Richtungen – zum einen nach innen, auf unsere Gefühle, unser Unterbewusstsein, unsere Seele. Zum anderen wirkt er aber auch unmittelbar nach außen. Er wird von anderen aufgenommen und existiert daher gleichzeitig außerhalb unserer eigenen Gedankenwelt. Der ununterbrochene Gedankenfluss erzeugt eine Art gedanklicher Matrix, sozusagen ein Strickmuster aus Gedanken. Miteinander verknüpfte Gedankenmuster existieren sowohl in unseren individuellen Gedanken und Gefühlen als auch im äußeren Raum, der die gesellschaftlich geteilten Anschauungen prägt.

Gedanken lösen Handlungen aus

So wie die Schwingungen von Farben, Gerüchen und Tönen manchmal intensive körperliche Reaktionen auslösen, aber oft auch wirken, ohne bewusst wahrgenommen zu werden, so spricht unser Körper auch auf die Schwingungen der Gedanken an. Allerdings wirken die Gedanken wesentlich stärker als Gerüche oder Töne. Sie wirken so stark, dass sie eine Vielfalt von Handlungen und Reaktionen auslösen.

Die Kraft der Gedanken und die durch sie ausgelösten Gefühle bewirken sichtbare Folgen wie körperliche Bewegungen, spontane Handlungen, sprachliche Äußerungen etc.

Denken ist inneres Handeln. Schon das Denken muss als inneres Handeln betrachtet werden. Auch wenn es zunächst keine sichtbaren Ergebnisse hervorbringt, liegt hier der Ursprung dynamischer Energien, die im Körper und der Umwelt entsprechende

Wirkungen auslösen. Das Denken ist eine schöpferische Handlung, eine der höchsten menschlichen Gaben.

Wie Sie ganz konkret die Wirkung und die Kraft der Gedanken nutzen können, um sich selbst und Ihre Umwelt zum »Umdenken« und damit zu verändertem Handeln zu bewegen, werden Sie noch ausführlicher im 7. und 15. Impuls (»Die Kraft der Überzeugungen« und »Klare Sprache«) erfahren.

Gedanken und Gefühle bestimmen unser Seelenleben

Wir nutzen also die Energie der Schöpferkraft mittels unserer Gedanken. Die Gedanken bewirken konkrete Handlungen und haben gleichzeitig unmittelbaren Einfluss auf unsere Seele: Sie lösen psychische Reaktionen und damit Gefühle aus.

Diese von den Gedanken ausgelösten Gefühle bestimmen unser Seelenleben. Sie kennen das wahrscheinlich: Die Vorstellung von Situationen, die eine intensive Gefühlsregung verursachen, ist in gewisser Weise schon dieses Gefühl selbst. Es wird durch bloße Erinnerung wieder erzeugt. Je stärker also das Gefühl ist, das einen Gedanken begleitet, desto stärker prägt sich sein Muster ein und desto stärker wirkt dieser Gedanke sich auf die geistige Energie aus.

Der Gedanke ist abstrakt. Erst die Energie der mit ihm verbundenen Gefühle macht ihn wirksam.

Welche Gefühle mit welchen Überzeugungen verbunden sind, ist zu einem großen Teil erlernt und anerzogen. Wenn wir beispielsweise gelernt haben, dass unsere Mutter es überhaupt nicht mag, wenn wir laut und fröhlich singend durchs Haus tanzen und sie uns dafür mit Liebesentzug bestraft, dann löst diese Erfahrung in uns ganz bestimmte Gefühle aus. In der Folge beginnen wir zu glauben, dass immer dann, wenn wir laut und fröhlich sind, das Resultat Liebesentzug sein wird. So entsteht im Laufe der Zeit schon allein bei dem Gedanken daran das Gefühl des Liebesentzugs, was die bereits gemachte Erfahrung noch verstärkt.

Gefühle wirken auf unsere Gedanken zurück, erzeugen

wiederum einen ähnlichen Gedanken und lösen die damit verbundene körperliche Reaktion aus. Jedes Gefühl ist untrennbar mit einer mehr oder weniger deutlichen körperlichen Reaktion verbunden: Wir erröten bei Scham, weinen Tränen vor Freude, bei Schreck stockt uns der Atem, Schauer laufen über den Rücken und Nervosität schlägt auf den Magen.

Frei denken

Wenn ich mir etwas vornehme, von dem ich felsenfest überzeugt bin, dass ich es durchsetzen werde, und dass es auch bei anderen gut ankommen wird, beflügelt mich dieser Gedanke. Es geht mir gut und ich spüre Zufriedenheit und Tatkraft in mir. Mein Körper ist entspannt, locker, leicht, gesund, voller Energie. Dieser Zustand gibt mir die Möglichkeit, frei zu denken und zu handeln. Ideen kommen. Ich entwickle Neues. Ich bin von meiner Idee überzeugt und fange an, alles Notwendige für ihre Verwirklichung in die Wege zu leiten.

Wenn ich aber denke, diese Aufgabe schaffe ich nicht, bekomme ich ein mulmiges Gefühl. Dieses wiederum veranlasst meinen Körper, sich zusammenzuziehen, was ein Gefühl der Enge nach sich zieht. Doch wenn ich mich beengt fühle, kann ich kaum erfolgreiche Gedanken denken. Stattdessen wiederholt sich das gedankliche Muster »das schaffe ich nicht« und wird damit auch noch verstärkt. Da ich nicht daran glaube, diese Aufgabe zu schaffen, leite ich auch keine Erfolg versprechenden Handlungen ein, sondern finde im gedanklichen Gebilde weitere Argumente und im äußeren Geschehen weitere Beispiele von Menschen oder Umständen, die belegen, dass ich es nicht schaffen kann. Ich finde sogar etliche Barrieren und Widerstände in meiner Umwelt, die eine Verwirklichung von vornherein vereiteln. Resultat: Ich schaffe diese Aufgabe nicht.

Hier haben wir es mit einem klassischen Fall der sich selbst erfüllenden Prophezeiung zu tun. Es ist gleichgültig, ob wir denken und glauben, dass wir etwas schaffen – oder es nicht schaffen. Wir werden immer Recht behalten.

Wir ernten, was wir säen. So »ernten« wir sozusagen unsere Krankheiten, Erfolge und Misserfolge. So gestalten wir mittels unserer Gedanken und Gefühle unsere Beziehungen und unser Umfeld.

Wenn unser Körper krank ist, wenn wir immer wiederkehrende Symptome haben oder sich handfeste körperliche Veränderungen vollziehen, dann sind dies unübersehbare Signale dafür, dass unser Denken und Fühlen über einen langen Zeitraum hinweg nicht im Einklang waren. Unser Denken ist aus den Gleisen geraten; wir haben unsere geistige Schöpferkraft in die falsche Richtung gelenkt.

Auch beruflicher und privater Erfolg oder Misserfolg ist eine Frage der gedanklichen und emotionalen Kraft sowie der so genannten inneren Einstellung.

Das Grundmuster von Gedanken, Gefühlen und Verhalten

Mit jedem Gedanken formen und verwenden wir die schöpferische Energie, die in uns vorhanden ist – in Geist, Seele und Körper. Das können einerseits die bewusst gedachten Gedanken sein, genauso aber auch un- oder halbbewusste innere Gespräche – sozusagen das »Gequassel in unserem Kopf«, das sich ständig abspielt, während wir arbeiten oder irgendwelchen anderen Tätigkeiten nachgehen. Aus diesem stetigen Gedankenfluss, geformt aus unzähligen einzelnen Gedanken, die von uns und unserer Umwelt produziert werden, entsteht der Glaube. Glaube ist hier nicht im rein religiösen Sinn zu verstehen, sondern umfasst alles, woran wir glauben: unsere Überzeugungen; alles, was unserer »Meinung« nach funktioniert oder nicht funktioniert usw. Unsere Glaubensmuster enthalten all das, was sich für uns im Laufe unseres Lebens als »wahr« verfestigt hat.

Die Gefühle schwingen bei allem mit und verleihen den

Aus dem Gedankenfluss kristallisieren sich Überzeugungen, Meinungen und Glaubensmuster.

Gedanken ganz besondere »Töne« und »Farben«. Nach außen prägen sie die körperlichen Ausdrucksformen: Unsere Stimme zum Beispiel drückt sie in Tonfall und Lautstärke aus. Auch Mimik oder Gebärden sind deutliche Stimmungsbarometer für unsere jeweilige Gefühlslage. Wer gerade an den letzten Urlaub denkt, wird hoffentlich ein entspannteres Gesicht machen als jemand, der sich damit beschäftigt, dass er am Wochenende die verhasste Steuererklärung machen muss.

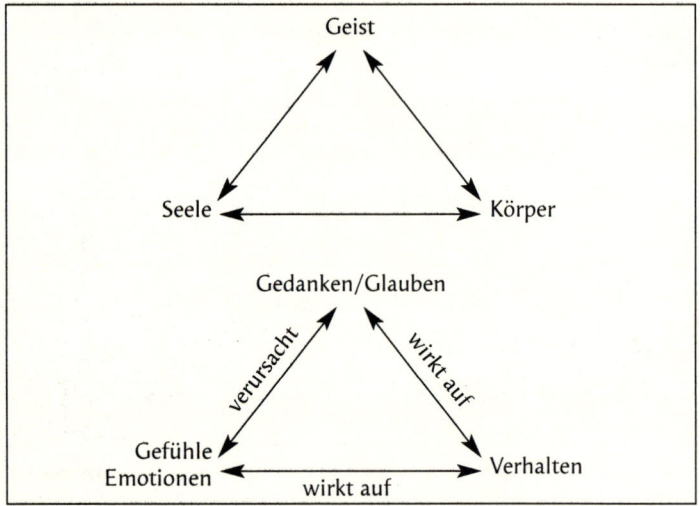

Die Wirkungsweise des universellen Gesetzes

Durch die hier dargestellten Wechselwirkungen bergen alle Elemente ein unglaubliches Potenzial an positiven Einflussmöglichkeiten. Angenehme Gefühle sind die wirksamste Hilfe bei Krankheit, bei Schwierigkeiten im Beruf oder bei Stress. Und solche Gefühle lassen sich durch die veränderte Gestaltung unserer Vorstellungen und Gedanken verblüffend leicht erzeugen.

Wer einmal damit beginnt, die Kraft der Gefühle und Gedanken richtig einzusetzen, kommt nicht daran vorbei, als Erstes seine gedanklichen Muster aufzuspüren und einer kritischen Prüfung zu unterziehen.

Wie unsere persönliche Wahrheit entsteht

Jeder von uns hat im Laufe seines Lebens gedankliche Muster gelernt, übernommen und entwickelt, die notwendig sind, um nicht jeden Tag wieder alles infrage stellen und neu überdenken zu müssen. Diese Muster bestehen aus einem Geflecht von Gedanken, Gefühlen und dazu passenden Verhaltensweisen. Deshalb existiert in jedem Menschen eine Art energetisches Grundmuster, das sein Verhalten bestimmt.

Die innere Gefühlswelt spielt dabei eine enorme Rolle. Je öfter wir einen Gedanken denken, der bestimmte Gefühle in uns auslöst, desto intensiver kann dieses Gefühl werden und desto stärker wird das in uns ausgeprägte Muster. Es breitet sich aus und nimmt mehr und mehr Raum ein. Gleichzeitig wird die Energie der dadurch in uns ausgelösten Schwingungen stärker und stärker. Je intensiver diese Schwingung wird, desto mehr glauben wir, dass unser Empfinden wahr ist. Wir handeln gemäß der geglaubten Wahrheit. Und somit bewirken wir im Inneren unseres Körpers und gleichzeitig im Außen entsprechende Resultate.

Dieser Vorgang ist ähnlich wie die Entstehung von Trampelpfaden, die dort erzeugt werden, wo immer wieder der gleiche Weg benutzt wird, bis kein Gras mehr wächst. Jeder geht ganz selbstverständlich den ausgetretenen Pfad, und je öfter man ihn geht, desto weniger stellt man den Weg infrage. Einen anderen Weg zu gehen, womöglich durch hohes Gras oder unbekanntes Gelände, würde erst einmal mehr Energie und ein Überdenken alter Gewohnheiten erfordern. Da ist es doch wesentlich bequemer, die alten Pfade immer weiter auszutreten.

Verbrauchen Sie zu viel Energie durch Vermeidung?

Wir verstärken also die energetische Matrix, bis alles in uns fest davon überzeugt ist, dass sie »wahr« ist. So entwickeln wir unsere Wahrheiten und formen unsere Realität. Denn wenn für uns eine bestimmte Sache wahr ist, dann handeln wir dementsprechend. Das bedeutet, ab sofort handeln wir auf eine bestimmte Weise, um zum Beispiel eine negative Erfahrung zu vermeiden, aus Angst, die damit verbundenen Gefühle zu wiederholen.

Auf diese Weise konzentrieren wir uns hauptsächlich auf das, was wir nicht mehr erfahren wollen.

Da jeder Gedanke wirkt, wird das Muster ähnlich wie der Trampelpfad wieder und wieder erneuert und verstärkt. Denn wenn ich denke, dies oder jenes will ich nicht, dann ist meine gesamte Energie, mein gedanklicher Fokus, meine gesamte Schöpferkraft bei dem, was ich nicht will. Anders gesagt: Ich verbrauche meine Energie dafür, etwas zu vermeiden und mich dagegen zu wehren. Gerade das zu Vermeidende aber wird durch diese Abwehr immer wieder in seiner Existenz bestätigt und neu erschaffen. Um in dem Bild zu bleiben: Nur wenn man einen Trampelpfad nicht mehr benutzt, seine Existenz nicht beachtet und stattdessen neue Wege beschreitet, kann dort wieder Gras wachsen, bis der Pfad schließlich ganz verschwindet.

Das Verhältnis innerer und äußerer Glaubensmuster

Unsere Gefühle, ursprünglich geprägt durch Erziehung und Erfahrungen mit unseren Mitmenschen, ausgelöst und verstärkt durch eigene Gedanken, steuern unser Verhalten. Dies hat ebenso Auswirkungen auf das Verhalten der Menschen in unserem Umfeld, wie deren Verhalten unsere Gedanken und Gefühle beeinflusst.

Unsere Umgebung prägt uns, wir prägen unsere Umgebung.

Bezogen auf das energetische Potenzial, auf die Schwingungen, die durch unsere Vorstellungen ausgelöst werden, bedeutet das Folgendes: Wir gehen mit uns selbst, mit der Energie in uns und gleichzeitig mit der Energie außerhalb von uns in Resonanz. Je mehr Menschen die gleiche Meinung haben, also Ähnliches oder das Gleiche glauben, desto mehr fühle ich mich in meinem Denken bestärkt und denke daher in diese Richtung weiter. Auf diese Weise verfestigt sich die Struktur meiner persönlichen Glaubensmuster mehr und mehr und gleichzeitig werden universale Glaubensmuster geprägt, an denen die gesamte Gemeinschaft teilhat.

Wir formen und festigen über diesen Mechanismus Gesetze, Regeln, Religionen, Mythen, Dogmen, Paradigmen, Kulturen und Nationen. Nichts davon ist prinzipiell richtig und nichts davon ist prinzipiell falsch. Es ist von Menschen geformt. Und grundsätzlich entscheiden wir selbst, wie wir über diesen Mechanismus unseren persönlichen Erfolg oder Misserfolg steuern.

Wir erschaffen unsere Realität gemäß der universellen Gesetzmäßigkeit.

Jeder einzelne ist Teil des Ganzen

Durch unser Denken und Fühlen erzeugen wir ganz bestimmte Schwingungen. Und diese Schwingungen können auch von anderen wahrgenommen werden. So entsteht ein Muster, an dem jeder Einzelne einer Gemeinschaft teilhat. Wir können uns an die vorhandenen Informationen ankoppeln und die Muster intensivieren, indem wir diese Muster schwingungsmäßig wiederholen. Je öfter dieses Muster wiederholt wird, desto größer ist die Wahrscheinlichkeit, dass es sich immer mehr verdichtet.

Wenn ich also ständig einen bestimmten Gedanken pflege, speise ich meine Umwelt mit diesem Muster. Wenn viele Menschen diesen gleichen Gedanken pflegen, koppeln sie sich an das Muster an und verstärken es dadurch. Es wird intensiviert – im einzelnen Menschen und gleichzeitig im äußeren Raum.

Die Energie unserer Gedanken wirkt immer auch nach außen.

Und das erklärt auch, warum es oft so schwierig ist, eine bleibende Veränderung zu erzielen oder sich wirklich um die besagten 180 Grad zu drehen.

Wir haben beispielsweise über Jahre hinweg daran geglaubt, dass wir nicht gut (oder nicht schön, intelligent, erfolgreich) genug sind. Da alles, was wir denken, sofort eine Schwingung erzeugt, haben wir so dieses bestimmte Muster erschaffen. Da es genügend andere Menschen gibt, die das Gleiche denken, wird das Muster noch verstärkt.

Haben wir also das Gleiche über Jahre hinweg gemacht oder gedacht, dann haben wir ein energetisches Netz um uns erschaffen, das ebensolche Gedanken und natürlich ebenso denkende Personen angezogen hat. Wir haben ein Glaubensmuster gewebt, das uns entspricht. Und wir haben einen Lebensraum um uns geschaffen, der uns vollkommen entspricht. Hierbei spielt es keine Rolle, ob das Netz bewusst oder unbewusst gewebt wurde. Die meisten Meinungen und Glaubensmuster entstehen unbewusst oder zufällig. Häufig gehörte Meinungen oder eindringliche Erfahrungen führen dazu, dass alle weiteren Erfahrungen diese scheinbar bestätigen. Wir sehen dann alles durch eine »subjektive Brille«.

Zerstören Sie vermeintliche Wahrheiten

Sobald wir diesen Mechanismus jedoch kennen und verstehen, können wir ihn natürlich auch gezielt nutzen: indem wir bewusst denken, was wir erschaffen wollen; indem wir uns bewusst mit den Dingen beschäftigen, die uns fördern; und indem wir uns bewusst mit Menschen umgeben, die ein anderes Gedankengut pflegen.

Das Ziel ist es, überholte Denkgewohnheiten auch wieder abzulegen, nämlich indem wir ein Denkmuster erst

- erzeugen, dann
- bewahren über einen gewissen Zeitraum, damit es wirkt und dann

• wieder zerstören. Denn was man festhält, kann sich nicht erneuern.

Also: Wir erzeugen ein neues Muster durch unser Denken. Wir bewahren es, indem wir uns immer wieder damit in Verbindung setzen und es sowohl gedanklich, gefühlsmäßig als auch über unser Handeln wiederholen und bestätigen.

Wir zerstören ein Muster, sobald wir es nicht mehr denken. Wir geben ihm somit keine Energie mehr, wir »docken« nicht mehr an, sondern distanzieren uns davon. Das entsprechende Muster ist dann zwar nach wie vor als Möglichkeit im Raum, aber wir wählen es nicht mehr. Wir verlassen die ausgetretenen Wege unserer vertrauten aber nicht mehr tauglichen Trampelpfade.

• •

Praktische Hilfen zum 1. Impuls

1. Schreiben Sie in einem Brainstorming alles auf, womit Sie sich selbst identifizieren, bzw. was Sie öfters innerlich von sich sagen oder denken.

Zum Beispiel: »Ich bin launisch, ich bin intelligent, ich bin ein Idiot, ich bin ein Versager, ich bin ein nachlässiger Vater, ich bin eine schlechte Mutter, ich bin krank, ich bin nicht gut genug, ich bin schön, ich bin schlank, ich bin zu dick, ich bin der Chef ...«

2. Erstellen Sie dann zwei Rubriken, in welche Sie die Liste Ihrer Identifikationen ordnen, und zwar in die aus Ihrer Sicht

• positiven und
• negativen.

3. Gehen Sie die negativen Identifikationen durch und hinterfragen Sie jede einzelne: »Bin ich das wirklich oder habe

• •

ich lediglich manchmal so gehandelt?« Notieren Sie, was Ihnen dazu einfällt und warum Sie damals so gehandelt oder sich so gegeben haben.

4. Nun betrachten Sie Ihr Leben ganzheitlich mit all den unterschiedlichen Lebensbereichen. Wie viele Lebensbereiche gibt es bei Ihnen? Vielleicht: Beruf, Familie, Finanzen, Freunde, Freizeit (Sport etc.), Glaube ...

Betrachten und bewerten Sie diese Bereiche nach dem Maß der inneren Erfüllung. Zu wie viel Prozent fühlen Sie sich in den einzelnen Lebensbereichen wirklich erfüllt und erfolgreich? Um sich das besser deutlich zu machen, können Sie ein »Erfolgsrad« zeichnen, in das Sie die einzelnen Lebensbereiche eintragen (siehe Abbildung auf S. 41).

Der innere Kreis sind 0, der äußere Rand 100 Prozent Erfüllung. Tragen Sie dann in die einzelnen Segmente Ihre Prozentlinie ein. Sollte Ihr Rad nicht gleichmäßig rollen, dann ist es an der Zeit, eine neue Ausrichtung zu finden. Achten Sie dabei darauf, nicht nur den Bereich mit dem größten Defizit zu bearbeiten. Sorgen Sie stattdessen für eine kontinuierliche Ausdehnung in alle Richtungen, die dafür lieber etwas langsamer vonstatten geht. So gewährleisten Sie, dass gut laufende Bereiche nicht zusammenbrechen.

5. Erarbeiten Sie in jedem der Bereiche Ihre persönliche Vorstellung davon, wer Sie sein wollen. Wenn es Ihnen leichter fällt, dann formulieren Sie zunächst: »Ich will ein liebevoller Vater für meine Kinder sein. Ich will genügend Zeit mit ihnen verbringen, sodass ich ihre Entwicklung positiv fördern kann ...«

Wenn Sie das haben, dann machen Sie den nächsten Schritt: Formulieren Sie diesen Wunsch um, als wäre er bereits Realität. Das könnte so aussehen: »Ich bin meinen

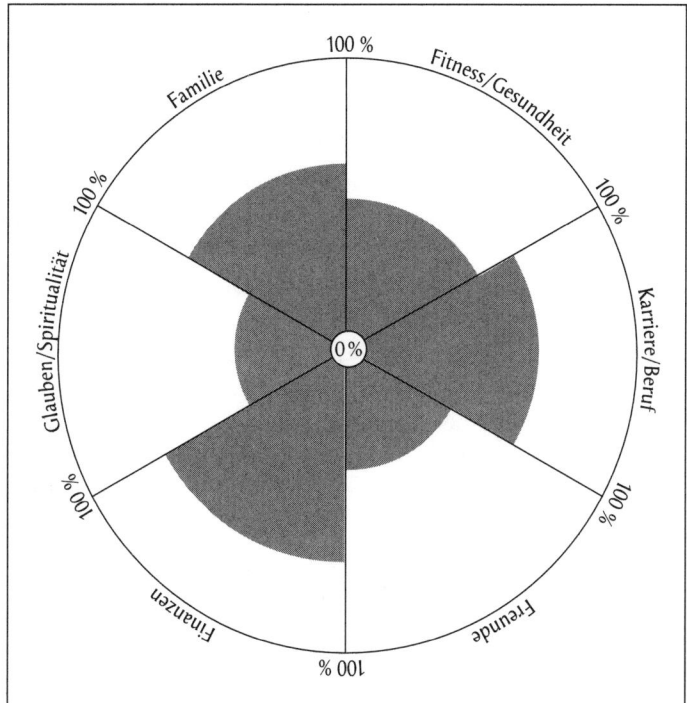

Das Erfolgsrad

Kindern ein liebevoller Vater. Ich habe so viel Zeit für sie, wie sie von mir brauchen, um ihnen positive Impulse für ihre persönliche Entwicklung zu geben. Wir verbringen diese gemeinsame Zeit in optimaler Weise mit Gesprächen, Aktivitäten und viel Spaß.«

6. Wenn Sie diesen Bereich in der Gegenwartsform formuliert haben, kommt der nächste Schritt. Notieren Sie, warum Sie dieses Ergebnis wollen. Wenn Sie das Ziel bzw. gewünschte Ergebnis anstreben, weil Sie glauben, dass die Gesellschaft das von Ihnen erwartet, dann werden Sie es nie errei-

chen – oder es wird jedenfalls nicht zu Ihrem persönlichen Glücksgefühl beitragen. Sie müssen wirklich wissen, warum Sie das für sich wollen.

Vielleicht so: »Weil ich von Herzen alles tun möchte, um für meine Kinder die optimalen Voraussetzungen für ein glückliches Leben zu schaffen. Weil es mir Spaß macht, mit ihnen zusammen zu sein. Weil ich es liebe, sie so zu fördern, dass sie zu wertvollen Mitgliedern der Gesellschaft werden. Weil ich sie als einen wichtigen Teil in meinem Leben betrachte, dem ich große Bedeutung beimesse. Weil ich in ihrer Erziehung einen Unterschied machen möchte, der sie später in die Lage versetzt, ebenfalls mit ihrem Denken und Handeln einen Unterschied zu machen ...«

Können Sie sich vorstellen, wenn Sie diese Gründe für Ihre Handlungen zur Basis haben, dass viele Gespräche mit Ihren Kindern anders verlaufen? Und das gilt natürlich nicht nur in Bezug auf Ihre Kinder, falls Sie welche haben. Dies gilt ebenso für Ihre Partnerschaft, Ihre Freunde, Ihre Geschäftspartner und Mitarbeiter.

2. Mut

Vielleicht fragen Sie sich, warum bereits an zweiter Stelle unserer 19 Impulse der Mut genannt wird. Der Grund ist, dass wir Mut als ganz bedeutenden Impuls benötigen, weil er am Anfang jeglicher Veränderung steht. Selbst wenn man theoretisch erkannt hat, wo die Fehler liegen und dass man sich eigentlich anders verhalten sollte: Die Angst vor der Veränderung steckt in jedem von uns.

Am Beckenrand lernt keiner Schwimmen

Veränderungen bergen immer Unvorhersehbares, wer dagegen auf alten Pfaden schreitet, weiß genau, wohin der Weg führt. Selbst unbefriedigende Zustände erscheinen aus diesem Blickwinkel besser als das Unbekannte. Angst hält uns davon ab, wider besseres Wissen die nötigen Schritte in Richtung positiver Veränderung zu tun: Wir haben Angst davor,

- Fehler zu machen,
- in unbekannte Situationen zu geraten,
- Ablehnung zu erfahren,
- falsche Entscheidungen zu treffen, die nicht rückgängig zu machen sind.

Mut ist der auslösende Impuls, mit seiner Hilfe können wir über uns hinauswachsen und trotz aller Bedenken die Energie für Veränderungen aufbringen. Aus diesem Grund ist Mut eine Tugend, die in allen Kulturen an oberster Stelle steht und zu hohem Ansehen führt. In unserer Kultur versinnbildlicht das zum Beispiel das Sprichwort vom Mutigen, dem die Welt gehört. Und es stimmt auch heute noch: Mut ist die wesentliche Voraussetzung dafür, ohne Zögern zunächst ungewisse Entscheidungen zu treffen.

Mut bündelt das Energiepotenzial, das Angst entkräftet.

Auch kleine Entscheidungen erfordern Mut

Alles Neue, kann nur dadurch entstehen, dass Menschen mutig genug sind, sogar ohne gesicherte Erfahrungswerte Dinge anzupacken und zu verändern. Wir müssen in unserem Leben ständig Entscheidungen treffen, kleine und große. Und das bedeutet, verantwortlich zu sein für den Erfolg oder den Misserfolg unserer Unternehmungen.

Ohne Angst lässt sich das Wagnis abschätzen. Sehr viele Menschen scheuen sich jedoch, diese Verantwortung zu übernehmen. Sie haben Angst vor möglichen Konsequenzen. Und der entkommt man nur mit Mut.

• •

DER SELBSTERKENNTNIS-CHECK:
Sind Sie bereit, für Ihre Überzeugungen einzutreten?

1. Ein alter Mensch betritt den vollen Bus, neben Ihnen sitzt ein etwa zwölfjähriges Kind.

□ a. Ich stehe selbstverständlich für den Älteren auf.
□ b. Ich spreche das Kind darauf an, für ihn Platz zu machen.

2. Ihr Chef brüllt Sie wegen eines Fehlers an, den Sie gar nicht gemacht haben.

□ a. Ich entschuldige mich und suche später nach einer Gelegenheit, die Sache aufzuklären.
□ b. Ich sage dem Boss ruhig und entschlossen, dass ich mit der Sache nichts zu tun habe.

3. Ein Kollege verbreitet hässliche Lügen über Sie.

□ a. Da bin ich machtlos. So ein Gerede hört meistens von selbst wieder auf.

• •

☐ b. Ich gehe direkt auf diesen Kollegen zu und teile ihm mit, dass ich mir das nicht gefallen lasse.

4. Ihnen unterläuft bei der Arbeit ein Fehler.

☐ a. Ich versuche sofort, die Sache zu vertuschen oder erkläre es mit technischen Schwierigkeiten.

☐ b. Zuzugeben, dass ich etwas falsch gemacht habe, fällt mir nicht schwer. Ich steh dazu.

5. Eine Verkäuferin ist schnippisch und frech zu Ihnen.

☐ a. Ich drehe mich um und verlasse sofort das Geschäft. Das lasse ich mir nicht bieten.

☐ b. Ich sehe ihr gerade in die Augen und sage: »Meinen Sie nicht, dass Sie sich gerade im Ton vergreifen? Ich muss bei Ihnen nichts kaufen.«

6. Ein Kollege will Ihnen auch noch einen Teil seiner Arbeit übertragen.

☐ a. Oft kann ich nicht nein sagen, saufe dann arbeitstechnisch völlig ab und bin sauer.

☐ b. Ich sage ihm, dass es mir Leid tut, aber dass mein Schreibtisch bereits voll ist.

7. Ein Freund/eine Freundin will sich Ihr Lieblingskleidungsstück oder Ihre teure Bohrmaschine ausleihen.

☐ a. Ich gebe gern. Ich hoffe, ich bekomme die Sachen auch heil zurück, frage aber auch nicht, bis wann ich sie zurückbekomme.

☐ b. Das kommt darauf an. Es gibt Menschen, denen ich alles leihen würde. Gehört der Entleiher nicht dazu, sage ich nein.

8. Ein Ihnen nahe stehender Mensch übt Kritik an Ihnen.

☐ a. Das tut weh. Ich überlege, ob er ein so guter Freund ist, wie ich bisher dachte und meide die Person erst mal eine Weile.

☐ b. Toll finde ich das nicht. Aber ich denke darüber nach. Wenn derjenige Recht hat, kann mich eine Veränderung weiterbringen.

9. Eine neue Bekanntschaft übt Kritik an Ihnen.

☐ a. Das ist ja wohl das Letzte! Mit solchen Leuten will ich nichts zu tun haben.

☐ b. Ich weise darauf hin, dass wir uns kaum kennen und es für so etwas noch zu früh ist.

10. Sie wollen etwas reklamieren, der Verkäufer stellt sich quer.

☐ a. Solche Situationen enden meistens damit, dass ich wütend gehe und die Sache wieder mitnehme.

☐ b. Ich sage ihm, dass ich im Recht bin, drohe notfalls mit dem Gewerbeaufsichtsamt.

11. Zwei Ihrer Gäste fangen an, sich auf Ihrer Party zu streiten.

☐ a. Ich ignoriere das, unterhalte mich mit irgendjemandem angeregt.

☐ b. Ich gehe dazwischen, sage, dass wir feiern wollen und nicht streiten und dass sie dabei sind, die Party zu ruinieren.

12. Der Arzt schimpft mit Ihnen, weil Sie sich nicht an seinen Rat gehalten haben.

□ a. Ich entschuldige mich, verspreche Besserung.
□ b. Ich gebe ihm in der Sache Recht, weise aber darauf hin, dass ich nicht wie ein Kind behandelt werden möchte.

13. Sie sind Single, verreisen mit Freunden, die ein drittes Zimmer für ihr Kind brauchen. Wie teilen Sie die Rechnung?

□ a. Wenn die Freunde darauf bestehen, lasse ich mich auch auf Halbe-Halbe ein.
□ b. Ich zahle natürlich nur ein Drittel der Ferienwohnung, denn nur das habe ich genutzt.

14. Der Kfz-Meister Ihrer Werkstatt hat den Fehler am Auto nicht gefunden.

□ a. Dann muss ja wohl alles in Ordnung sein. Vielleicht habe ich mich getäuscht.
□ b. Ich bestehe darauf, dass er mit mir eine Probefahrt macht, damit er hört, was ich meine.

15. Die Reinigung hat Ihren Anzug/Ihre Bluse doch nicht fertig.

□ a. Ich bin enttäuscht, sage das auch und vereinbare einen neuen Termin.
□ b. Entweder verlange ich die Kleidung zurück, bringe sie in eine Schnellreinigung oder ich bestehe auf Preisminderung.

16. Der Lehrer/die Erzieherin Ihres Kindes beschwert sich bei Ihnen über Ihren Sprössling.

☐ a. Mir ist das peinlich, und ich verspreche, dass ich mich darum kümmern werde. Zu Hause gibt's Krach.

☐ b. Ganz ruhig höre ich mir alles an, betone dann aber, dass ich erst mit meinem Kind reden muss, bevor ich Stellung nehmen kann.

17. Sie treffen eine Nachbarin, die gleich den neuesten Klatsch loswerden will.

☐ a. Eigentlich höre ich so was nicht so gern. Auf alle Fälle sage ich nichts dazu.

☐ b. Finde ich eklig. Entweder gehe ich dem Gerede mit einer Ausrede aus dem Weg oder ich beziehe Stellung zugunsten des Erwähnten.

18. Ihr Chef will von Ihnen einen Auftrag erledigt haben, den Sie so schnell nicht schaffen können.

☐ a. Ich setze alles daran, den Termin doch noch zu halten. Notfalls komme ich morgens eine Stunde früher.

☐ b. Ich sage ihm, wie lange mich diese Arbeit beschäftigen wird, biete ihm einen fairen Termin an.

19. Ein Freund/eine Freundin schuldet Ihnen Geld, erzählt gleichzeitig von Einkäufen, die er oder sie getätigt hat.

☐ a. Ich bereue zutiefst, diesem Menschen Geld geliehen zu haben und schreibe ihm oder ihr vielleicht einen Brief.

☐ b. Ich nutze diese Gelegenheit, ihn oder sie auf die Summe, die ich noch bekomme, aufmerksam zu machen.

20. Jemand bittet Sie, für ein Wochenende einen Hund zu betreuen. Sie haben eigentlich Angst vor den Vierbeinern.

☐ a. Da der Freund sich auf mich verlässt, lasse ich ihn nicht hängen – obwohl es mir schwer fällt.

☐ b. Ich sage dem Freund ehrlich, dass es für mich ein Wochenende in Angst und Schrecken wäre und helfe, eine bessere Lösung zu finden.

21. Ihr Restaurantessen ist völlig versalzen und der Käse, mit dem es überbacken wurde, leicht verbrannt.

☐ a. Wenn man es gar nicht essen kann (den Käse kann ich ja abheben), würde ich dem Ober nachher ehrlich sagen, dass es mir nicht geschmeckt hat.

☐ b. Bis zum Salz würde ich kaum kommen, denn schon beim Anblick des Käses geht das Essen zurück.

22. Sie haben den Nachbarn ein Gesellschaftsspiel geliehen. Bei der Rückgabe fehlen ein paar Spielkarten.

☐ a. Denen leihe ich nie wieder ein Spiel, ist doch ärgerlich.

☐ b. Bei nächster Gelegenheit erwähne ich die fehlenden Karten, bitte, nochmal danach zu suchen.

23. Alle Tanksäulen sind besetzt, aber wenn Ihr Vordermann nur zwei Meter vorfahren würde, könnten Sie hinter ihm tanken.

☐ a. Ich sitze im Auto und ärgere mich. Aber ich traue mich auch nicht, ihn anzusprechen.

☐ b. Ich steige aus und bitte ihn freundlich vorzufahren.

24. Ihr Chef hat den Reißverschluss seiner Hose nicht geschlossen.

☐ a. Ich sehe darüber hinweg.

● ●

☐ b. Mit einem Lächeln sage ich ihm: »Offen gestanden –
gefällt mir Ihre Hose besonders gut.«

25. Der Bote hat Ihre Zeitung wieder in den Garten geworfen, statt sie bis zum Briefkasten zu bringen.

☐ a. Ich hefte einen Zettel ans Gartentor, bitte ihn, das
sein zu lassen.

☐ b. Da ich mich schon einmal ohne Erfolg bei ihm
beschwert habe, rufe ich diesmal seinen Boss an.

**Trotz aller Emanzipation
wird freches Verhalten
von Jungen immer noch
eher entschuldigt als das
von Mädchen.**

26. Jemand schüttet Ihnen bei einer Party ein Getränk über
den Anzug/das Kleid.

☐ a. Ich spiele die Sache herunter, akzeptiere die Entschuldigung, gehe aber bald, weil ich so nicht he-
rumlaufen möchte.

☐ b. Ich versuche, das Schlimmste wegzuputzen und
mache einen kleinen Witz auf meine Kosten.

27. Jemand macht Ihnen ein richtig nettes, unerwartetes
Kompliment.

☐ a. Das macht mich verlegen, ich kaufe es demjenigen
auch nicht wirklich ab und frage mich, was er von
mir will.

☐ b. Ich bedanke mich und nutze die nächste Gelegenheit,
auch mal ein Kompliment zurückzugeben.

28. Jemand nimmt Ihnen in letzter Minute die Parklücke weg.

☐ a. Ich hupe und fahre weiter.

☐ b. Kann mir nicht passieren, weil ich immer darauf achte, die Lücke schnellstmöglich zu blockieren.

● ●

29. Die Zeugen Jehovas stehen vor der Tür.

☐ a. Ich wimmele sie irgendwie ab, habe mich aber zu lange mit ihnen aufgehalten.

☐ b. Ich mache nicht auf, schicke sie gleich fort.

Auswertung zum Check

Bitte zählen Sie nun nach, wie häufig Sie a. bzw. b. angekreuzt haben.

Mehr Kreuze bei a. (mind. 15) als bei b. (max. 14): Sie müssen mutiger werden, dürfen sich nicht so leicht unterbuttern lassen. Sie neigen ein bisschen zur Harmoniesucht, lassen sich viel gefallen, um ja keinen Streit zu riskieren. Dabei staut sich aber zu viel Ärger in Ihnen auf, und wahrscheinlich schweigen Sie nicht für immer, sondern fahren irgendwann völlig aus der Haut. Dann gehen Sie zu hart mit Ihrem Gegenüber ins Gericht, verletzen ungewollt Gefühle. Besser wäre es, wenn Sie öfter mal nein sagen oder Dinge stoppen würden, die Sie eigentlich nerven. Wenn Sie an einen Menschen geraten, der Ihnen gegenüber knallhart auftritt, geraten Sie schnell aus der Fassung. Versuchen Sie, weniger zaghaft zu sein und auf andere zuzugehen, ihnen freundlich, aber direkt entgegenzutreten. Es wäre gut, wenn Sie solche Situationen mit Freunden trainieren und versuchen würden, Ihre Angst vor Ablehnung zu überwinden. Sie müssen nicht grundsätzlich forsch auftreten, aber furchtloser werden gegenüber der Dreistigkeit anderer.

Mehr Kreuze bei b. (mind. 15) als bei a. (max. 14): Je mehr Kreuze Sie hier verbuchen, desto besser ist Ihr Durchsetzungsvermögen ausgebildet. Wenn Sie allerdings jede Frage mit einem Kreuz bei b. beantworten, müssen Sie fast schon wieder vorsichtig sein: Diplomatie ist dann wahrlich nicht Ihre Sache. Sollte sie aber sein. Der gerade und direkte Weg zeugt zwar von Energie und Entscheidungsstärke, ist aber im menschlichen Miteinander nicht immer die kürzeste Verbindung. Manchmal ist es gut, etwas mehr Kompromissbereitschaft zu demonstrieren. Für jemanden, dem ohnehin niemand die Butter vom Brot nimmt, gilt es, alte Gewohnheiten zu ändern, indem er zugunsten anderer zurücksteckt. Also: Versuchen Sie es mal mit einem Kompromiss, der es beiden Parteien ermöglicht, das Gesicht zu wahren.

Mutig sein heißt, der Angst entgegenzutreten

Nach Schätzungen von Gesundheitsfachleuten leiden zwischen 12 und 16 Millionen Menschen in Deutschland (15 bis 20 Prozent der Bevölkerung) an Ängsten und Angststörungen, etwa 5,5 bis 8 Millionen an Depressionen (7 bis 10 Prozent der Gesamtbevölkerung).

Anerkannte Untersuchungen und Studien aber geben noch weitere Auskünfte: Für Männer liegt das Risiko, irgendwann im Lauf ihres Lebens an depressiven oder Angststörungen zu erkranken, bei 20, für Frauen bei 31 Prozent.

Unsicherheit und Angst lähmen schöpferische Energie.

Die Studie zeigt, dass Ängste in unserer derzeitigen gesellschaftlichen Situation eine große Rolle spielen. Das spiegelt eine Grundtendenz wider, in der gleichzeitig auch unsere größte Chance liegt: Denn vor allem Unsicherheit und Ängste lassen sich durch die Einstellung gegenüber den Herausforderungen unserer Umwelt positiv beeinflussen. Der Grundtendenz zunehmender Angststörungen kann mit dem zweiten Impuls von Beginn an entgegengewirkt werden. In vielen Fällen lässt sich dadurch eine Zuspitzung von vornherein vermeiden.

Ängste, die uns im Alltagsleben am meisten blockieren und behindern, sind unter anderem die folgenden:

- Unsicherheiten gegenüber möglichen Risiken,
- Ängste vor ungewollten Veränderungen,
- Unzufriedenheit mit Lebenssituationen,
- Ein ständiges Gefühl der Überforderung.

Doch sie müssen nicht sein. Sie verlieren Ihre Macht über uns in dem Moment, in dem wir die falschen Glaubensmuster ablegen.

Angst ist eine normale Reaktion

Angst ist normalerweise eine instinktive Reaktion unseres Körpers auf Unvorhersehbares, die uns vor Gefahren schützen soll. In Situationen, in denen unsere Erfahrung keine angemessenen Verhaltensweisen zur Verfügung stellt, kann die von Angst ausgelöste Vorsicht uns vor Fehlern bewahren. Wird die Angst aber übermächtig und unkontrollierbar, wird sämtliche Aktivität dadurch gelähmt. War es früher lebensnotwendig, sich kurzfristig vor hungrigen Raubtieren zu verkriechen und ruhig zu verhalten, so ist die dauerhafte Flucht vor der manchmal unangenehmen Realität in die emotionale Rückzugshöhle heute eher gleichbedeutend mit einem Verlust an Lebensfähigkeit.

Wie Sie auch durch den Test am Anfang erfahren haben, wird Mut nicht nur benötigt, um gegen Löwen zu kämpfen, das heißt nicht nur für das ganz große Risiko umwälzender Entscheidungen. Viel wichtiger ist der Mut zur Veränderung der alltäglichen, scheinbar unbedeutenden Verhaltensmuster im Kampf gegen unsere Ängste.

Denn jede Entscheidung, die ich treffe, jede Meinung, die ich ändere, und jedes Verhalten, das ich korrigiere, bringt mich weiter – gleichgültig wie das Ergebnis aussehen mag. Mutig zu sein heißt, zwischen wenigstens zwei Möglichkeiten zu wählen, auch wenn ich Angst vor unabsehbaren Folgen habe. Und wenn ich einmal gewählt habe, dann ist der Weg entsprechend festgelegt.

Versagen ist leichter zu ertragen als die Angst davor

Sind die Weichen einmal gestellt, verschwindet die Angst vor dem Versagen.

Versagensängste können schlimmer sein, als tatsächlich zu versagen. Denn ist das Malheur einmal passiert, kann man sich wieder aufrappeln und es beim nächsten Mal besser machen. Scheitern ist eine der wichtigsten Erfahrungen, um lernen zu können. Beobachten Sie zum Beispiel einmal Kinder dabei, wie sie laufen lernen: Immer wieder fallen sie hin und stehen trotzdem unermüdlich wieder auf und probieren es weiter. So lange, bis es klappt, ganz egal wie oft sie scheitern.

Wie viele Erwachsene aber entziehen sich aus Angst vor dem Scheitern jeder schwierigen Situation, drücken sich so gut es geht vor Entscheidungen und berauben sich so all ihrer Chancen. Mit Sicherheit macht diese Vermeidungsstrategie niemanden glücklich.

Die meisten Entscheidungen in unserem Leben müssen in einer Atmosphäre der Unsicherheit über ihre Folgen getroffen werden. Jedoch: Ohne Entscheidungen kann sich nichts bewegen. Deshalb steckt mehr als ein Körnchen Wahrheit in dem Sprichwort »Besser eine schlechte Entscheidung als gar keine«.

Denn innehalten, nichts tun und abwarten, was passiert, führt in den meisten Fällen zu einer Verschlimmerung des ursprünglichen Zustands – sei es in Krisen in der Partnerschaft, in Konflikten zwischen Kollegen und Vorgesetzten, in der Erziehung der Kinder oder in der Wahl eines neuen Arbeitsplatzes.

Wir brauchen gerade in diesen Entscheidungsphasen oder Krisen Mut. Mut, auf andere zuzugehen, Mut, Gespräche einzuleiten und nicht erst abzuwarten, bis ein anderer damit beginnt. Mut, auch unangenehme Dinge anzusprechen, um für uns und die Gemeinschaft neue Möglichkeiten zu erschließen.

Wer es geschafft hat, wer über seine Angst hinausgewachsen ist, seinen Mut zusammengenommen und die Entscheidung getroffen hat, wird feststellen, dass er durch diesen Schritt ein Vielfaches an Energie gewinnt. Die Kraft, die allein aus der Überwindung lähmender Ängste entsteht, ist erstaunlich. Diese Erfahrung kann bereits mit kleinen Schritten gemacht werden, und jeder einzelne Schritt verstärkt den einmal erworbenen Mut und wirkt sich auf den weiteren Weg aus.

»Mut ist ein dritter Arm.« Anonym

»Lass uns neu beginnen«

Sicher kennen Sie diese Situation: Es gibt eine Auseinandersetzung, zum Beispiel mit einem Kollegen. Jeder besteht auf seiner Meinung. Es kommt nicht zu einer Einigung oder einem Kompromiss. Und beide gehen unbefriedigt auseinander. Danach, wenn sie sich sehen, werden nur – wenn überhaupt – kurze Blicke getauscht. Über beiden hängt so ein gewisser Schleier der Unnahbarkeit, keiner von beiden hat den Mut, auf den anderen zuzugehen und zu sagen: »Lass uns neu beginnen.«

Aber genau das wär's! Den Mut zu haben, seine eigene Meinung zu überdenken. Auf den anderen zuzugehen. Keine Angst zu haben vor Ablehnung. Auch zu sagen: »Ich hab's nicht so gemeint. Lass uns wieder zusammenkommen und auf jeden Fall einen gangbaren Weg finden.«

Machen Sie den ersten Schritt. Auch kleine zählen!

Wenn Sie diesen Schritt tun, dann wird sich das Betriebsklima zum Besseren verändern.

Es gehört Mut dazu, einen anderen nach seiner Meinung zu fragen, über mich, meine Leistung, meine Handlungen und wie sie auf ihn wirken. Es gehört Mut zu der Bereitschaft, Erfolge mit anderen Kollegen und Mitarbeitern zu teilen, anzuerkennen, dass jeder Erfolg niemals nur auf der eigenen Arbeit oder Fähigkeit beruht.

Genauso gehört Mut dazu, andere zum Gelingen eines Vorhabens um Hilfe zu bitten. Und vielleicht erinnern Sie sich, welch gutes Gefühl es Ihnen gibt, wenn Sie jemand offenherzig um Hilfe bittet – und wie gut es dann tut, wenn

Sie geholfen haben und derjenige vor anderen erwähnt, dass er dieses großartige Ergebnis ohne Ihre Hilfe kaum hätte erzielen können.

Mut bedeutet, sich weder auf Erfolgen auszuruhen noch sich durch Misserfolge entmutigen zu lassen. Und bei Fehlern ist es ein Zeichen von Mut, einfach dazu zu stehen.

Es gehört ebenso Mut dazu, sich selbst und anderen zu verzeihen und immer wieder bereit zu sein, einen neuen Anfang zu machen, jeden Tag wie ein unbeschriebenes Blatt zu sehen.

• •

Praktische Hilfen zum 2. Impuls

Wer seinen Mut bewusst trainieren will, sollte sich Situationen in seinem Leben vergegenwärtigen, in denen ein wenig mehr Entschlossenheit angebracht wäre.

1. Schreiben Sie möglichst jeden Tag auf, wann und warum Sie ihrer Meinung nach nicht mutig genug gewesen sind. Schreiben Sie dazu, wie Sie sich das nächste Mal in dieser oder einer ähnlichen Situation verhalten möchten.

2. Nehmen Sie sich vor, jeden Tag einem Menschen, eventuell sogar einem Unbekannten, ein Kompliment zu machen. Verschönern Sie mit mindestens einer Aussage den Tag eines anderen Menschen.

3. Sie haben einen Konflikt mit einer Person. Möglicherweise liegt dieser schon Jahre zurück. Und seit dieser Zeit haben Sie nicht mehr miteinander gesprochen. Was wäre, wenn Sie diese Person heute anrufen und beispielsweise sagen:

Wir hatten vor Jahren einen Konflikt, und es ist schade, dass dadurch unsere Beziehung kaputt gegangen ist. Ich wollte dir

• •

sagen, dass ich trotzdem an dich denke und du für mich ein sehr wertvoller Mensch bist. Alles Liebe für dich.

Keine Diskussionen oder Rechtfertigungen beginnen, sondern einfach nur das ausdrücken, was Sie fühlen – ohne Erwartung und ohne Angst.

4. Schreiben Sie eigene Ideen auf, wie Sie Ihren Mut auf die Probe stellen können.

3. Selbstkenntnis

Der Schwerpunkt einer positiven Lebensgestaltung liegt in der Persönlichkeitsentwicklung. Die Voraussetzung für eine erfolgreiche Entwicklung ist die Einsicht in die eigenen Stärken und Schwächen. Nur wer seine wahren Wünsche und Motive kennt, wer sich selbst realistisch einzuschätzen lernt, kann sich von falschen Glaubensmustern befreien.

Positive Veränderung beginnt bei sich selbst

Von Kindheit an erzeugen wir ein bestimmtes Bild von uns selbst, das sich im Lauf der Zeit immer mehr in unseren Köpfen festgesetzt hat. Die im ersten Impuls beschriebene Wirkungsweise der geistigen Gesetze gilt also in hohem Maße für unsere Selbsteinschätzung: Was Sie über sich denken, wird wahr. Sie erschaffen durch Ihre Selbstwahrnehmung die Denkmuster, die Ihr Handeln bestimmen.

Sind diese »Wahrheiten« einmal eingeschliffen, werden nur noch Botschaften wahrgenommen, die in dieses Muster passen. Das gilt für:

- jede Beurteilung,
- jede Kritik,
- jedes Lob und grundsätzlich
- jede Äußerung anderer.

Mangelndes Selbstwertgefühl ist der größte Energiefresser. Finden Sie heraus, wo Ihre Stärken liegen!

Und notfalls werden sie passend gemacht. Auch hier ist es oft der bequemere Weg, an einer mehr oder weniger schlechten Meinung über sich selbst festzuhalten, anstatt sich von den Fesseln falscher Glaubenssätze zu befreien und die unerkannt schlummernden Talente zu entfalten.

Dabei trägt jeder von uns wunderbare Fähigkeiten in sich!

58

Der erste Eindruck ist wichtig

Als ersten Schritt gilt es herauszufinden, ob Ihre Selbsteinschätzung damit übereinstimmt, wie andere Sie wahrnehmen. Denn erfahrungsgemäß fällt es uns sehr schwer, uns selbst richtig zu beurteilen oder uns mal kritisch mit den Augen anderer zu betrachten.

● ●

DER SELBSTERKENNTNIS-CHECK:
Können Sie einschätzen, welche Signale Sie aussenden?

»Der erste Eindruck entscheidet«, sagt ein altes Sprichwort. Und egal, ob es stimmt: So wie wir uns von Beginn an präsentieren, ist davon bestimmt, wie wir uns selbst definieren. Und das setzt sich dann meistens auch beim zweiten Eindruck fort.

Die von uns ausgehenden Signale werden meist in nur 30 Sekunden vom Gegenüber aufgenommen und sorgen dort schnell für bleibende Zustimmung oder Ablehnung.

Hinter den ausgesendeten Signalen steckt unsere Grundhaltung uns selbst gegenüber. Oftmals spürt der andere bereits an einem Händedruck, ob man sich zum Beispiel in eine passive Opferhaltung zurückgezogen hat oder aktiv an neue Aufgaben herangeht. Deshalb ist es zuerst einmal wichtig zu überprüfen, welche Signale man selbst aussendet.

Mit dem folgenden Test können Sie herausfinden, wie Sie Ihrer Meinung nach auf den ersten Blick wirken.

Entscheiden Sie sich bitte jeweils für eine von drei Antworten.

● ●

. . . .

1. Sie öffnen einem Fremden die Tür. Wie geht es Ihnen dabei?

☐ a. Neue Menschen kennen zu lernen, ist für mich schön.
☐ b. Ich überlege ständig, wer das ist und was er will.
☐ c. Im Grunde fühle ich mich nur gestört.

2. Wenn Sie einem neuen Freund Ihre alten Freunde beschreiben, erwähnen Sie zuerst

☐ a. die reichen, interessanten und bedeutenden.
☐ b. die einfachen, ehrlichen und treuen.
☐ c. die, die Probleme mit ihrem Leben haben.

3. Auf die Frage »Wie geht's?« antworten Sie normalerweise:

☐ a. »Danke, danke – wie es eben so geht.«
☐ b. »Danke, gut – und wie geht es Ihnen?«
☐ c. Ich sage offen und ehrlich, wie mir gerade zumute ist.

4. Nachdem ich morgens aufgestanden bin,

☐ a. schlurfe ich gern noch eine Weile im Bademantel, Hauskittel oder Jogginganzug herum.
☐ b. mache ich mich zuallererst mal zurecht.
☐ c. gammele ich mal rum, mal mach mich zurecht, je nach Laune.

5. Wenn ein Gespräch plötzlich abbricht,

☐ a. bin meist ich der- oder diejenige, der oder die gerade redete.

. . . .

☐ b. versuche ich durch eine Frage oder ein Stichwort die Unterhaltung wieder in Gang zu bringen.

☐ c. komme ich auch mit ein paar Schweigeminuten klar.

6. Während einer ernsthaften Unterhaltung,

☐ a. halte ich Augenkontakt zu meinem Gesprächspartner.

☐ b. lenke ich meinen Blick immer wieder von meinem Gegenüber ab.

☐ c. sehe ich mal ständig hin, mal oft weg – je nachdem wie ich gerade drauf bin.

7. Wie sind Sie auf einer Party gekleidet?

☐ a. Meist etwas lässiger als die anderen Gäste.

☐ b. Genauso gut.

☐ c. Ein bisschen besser als die anderen.

8. Wenn Sie jetzt auf Ihre Füße gucken, sind Ihre Schuhe

☐ a. frisch geputzt.

☐ b. so neu, dass sie noch nicht gepflegt werden mussten.

☐ c. schmutzig und könnten mal wieder geputzt werden.

9. Generell sind meine Schuhe vor allem

☐ a. voll im Trend, supermodisch.

☐ b. orthopädisch gesund und bequem.

☐ c. vernünftig und eher klassisch.

10. Wie gehen Sie auf fremde Menschen zu? Beschreiben Sie Ihren Gesichtsausdruck.

☐ a. Offen und freundlich.
☐ b. Ein bisschen reserviert, aber interessiert.
☐ c. Strahlend.

11. Jemand langweilt sie. Wie begegnen Sie ihm?

☐ a. Ich heuchle Interesse.
☐ b. Ich bremse ihn schnellstens und wechsele das Thema.
☐ c. Ich gähne und sehe weg, antworte nicht mehr.

12. Wovon hängt Ihre Pünktlichkeit ab?

☐ a. Unpünktlich bin ich nur, wenn mir etwas Wichtiges dazwischenkommt.
☐ b. Unpünktlich bin ich nur, wenn ich den Betreffenden eigentlich gar nicht treffen will.
☐ c. Unpünktlich bin ich nur, wenn mir ein Unfall passiert.

13. Wenn Freunde oder Familie sich mal danebenbenehmen,

☐ a. gehe ich darüber hinweg.
☐ b. bringe ich die Sache sofort in Ordnung.
☐ c. rede ich am liebsten unter vier Augen mit dem Betreffenden.

14. Wie jemand heißt, merke ich mir

☐ a. immer auf Anhieb.
☐ b. nur, wenn ich den Betreffenden mag.
☐ c. nur, wenn ich's irgendwo notiere.

15. Wenn jemand von sich erzählt,

- ☐ a. bin ich ganz bei der Sache.
- ☐ b. bemühe ich mich zuzuhören.
- ☐ c. passiert's mir öfter, dass meine Gedanken abschweifen.

16. Wenn jemand den Faden verliert und gedanklich abschweift,

- ☐ a. warte ich, bis er zum Thema zurückkehrt, oder wende mich mit einer Frage an ihn.
- ☐ b. niese ich laut, damit er »aufwacht«.
- ☐ c. kann's mir passieren, dass ich es erst gar nicht merke.

Auswertung zum Check

Ermitteln Sie nun, wie häufig Sie a., b. oder c. angekreuzt haben.

Die meisten Kreuze unter a.: Sie machen einen wirklich guten ersten Eindruck auf andere. Ihr Benehmen ist hervorragend, Sie sind höflich, freundlich und zeigen Interesse. Dabei drängen Sie sich nicht in den Vordergrund, sondern lassen anderen Menschen Raum. Trotzdem bleiben Sie Herr (oder Frau) der Lage. Ihr Verhalten ist so zuvorkommend, dass auch Fremde schnell mit Ihnen in Kontakt kommen können. Aber könnte es bei all Ihrer Offenheit sein, dass Sie sich ab und zu dabei ertappen, anderen zu sehr gefallen zu wollen?

Die meisten Kreuze unter b.: Den Knigge tragen Sie nicht bei sich, aber trotzdem erwecken Sie in Menschen, denen Sie zum ersten Mal begegnen Sympathie. Das liegt in Ihrem Fall nicht daran, dass Sie sich an die Regeln halten. Sie sprengen gern mal den Rahmen, gehen ein bisschen zu weit, verbinden das aber mit einem Charme, der Ihrem Gesprächspartner eher ein vergnügtes Lächeln abringt.

Die meisten Kreuze unter c.: Geben Sie auch dem Vorgeplänkel eines ernsthaften Gesprächs mal eine echte Chance. »Smalltalk« ist zwar nicht Ihr Geschmack, aber manchmal unvermeidlich, um das Eis zu brechen. Haben Sie Ihr anfängliches »Fremdeln« einmal überwunden, gewinnen Sie als guter Zuhörer auf den zweiten Blick. Sie brauchen nur ein wenig Übung. Verwickeln Sie doch morgen früh mal die Bäckersfrau in ein unverbindliches Gespräch und üben Sie dann beim Tankstellenkassierer gewandte Umgangsformen. Ehrlich – Sie haben es wesentlich leichter, wenn Sie nett und verbindlich sind!

Die Einflussfaktoren für unsere Gefühle

Die Triebfeder für unser Verhalten ist die Befriedigung unserer Bedürfnisse, um dadurch einen Zustand von Glück und Erfüllung zu erlangen. Sich gut zu fühlen und zufrieden zu sein ist das eigentliche Ziel all unserer Bemühungen. Anerkennung und Liebe beispielsweise erzeugen gute Gefühle. Das ist es, wonach letztendlich jeder strebt.

Auf unsere Bewertungen kommt es an

Alles, was wir täglich erleben, was unsere Sinne wahrnehmen, löst unterschiedliche Gefühle in uns aus. Welche Gefühle erzeugt werden, ist aber zum größten Teil von unserer ganz persönlichen Bewertung der jeweiligen Ereignisse abhängig. Unsere individuelle emotionale Reaktion wird beeinflusst durch die Erfahrungen, die wir in der Vergangenheit gemacht haben, sowie durch unsere Meinungen, Glaubensmuster und Werte.

Das bedeutet: Wer seine Gefühle und ihre Ursachen kennt, kann lernen, sie zu steuern und im Sinne positiver Veränderung einzusetzen. Denn Gefühle lassen sich durchaus beeinflussen, da sie von unserer Einstellung gegenüber den Ereignissen erzeugt werden, nicht von den Geschehnissen selbst. Und unsere Einstellung können wir willentlich verändern.

Voraussetzung für das Erzeugen positiver Gefühle ist aber, sich darüber im Klaren zu sein, welche Gefühle durch bestimmte Situationen und Gedanken in uns ausgelöst werden. Das ist nicht immer so einfach, wie es zunächst scheint. Häufig haben wir den direkten Kontakt zu unseren Gefühlen verloren, weil wir sie zum Beispiel aus Angst vor Kränkung in ganz tiefe Schichten unseres Bewusstseins vergraben haben. Und so möchten wir uns lieber von niemandem in die Karten schauen lassen.

Der folgende Test soll Ihnen helfen herauszufinden, wo sich eventuell Widersprüche in Ihrem Gefühlsleben finden lassen und in welchen Punkten Sie ein wenig ehrlicher zu sich selbst sein könnten.

● ●

DER SELBSTERKENNTNIS-CHECK:
Was verrät Ihre Stimme über Ihr Gefühlsleben?

Unsere Stimme sagt über uns oft mehr aus als tausend Worte. Sie zeigt zum Beispiel, ob wir aufgeregt, vertrauenswürdig, gesund oder krank sind. Was verrät Ihre Stimme über Ihre Stimmung oder über Ihre Persönlichkeit. Bitte kreuzen Sie bei jeder Frage ein der möglichen vier Antworten an.

Nehmen Sie Ihre Stimme auf Band auf, und nutzen Sie das »Befremden«, um Ihre Stimme zu analysieren.

● ●

●●●●●●●●●●●●●●●●●●●●●●●●●●●●●●●●●●●●

1. Wie sprechen Sie, wenn Sie unter Zeitdruck stehen?

☐ a. Immer schneller.

☐ b. Genauso wie immer.

☐ c. Ich werde sogar ruhiger und konzentrierter.

☐ d. Ich muss dann manchmal nach ganz normalen, gängigen Worten suchen.

2. Was für eine Tonlage hat Ihre Stimme?

☐ a. Im Vergleich zu anderen Menschen eher hoch.

☐ b. Das könnte ich auf Anhieb gar nicht sagen.

☐ c. Im Vergleich zu anderen Menschen eher tief.

☐ d. Abwechselnd: mal hoch und mal tief.

3. Stellen Sie sich einmal vor, Sie wären bei einer vornehmen Gesellschaft eingeladen, und jemand würde Sie überraschend fragen, ob Sie nicht eine kleine Tischrede halten könnten. Wie würde Ihre Stimme dann klingen?

☐ a. Möglicherweise etwas zu leise und deshalb unverständlich.

☐ b. Anfangs besonders deutlich, aber möglicherweise halte ich das nicht bis zum Ende durch.

☐ c. Ich würde in ganz normalem Ton sprechen wie immer.

☐ d. Fest, mit bewusster Bemühung, deutlich zu reden, um verstanden zu werden.

Wichtig ist nicht nur die Tonlage, sondern auch wie schnell oder wie laut gesprochen wird.

4. Wie ist Ihre Stimme, wenn Sie sich in Gesellschaft unterhalten und alle durcheinander reden?

☐ a. Eher etwas gepresst, aber immer deutlich und klar.

☐ b. Man hat mir schon mal angedeutet, dass meine Stimme dann etwas laut und schrill werden kann.

●●●●●●●●●●●●●●●●●●●●●●●●●●●●●●●●●●●●

□ c. Wie immer – nur eben lauter, damit ich gehört werde.
□ d. So leise wie immer, weil ich sowieso nur mit Menschen in meiner Nähe spreche.

5. Wie war das bei Prüfungen, wenn Sie auf eine Frage keine Antwort gewusst haben?

□ a. Da bin ich meist vor Schreck verstummt.
□ b. Ich habe um das Thema herumgeredet und versucht, wieder auf Gebiete zu kommen, in denen ich mich auskenne.
□ c. Ich habe einfach drauflosgeredet – irgendwie in der Hoffnung, dass mir beim Reden die richtigen Einfälle kommen.
□ d. Ich bin verstummt, auch wenn ich Teile der Antwort vielleicht sogar gewusst hätte.

6. Wann unterstreichen Sie Ihre Worte mit Gesten oder einem besonderen Mienenspiel?

□ a. Fast nie. Was ich zu sagen habe, drücke ich mit Worten und nicht mit Gesten aus.
□ b. Eigentlich immer, obwohl mir das oft gar nicht so ganz bewusst ist.
□ c. Nur wenn es wichtig ist – aber meist bleibe ich »cool« wie eine englische Lady oder ein Gentleman.
□ d. Mimik und Gebärden setze ich ein, wenn es mir wichtig ist, dass man mir glaubt.

7. Beurteilen Sie einmal Ihre eigene Stimme. Sie klingt für die Ohren anderer Menschen

□ a. wach-lebhaft.
□ b. lieblich-säuselnd.

●●●●●●●●●●●●●●●●●●●●●●●●●●●●●●●●●●●●●●

    ☐ c. freundlich-sympathisch.
    ☐ d. zurückhaltend-vorsichtig.

8. Halten Sie beim Sprechen einmal ein Ohr zu. Sagen Sie dann ein paar Worte laut vor sich hin. Wie kommt Ihnen Ihre Stimme jetzt vor?

    ☐ a. Etwas aufdringlich.
    ☐ b. Etwas unangenehm.
    ☐ c. Eigentlich wie immer.
    ☐ d. Überraschend fremd.

9. Wie haben Sie als Kind gesprochen?

    ☐ a. Meist mit sanfter Stimme und eher leise.
    ☐ b. Betont freundlich.
    ☐ c. Freundlich, sachlich.
    ☐ d. Ich habe beim Sprechen oft gelacht und versucht, die anderen zum Lachen zu bringen.

10. Wie gut werden Sie verstanden, wenn Sie flüstern?

    ☐ a. Relativ gut.
    ☐ b. Ziemlich gut.
    ☐ c. Problemlos.
    ☐ d. Sehr schlecht.

11. Wann haben Sie eine raue Stimme? (Bitte geben Sie nur die typischste Situation an.)

    ☐ a. Wenn ich aufgeregt bin.
    ☐ b. Wenn ich erkältet bin.
    ☐ c. Nach einer »durchsumpften« Nacht mit viel Alkohol und/oder Zigaretten.

●●●●●●●●●●●●●●●●●●●●●●●●●●●●●●●●●●●●●●

☐ d. Wenn ich mich ziemlich einsam und sehr traurig fühle.

12. Worte entstehen im Bereich des Kehlkopfs. Aber manchmal kommt es einem so vor, als ob die Stimme »tiefer aus dem Körper kommt«. Woher kommt Sie bei Ihnen? Was ist Ihr Gefühl?

> Mit der Stimme kann man alles ausdrücken: Freude, Trauer, Scham, Eifer, Angst, Liebe.

☐ a. Meine Stimme kommt aus dem Hals- und Rachenbereich.

☐ b. Sie könnte auch aus dem Bereich unterhalb der Rippen kommen, dort wo der Magen sitzt.

☐ c. Sie könnte bei mir beinahe aus dem Unterleib kommen.

☐ d. Sie kommt eher aus dem Brustbereich.

Auswertung zum Check

Zählen Sie, wie viele Kreuzchen Sie bei a., b., c. oder d. gemacht haben und lesen Sie die folgende Auswertung.

Sie haben überwiegend a. angekreuzt: Ihre Stimme zeigt, dass Sie ein lebhafter, dynamischer Mensch mit ausgeprägter Willenskraft sind. Sie sind gesellig, Sie lassen sich nicht die Butter vom Brot nehmen. Aus Ihrer Stimme kann das psychologisch geschulte Ohr aber auch heraushören, dass Sie unangenehm werden können, wenn Sie sich ungerecht behandelt fühlen. Auch wenn Sie selbst glauben, eigentlich nur freundlich und liebreizend zu klingen: Ihre Stimme zeigt anderen auch, dass Sie Power haben. Wenn Sie unter Stress stehen, kann die Power sogar sehr eindringlich herüberkommen.

Sie haben überwiegend b. angekreuzt: Sie haben die Stimme eines Menschen, der stark von Gefühlen geleitet wird. Ihnen merkt man an der Stimme an, ob Sie gut oder übel gelaunt sind, ob Sie Lust und Freude oder eher Unlust und Frust empfinden. Und wenn Sie »cool« und souverän auftreten möchten, sich aber nicht entsprechend fühlen – an Ihrer Stimme wird man es merken, sie wird ihre wahren Gefühle verraten. Und das ist gut so. Was hat man davon, wenn man sich verstellt? Manchmal muss man es vielleicht tun, meist aber ist es besser, wenn die Menschen wissen, woran sie bei einem sind. Und die Art, wie Sie sprechen zeigt das – ganz gleich, was Sie sagen.

Unstimmigkeiten zwischen der Stimme eines Menschen und dem, was er sagt, werden von anderen schnell erkannt.

Sie haben überwiegend c. angekreuzt: Ihre Stimme sagt anderen: Hier ist ein Mensch, der gefestigt im Leben steht, der weiß, was er will, und der positiv und freundlich ist. Ihre Stimme wird von vielen Menschen als aufrichtig, ehrlich und vertrauenerweckend empfunden. Das gereicht Ihnen oftmals zum Vorteil, bedeutet für Sie aber auch eine besondere Verantwortung sich selbst und anderen gegenüber. Wenn Sie auch nur ein einziges Mal bei einer Unkorrektheit und Unwahrheit ertappt werden, lösen Sie sehr große Enttäuschung aus. Die Menschen werden sich dann schneller von Ihnen abwenden als von anderen Personen, denen man nicht so viel wie Ihnen getraut oder zugetraut hat.

Sie haben überwiegend d. angekreuzt: Sie haben eine Stimme, die anderen Menschen sagt: Dieser Mensch ist freundlich, ehrlich und unaufdringlich. Er hält sich zurück, drängt sich nicht in den Vordergrund, bedenkt alles, was er sagt, sehr gründlich und nimmt sich nicht wichtiger als andere Menschen. Das sind alles sehr sympathische Eigenschaften. Aber sie machen Ihnen das Leben schwer. Denn Ihre Stimme signalisiert anderen: Um diese Frau oder diesen Mann musst du dich nicht besonders kümmern. Und wenn du ihr oder ihm Unrecht tust, wird das keine schlimmen Folgen für dich haben. Wenn Sie sich also manchmal wundern, warum Ihnen weniger Achtung oder Beachtung zuteil wird als anderen: Es liegt an der versteckten Botschaft Ihrer Stimme. Sie wollen mit dem, was Sie sagen und wie Sie es sagen, sympathisch erscheinen und den Menschen gefallen. Mehr Eindruck könnten Sie machen, wenn Sie klarer und nicht gar so betont freundlich sprechen würden.

Neue Eigenschaften gefragt

Die von uns erwarteten Fähigkeiten und Verhaltensweisen haben sich in den letzten Jahrzehnten rapide und gravierend verändert – und ein Ende dieser Entwicklung ist nicht absehbar. Sie aber stellt neue Anforderungen an unsere Kernfähigkeiten.

Früher waren Schüler, die Lernstoff passiv wie ein Schwamm absorbieren konnten, das Wunschbild der Pädagogen. Berufstätige sollten nur fleißig sein und alle Anordnungen widerspruchslos ausführen.

Heute treten andere Eigenschaften in den Vordergrund: die Fähigkeit zur Problemlösung sowie die Bereitschaft, sich persönlich weiterzuentwickeln. Für Erfolg in der modernen Arbeitswelt – hier sind Schule, Studium wie Beruf gemeint – hat Dr. Philip Harris, einer der führenden amerikanischen Managementpsychologen, 14 Voraussetzungen aufgestellt. Erforderlich ist es danach,

Veränderungen der gesellschaftlichen Ideale sind Chance und Herausforderung.

1. flexibel und anpassungsfähig zu sein,
2. volle Verantwortung für die eigene Aufgabe zu übernehmen,
3. sich persönlich im selben Tempo zu entwickeln wie die Erfordernisse des Arbeitsmarkts,

4. Unsicherheit und Vieldeutigkeit akzeptieren zu lernen – Veränderung ist das einzig Sichere,
5. persönliche Verantwortung zu übernehmen; sich so zu verhalten, als ob man selbst Unternehmer wäre,
6. Bereitschaft zur lebenslangen Weiterbildung mitzubringen,
7. sich persönlich für die Arbeitsergebnisse seiner Gruppe verantwortlich zu fühlen,
8. sicherzustellen, dass durch die eigene Arbeit ein Wert entsteht, der deutlich oberhalb der eigenen Arbeitsplatzkosten liegt,
9. sich selbst als »Servicecenter« anzusehen (Kunden sind die beste Arbeitsplatzgarantie),
10. die eigene Arbeitsmoral ständig zu verbessern,
11. die eigenen Arbeitsergebnisse ständig zu verbessern,
12. kein Problemerkenner, sondern ein Problemlöser zu sein, sich Probleme des Unternehmens zu Eigen zu machen,
13. Erwartungen an andere zu reduzieren und auf die eigene Kraft zu vertrauen,
14. Offenheit mitzubringen für die Unterschiede zwischen den Menschen – gleich aus welcher Kultur oder Subkultur sie stammen.

Nichts ist lähmender als das Gefühl, nichts wert zu sein, etwas nicht zu können.

Viele der veränderten Anforderungen bergen große Chancen, die unsere Großeltern noch nicht gekannt haben. Einiges aber kann durchaus zur Belastung werden. Wichtig ist, dass wir in einer sich rasch verändernden Welt den inneren Halt und das Selbstvertrauen finden, das wir benötigen, um uns nicht von den Meinungen der Außenwelt abhängig zu machen.

Stärken Sie Ihr Selbstbild

Stärken Sie daher Ihr Selbstbild gegen Einmischung. Lassen Sie sich nichts einreden, Sie selbst kennen sich immer noch am besten. Würden Sie ein Kleidungsstück, das Ihnen zu eng ist, dessen Stoff kratzt und in dem Sie keine besonders vorteilhafte Figur machen, jeden Tag wieder anziehen? Nur weil Ihnen vor Jahren jemand gesagt hat, dass es Ihnen steht? Oder weil Sie daran gewöhnt sind, so herumzulaufen?

Vielleicht müssen Sie ein paar verschiedene anprobieren, bis Sie etwas Neues finden, aber die Mühe lohnt sich.

Wenn Sie versuchen, sich anders zu verhalten, als die Menschen in Ihrer Umgebung es von Ihnen erwarten, werden die meisten zunächst nicht unbedingt begeistert sein. Lassen Sie sich dadurch nicht irritieren! Wer sich verändern will, darf am Anfang nicht auf den Applaus seiner Mitmenschen hoffen. Konzentrieren Sie sich auf Ihre inneren Stärken, und versuchen Sie, negativen äußeren Einfluss auf Ihr Selbstbild zu meiden! Wichtig ist, die Herausforderungen der Umwelt anzunehmen, ohne sich und seine Ziele dabei aus den Augen zu verlieren. Eine gute Selbsteinschätzung wirkt zudem relativ schnell auch auf andere zurück. Wer sich genau kennt und seiner selbst sicher ist, hat viel eher die Möglichkeit, seine Umwelt produktiv mitzugestalten, anstatt sich andersherum von ihr formen zu lassen.

Erst einmal werden die Mitmenschen aber verunsichert sein. Die Abweichung von vertrauten Verhaltensweisen stellt für sie einen Unsicherheitsfaktor dar. Denn Sie halten den Menschen, die daran nicht gewöhnt sind, einen Spiegel vor. Wenn Sie sich verändern, erzeugen sie womöglich durch Ihr Vorbild einen gewissen Druck, sich auch verändern zu müssen und aus alten Mustern auszubrechen. Und das provoziert natürlich zunächst einmal Abwehrreaktionen.

Das Selbst im Spiegel betrachten

Je mehr wir uns selbst kennen lernen, desto mehr gelangen wir zu einem neuen Verstehen und Verständnis anderen Menschen gegenüber. Wer sich und sein Verhalten in

Ruhe analysiert und begreift, kann auch die Reaktionen anderer besser verstehen und darauf eingehen. Dies ist für harmonische zwischenmenschliche Beziehungen sowohl im Berufs- als auch im Privatleben von elementarer Bedeutung.

Das größte Hindernis für Selbsterkenntnis ist das Festhalten an unbefriedigenden Zuständen.

Die eigentliche Tragödie besteht bei vielen darin, dass sie einerseits von sich glauben, ihre persönliche Entwicklung bereits abgeschlossen zu haben, weshalb sie sich weigern, ihr Selbst »im Spiegel zu betrachten«. Andererseits besitzen sie in Wirklichkeit oft ein zu geringes Selbstwertgefühl.

Ohne Selbstkenntnis kann sich gerade in Teams genauso wie in der Partnerschaft ein unbewusstes Verhalten etablieren, das die Arbeit stört, infrage stellt oder sogar sabotiert. Wir neigen dazu, unbewältigte Erlebnisse, verdrängte Wünsche oder bestimmte Verhaltensvorstellungen auf den Partner oder Kollegen zu projizieren. Das kann nach einiger Zeit zu Rückzug, explosionsartig ausbrechendem Streit und sogar vollständigem Kontaktabbruch führen.

Grundbedürfnisse und Handlungsmotive erkennen

Hinterfragen Sie deshalb die Gründe, warum Sie sich auf eine bestimmte Art und Weise verhalten, welche der folgenden grundlegenden Bedürfnisse dahinter stecken:

Zum Beispiel: »Habe ich den Mut, Entscheidungen zu treffen, wohl wissend, dass sie auch falsch sein können? Oder zögere ich eher und überlasse das lieber meinem Chef?«

Das entspricht dem Bedürfnis nach **Sicherheit**.

»Springe ich öfters von einer Tätigkeit in die nächste, ohne die erste ganz erledigt zu haben? Wird mir schnell langweilig?«

Das entspricht dem Bedürfnis nach **Abwechslung**.

74

»Ist es mir wichtig, dass ich gelobt werde? Tut es mir gut, wenn andere mich um meine Meinung fragen? Fühle ich mich schlecht, wenn ich nicht gefragt werde?«

Das entspricht dem Bedürfnis nach **Anerkennung.**

»Ist mir die Harmonie im Team wichtiger als der Erfolg? Tue ich sehr viel für andere, damit es ihnen gut geht? Bin ich mehr für andere da und vergesse mich dabei selbst?«

Das entspricht dem Bedürfnis nach **Liebe/Verbundenheit.**

»Nehme ich Fortbildungsgelegenheiten wahr? Lese ich regelmäßig unterschiedlichste Bücher? Habe ich Interesse an Fremdsprachen?«

Das entspricht dem Bedürfnis nach **Wachstum.**

»Engagiere ich mich in Vereinen oder öffentlichen Institutionen? Habe ich ein Ehrenamt (Kirche, Politik etc.) inne? Spende ich regelmäßig oder übernehme ich Patenschaften?«

Das entspricht dem Bedürfnis, **einen Beitrag zu leisten.**

Um ein Verhalten zu ändern, muss herausgefunden werden, welches Bedürfnis uns antreibt.

Auf die Harmonie kommt es an

All diese Bedürfnisse sind bei jedem vorhanden, können jedoch unterschiedlich stark ausgeprägt sein. Wird aber eines oder mehrere überstrapaziert, führt das unweigerlich zu Verhaltensweisen, die darauf ausgerichtet sind, dieses Bedürfnis auf dem schnellsten Weg und um (fast) jeden Preis zu befriedigen. Leider führt das meistens nicht zu dem gewünschten Erfolg.

Wichtig ist, diese sechs Bedürfnisse ausgeglichen und harmonisch zu leben.

Woran erkennen Sie, dass ein Bedürfnis zu stark ist? Wenn Sie fast nichts anderes im Kopf haben, als dieses Bedürfnis zu befriedigen. Alles andere wird unwichtig und ordnet sich diesem einen Anliegen unter. Meist geschieht das unbewusst. Und oft wird das Bedürfnis sogar so übermächtig, dass wir zu den falschen Mitteln greifen, um es zu erfüllen. Der reine Wunsch löst sich von seiner realen Erfüllung ab.

Wenn zum Beispiel das Bedürfnis nach Anerkennung aus der Balance geraten ist, dann kann sich das dadurch äußern, dass Neid entsteht, wenn ein anderer gelobt wird und man selbst keine Lorbeeren abbekommt. Andere spüren das und werden wohl eher mit Abwehr reagieren, statt einem das Bedürfnis zu erfüllen. Oder man will unter allen Umständen eine ganz bestimmte Position erreichen und nimmt dafür sogar Intrigen in Kauf. Oder man »verkauft« die Anregungen anderer als seine eigenen und vermeidet es, Erfolg im Team zu teilen. Dabei bemerkt man gar nicht, dass man sich durch ein solches Verhalten eher Chancen des Erfolges wegnimmt, statt sein Grundbedürfnis nach Anerkennung zu erfüllen.

Ist das Bedürfnis nach Liebe und Verbundenheit zu ausgeprägt, kann man beispielsweise seinen Partner mit Fürsorge so überschütten, dass dieser sich erdrückt und überfordert fühlt – und auf und davon rennt. So hat man genau das Gegenteil erreicht. Oder man fragt ständig nach, was man noch für ihn/sie tun kann. Das kann so weit gehen, dass die Liebe schließlich eingefordert wird. Nach dem Motto: »Ich habe das für dich getan, also musst du jetzt auch für mich da sein …«

Das Extrem im **Wachstum** wäre, zum Beispiel zu viele Seminare zu besuchen, sich ständig neue Kenntnisse anzueignen, nur um des Wissens willen und weniger, um das Erlernte auch tatsächlich umzusetzen. Doch eine Anhäufung von Wissen ist nicht gleichbedeutend mit Wachstum.

Jeder Bereich kann eine für uns schädliche Ausprägung erfahren. Darüber hinaus gibt es aber auch Bedürfnisse, die von vornherein in Konkurrenz miteinander stehen und sich gegenseitig ausschließen. Sind diese Komplementärbedürfnisse im Ungleichgewicht, kann es zu starken Spannungen kommen.

Wer sich zum Beispiel gleichzeitig nach Sicherheit und

Abwechslung oder nach Anerkennung und Liebe sehnt, wird immer in einem der Bedürfnisse enttäuscht werden. Wenn Sie einerseits eine feste Beziehung wollen, um sich zu Hause und sicher zu fühlen und andererseits den Reiz der Abwechslung brauchen, dann beschert Ihnen das hundertprozentig einen ständigen Konflikt.

Wenn Sie Anerkennung benötigen, die Ihnen eine steile Karriere beschert, aber gleichzeitig viel Liebe von Ihrem Partner erwarten – womöglich ohne regelmäßig zu Hause zu sein –, werden sich Konflikte kaum vermeiden lassen.

Deshalb ist es sinnvoll zu erforschen, welche der sechs Grundbedürfnisse bei Ihnen im Vordergrund stehen und inwieweit diese miteinander in Konflikt liegen.

Wenn Sie das erkannt haben, dann wissen Sie schon eine ganze Menge über sich selbst und werden diese Bedürfnisse auch bei Ihrem jeweiligen Gegenüber wiedererkennen. Außerdem sind sie leicht an bestimmten Äußerungen und Verhaltensweisen zu erkennen. Dies sind einige Beispiele für typische Formulierungen:

Sicherheit: Wer nach Sicherheit strebt, fragt nach, holt sich Bestätigung, wartet ab. Er benutzt die Worte »sicher, Sicherheit, Unsicherheit, unsicher« und spricht eher von Gefühlen als von Fakten. Eventuell braucht und fordert er Nachweise oder Beweise. Tradition und Altbewährtes spielen bei ihm eine Rolle; persönliche finanzielle Absicherung ist ihm wichtig.

Abwechslung: Häufig benutzte Formulierungen: »Lass uns das ausprobieren, mir wird langweilig, schon wieder das Gleiche, ich will etwas Neues!« Wer Abwechslung sucht, reist gern und viel, ist schnell mit einer Sache fertig, ohne dass die Sache an sich erledigt ist und benötigt häufig keine weiteren Details.

Anerkennung: Jemand, den es nach Anerkennung dürstet, verwendet Formulierungen wie: »Das habe ich gemacht, niemand kann das so gut, ich bin der Boss, nur den Besten gehört die Welt ...« Er oder sie arbeitet vermutlich hart und lange, will gewinnen und siegen, liebt Applaus, ist leicht neidisch und steht gern im Mittelpunkt.

Liebe/Verbundenheit: Wer nach Liebe trachtet, benutzt häufig Sätze wie: »Es ist mir wichtig, dass es dir gut geht. Wann gehen wir gemeinsam aus, ich koche für dich, was kann ich noch für dich tun? Fühlst du dich wohl bei mir? Wenn du mich liebst, dann ...« Charakteristisch für das Bedürfnis nach Liebe und Verbundenheit sind Eifersucht, der Wunsch nach Nähe und das Fordern von Liebesbeweisen.

• •

Praktische Hilfen zum 3. Impuls

Ziehen Sie sich zurück und fragen Sie sich: Welches der oben genannten Bedürfnisse ist für mich am wichtigsten? Geben Sie jedem der sechs Bedürfnisse eine Note: eine Eins für das wichtigste und eine Sechs für das am wenigsten wichtige.

Danach notieren Sie, wie Sie sich in den einzelnen Bereichen verhalten oder welche Gedanken Sie dazu haben. Finden Sie heraus, wie Sie versuchen, diese Bedürfnisse in Ihrem Alltag zu befriedigen. Schreiben Sie dazu alles auf, was Ihnen einfällt – die positiven genauso wie die negativen Handlungen. Machen Sie sich klar, wie Sie in typischen Situationen agieren.

Um mich sicher zu fühlen, verhalte ich mich/tue ich/sage ich/denke ich: _____

Um Abwechslung in mein Leben zu bringen, verhalte ich mich/tue ich/sage ich/denke ich: _____

Um Anerkennung zu bekommen, verhalte ich mich/tue ich/sage ich/denke ich: _____

• •

• •

Um Liebe zu bekommen und mich mit anderen verbunden zu fühlen, verhalte ich mich/tue ich/sage ich/denke ich: _____

Um zu wachsen, verhalte ich mich/tue ich/sage ich/denke ich:

_____

Um einen Beitrag zu leisten, verhalte ich mich/tue ich/sage ich/denke ich: _____

Wenn Sie jetzt ehrlich zu sich selbst waren, dann können Sie genau erkennen, wo Sie nicht in Balance sind oder wo in Ihrem Alltag Sie die Befriedigung Ihrer Bedürfnisse erzwingen. Außerdem können Sie feststellen, ob das Bedürfnis, das Sie spontan an die erste Stelle gesetzt haben, noch immer an erster Stelle steht – oder auch, ob Sie nicht viel leichter leben könnten, wenn Sie Ihr Ziel künftig anders ausrichten.

Oft kommt es vor, dass zum Beispiel Menschen mit einem großen Bedürfnis nach Anerkennung feststellen, dass sie eigentlich Liebe suchen und dass Ihr Streben nach Anerkennung nur einen Ersatz für das zu oft enttäuschte Liebesbedürfnis darstellt. Sobald man das erkennt, kann man plötzlich bewusst entscheiden, das eigene Verhalten zu verändern. Damit wird automatisch auch im Umfeld eine andere Resonanz ausgelöst – plötzlich bekomme ich das, wonach ich mich schon immer gesehnt habe, doch völlig anders, mit Leichtigkeit und Freude geschenkt!

• •

4. Visionäres Denken

Wenn Sie diesen Impuls lesen, denken Sie vielleicht: Was soll das hier? Was soll ich mit visionärem Denken anfangen? So etwas braucht man, wenn man ein großes Unternehmen leitet, neue Märkte erschließen oder Marketingstrategien entwickeln will. Visionen sind etwas für Leute, die große Ideen verwirklichen wollen. Visionen sind etwas für Genies. Ich persönlich backe doch viel kleinere Brötchen. Visionen brauche ich nicht ...

Trauen Sie Ihren Träumen

Es stimmt, sehr viele erfolgreiche Unternehmensgründer haben ganze Firmenimperien auf ihren Visionen aufgebaut. Die meisten hatten am Anfang nichts als ihre Idee. Und viele wurden deswegen belächelt, manche sogar für verrückt erklärt. Aber immer stand der unbezwingbare Wille, diese Idee zu verwirklichen, im Vordergrund. Erst an zweiter Stelle folgte die Überlegung, wie sie denn umgesetzt werden können.

»Auch die größte Errungenschaft war zuerst und eine Zeit lang nichts als ein Traum.«
James Allen

Fragt man erfolgreiche Menschen, wie sie riesige Unternehmen aus dem Nichts aufbauen konnten, bekommt man meist die Antwort, dass sie in erster Linie von ihrem Vorhaben besessen waren – nichts konnte sie davon abbringen, es zu verwirklichen. Im Vordergrund stand nicht der Plan, es zu möglichst viel Geld oder Ansehen zu bringen, sondern die erträumte Vision wahr werden zu lassen, wie unwahrscheinlich das am Anfang auch erscheinen mochte.

Natürlich können Sie jetzt einwenden, dass Sie derart große Leistungen ja gar nicht anstreben. Aber das Wichtige daran ist nicht die Größe des Erreichten: Es ist das Wirkungsprinzip, das zählt. Visionäres Denken dient nicht nur dazu, die ganz großen Dinge zu bewegen. Es funktioniert genauso in unserem Alltag. Auch noch so kleine Ziele, noch so bescheidene Wünsche lassen sich nur mit der

Kraft von Ideen verwirklichen, die über das hinausgehen, was wir bereits haben und kennen. Der amerikanische Politologe Richard Wiggins hat es so formuliert: »Ideale sind Tatsachen, von denen man träumt.« Je deutlicher Sie sich vorstellen können, wie Ihre Zukunft aussehen soll, desto eher werden Sie die Energie aufbringen, dieses Ziel auch zu erreichen.

Zukunftsvisionen verändern die Gegenwart

Sie müssen also kein Unternehmer im betriebswirtschaftlichen Sinne sein, um Visionen zu entwickeln. Denn Sie sind Selbstständiger und Unternehmer Ihres eigenen Lebens. Niemand außer Ihnen selbst bestimmt, wohin die Reise geht. Nichts außer Ihren eigenen Wünschen entscheidet, welche Taten daraus folgen.

Die wirkungsvollsten Motive für unser Handeln sind immer darin begründet, was wir mit Ihnen in der Zukunft erreichen wollen. Wir brauchen die noch fernen Ziele, um unseren Handlungen einen Sinn und eine Richtung zu geben. Der Schriftsteller Antoine de Saint-Exupéry beschreibt es in einer poetischen Metapher:

Jeder einzelne Wunsch, jedes Ziel lebt von der Energie, die Sie in Ihre Vision der Zukunft »investieren«.

»Wer die Menschen dazu bringen möchte, ein Schiff zu bauen, sollte Ihnen nicht befehlen, Holz zu sammeln. Er sollte nicht als Erstes Aufgaben stellen und Arbeit einteilen, sondern er sollte nur eines tun: Er sollte in ihnen die Sehnsucht nach dem großen weiten Meer wecken.«

Immer wenn Sie Zukunftsbilder vor Ihrem geistigen Auge sehen, wenn Ihnen Wünsche durch den Kopf gehen, wenn Sie wunderbare Ideen für die Zukunft entwickeln, dann denken Sie visionär.

Ihre Ziele müssen natürlich sinnvoll sein. Wessen Wunschvorstellung beispielsweise nur so weit reicht, dass er als einziges Ziel angibt, »viel Geld verdienen« zu wollen – ohne zu wissen, welchen Traum er mit dem Geld verwirklichen will –, wird wahrscheinlich nicht wirklich glücklich werden, auch wenn er noch so viel Geld anhäuft.

Eine Vision zu haben, bedeutet eine Ausrichtung zu
haben, die größer ist als die kleinen, leicht erreichbaren
Ziele, die vor unserer Nase liegen. Eine Vision zu haben,
bedeutet langfristig in die Zukunft zu sehen und sich selbst
als Teil einer gelungenen »Inszenierung« zu fühlen, die vielen Menschen dient.

Welche Bedingungen braucht meine Vision?

Als Erstes müssen Sie daher herausfinden, welche Bedingungen Sie brauchen, damit sich Ihre ganz persönlichen
Visionen überhaupt entfalten können.

Freiräume schaffen

Die meisten von uns sind viel zu sehr darauf gedrillt, ihre
Gedanken in »normalen« Bahnen zu halten, statt sie einfach frei fließen zu lassen. Meistens werden viele gute Ideen
schon fast automatisch aussortiert, bevor sie überhaupt ins
Bewusstsein dringen können. Aber selbst die auf den ersten Blick abwegigste Idee lohnt, festgehalten und weiter-
verfolgt zu werden. Denn wer nach neuen Wegen sucht,
muss sich auch auf ungewöhnliche Gedanken einlassen –
auch wenn er zunächst einmal nicht weiß, was der nähe-
ren Überprüfung standhalten wird und was nicht.

Damit wir uns überhaupt auf neue Ideen einlassen können, müssen wir den nötigen Freiraum dafür schaffen. Wer
täglich einen vollen Terminplan abarbeitet, wird wenig Zeit
und Muße für visionäres Denken finden. Für viele geht es
also erst einmal darum, die ausgetretenen Pfade eines gleich-
förmigen Alltags zu verlassen und den Kopf frei zu machen
für neue Ideen, die bisher hartnäckig verdrängt wurden.

Der folgende Selbstcheck soll Ihnen dabei helfen, herauszufinden, ob Ihr Alltag zu viel oder zu wenig Routine
enthält, vor allem aber, wie viel Routine Sie persönlich brau-

chen. Denn die Voraussetzungen, unter denen die besten Zukunftsvisionen entstehen können, sind für jeden Menschen anders. Einige brauchen dafür das stützende Gerüst eines geregelten Tagesablaufs, um sich möglichst wenig mit täglichen Verrichtungen aufzuhalten. Andere empfinden gerade den festgelegten Plan als Einengung und benötigen möglichst viel Freiraum für Spontaneität und neue Einfälle.

> **Eine Vision zeichnet sich dadurch aus, dass sie nicht automatisch erreicht wird.**

● ●

DER SELBSTERKENNTNIS-CHECK:
Wie viel Routine brauchen Sie, um Ihre Träume zu verwirklichen?

Teil 1: Bitte suchen Sie aus den folgenden drei Beschreibungen diejenige heraus, die am besten auf Sie zutrifft.

Checken Sie, ob Freunde derselben Meinung sind wie Sie, ob Menschen, die Sie gut kennen, zu der gleichen Einschätzung in Bezug auf Ihre Gewohnheiten gelangen.

1. Sie sind ein richtiges Gewohnheitstier. Sie haben Ihr Leben im Griff. Das ist eine weitgehend gute Sache. Andere wissen, woran sie bei Ihnen sind. Sie können sich auf Ihre Stärken genauso einstellen wie auf Ihre Schwächen. Wenn Ihnen Ihr Leben gefällt, und das Zusammenleben mit den Menschen in Ihrer Umgebung Sie befriedigt, ist alles bestens. Vielleicht aber fragen Sie sich, warum sie manchmal gelangweilt sind – und auch andere Menschen eigentlich nur noch langweilig finden. Es liegt an den immer gleichen Pfaden, auf denen Sie sich bewegen – und die Sie vielleicht mal verlassen sollten.

2. Sie haben viele feste Gewohnheiten, aber Ihr Tag ist nicht nur durch Routine bestimmt. Zum Glück. Ein Mensch, der nicht mehr aufmerkt, der nicht mehr nachdenken muss,

● ●

nicht mehr beobachtet und keine Wagnisse mehr eingeht, läuft am Leben vorbei. Deshalb versuchen Sie, nicht zu viele feste Gewohnheiten und fest geplante Tagesabläufe zuzulassen, die Ihren persönlichen Spielraum einengen. Wenn Sie sich trotzdem dabei ertappen, wie Sie bei privaten Verabredungen auf die Uhr schauen, weil Ihre Zeit begrenzt ist, sollten Sie noch einmal überprüfen, ob Sie nicht das eine oder andere aus Ihrem Terminkalender streichen könnten.

3. Sie verachten feste Gewohnheiten, halten sie vielleicht sogar für spießig. Ihre Stärke ist die Improvisation. Aber manches lässt sich letztlich doch besser durch Routine erledigen. Alle unangenehmen Pflichten gehören dazu. Wer jede Kleinigkeit immer wieder hinterfragt und neu angeht, verliert leicht das wirklich Wichtige aus den Augen. Man erledigt einige Verrichtungen am besten, wenn man gar nicht mehr groß über sie nachdenkt, sondern wenn es einfach einen festgesetzten Ort und eine feste Zeit gibt, an denen diese Dinge »abgehakt« werden. Auf diese Weise kann man zusätzliche Ressourcen gewinnen, um sie für visionäre Gedanken zu nutzen.

Teil 2: Bitte entscheiden Sie sich bei den folgenden Fragen bzw. Aussagen jeweils für Antwort a. oder b.

1. Singen Sie morgens unter der Dusche?

    ☐ a. Selten oder nie.
    ☐ b. Öfter mal oder immer.

2. Bekommen Sie manchmal den »Koller«, und beginnen Sie in der Wohnung herumzuräumen, obwohl eigentlich alles ganz ordentlich und gemütlich ist?

☐ a. Das würde mir nicht in den Sinn kommen.
☐ b. Das kann durchaus passieren.

3. Ins Bett gehe ich abends

☐ a. immer ziemlich genau zur selben Zeit.
☐ b. unregelmäßig: meist etwas zu spät, manchmal aber auch richtig früh.

4. Sie wollen einen Nagel einschlagen und finden den Hammer nicht. Was tun Sie?

☐ a. Ich suche, bis ich den Hammer gefunden habe, auch wenn es ziemlich lange dauert.
☐ b. Ich schlage den Nagel mit der Schmalseite der Kneifzange ein.

5. Wer hat Ihrer Meinung nach im Beruf mehr Erfolg?

☐ a. Der strebsame Mensch, der seine Arbeit optimal erledigt.
☐ b. Oder eher der »Angepasste«, der gut mit den Vorgesetzten kann.

6. Was möchten Sie in den nächsten fünf Jahren am liebsten machen?

☐ a. Ich möchte meine bisherigen Erfahrungen und Eindrücke ausbauen und vertiefen.
☐ b. Ich möchte unbedingt etwas Neues erleben. Ohne neue Erfahrungen fühlt man sich alt.

7. Hätten Sie Lust, eine fremde Sprache zu erlernen?

☐ a. Lust vielleicht, aber ich habe nicht die Zeit, mich wirklich hinzusetzen und zu lernen.

☐ b. Ich könnte mich dafür begeistern.

8. Wenn ich nachts aus dem Schlaf gerissen werde,

☐ a. bin ich meist schnell hellwach.

☐ b. brauche ich längere Zeit, bis ich die Orientierung habe.

9. Wenn ich im Urlaub an bekannten Orten bin,

☐ a. schlage ich dort Wurzeln und spanne so richtig aus.

☐ b. versuche ich, Land und Leute noch besser zu kennen zu lernen.

10. Was ist im Beruf wichtiger?

☐ a. Unermüdlichkeit.

☐ b. Flexibilität.

11. Neue Bekanntschaften

☐ a. sind mir das Allerwichtigste im Leben.

☐ b. mache ich gern, aber ich muss nicht dauernd jemand kennen lernen.

12. Wenn ich im Urlaub nichts unternehme und einfach nur die Zeit verrinnen lasse,

☐ a. werde ich immer ruhiger und schalte richtig ab.

☐ b. entdecke ich plötzlich neue innere Seiten an mir.

13. Wenn ich mich schlecht fühle, ist meine Kleidung

☐ a. genauso perfekt und korrekt wie an anderen Tagen.
☐ b. meist etwas schlampig oder übertrieben originell.

14. In einer Gesprächsrunde bin ich

☐ a. absolut der Mensch, der das Wort führt.
☐ b. kann ich reden, aber auch schweigen, Themen vorbringen und genauso gut anderen zuhören.

15. Bei Tisch

☐ a. steht alles immer genau am richtigen Platz.
☐ b. herrscht bei uns meist Chaos, weil dauernd etwas zugereicht werden muss.

16. Der Reiz, einen neuen Menschen kennen zu lernen, liegt für mich vor allem darin, dass ich

☐ a. meine wichtigen Lebenserfahrungen neu austauschen kann.
☐ b. durch die Erfahrungen anderer bereichert werde.

17. Wenn ich ein neues Gericht koche,

☐ a. halte ich mich meistens an das Rezept.
☐ b. lasse ich mich von Rezepten inspirieren, aber ich halte mich selten genau daran.

18. Beneiden Sie eine Filmschauspielerin, die siebenmal geschieden wurde?

☐ a. Nein, warum soll ich jemand beneiden, der wie auf einer Achterbahn lebt – mal im siebten Himmel, mal in seelischer Hölle.

☐ b. Ein bisschen schon – es muss zumindest ein sehr
aufregendes Leben gewesen sein.

19. Was wären Sie in der Regierung lieber?

☐ a. Finanzministerin/Finanzminister.
☐ b. Außenministerin/Außenminister.

20. Was ist für Sie das Schönste daran, essen zu gehen?

☐ a. die Anstrengung in der Küche zu sparen.
☐ b. etwas völlig Unbekanntes auszuprobieren.

Auswertung zum Check

Persönlichkeitsbeschreibung 1 trifft auf Sie zu, wenn Sie mehr
als 15-mal a. angekreuzt haben.

Persönlichkeitsbeschreibung 2 trifft auf Sie zu, wenn Sie 10-
bis 15-mal a. angekreuzt haben.

Persönlichkeitsbeschreibung 3 trifft auf Sie zu, wenn Sie
weniger als 10-mal a. angekreuzt haben.

Stimmt das Ergebnis mit Ihrer ursprünglichen Einschätzung
überein? Wenn ja, haben Sie jetzt die Möglichkeit, herauszufinden, welches Maß an Routine Ihre Visionen blockiert, und
wie viel sie brauchen, um sich frei entfalten zu können. Wenn
Ihre Punktzahl aber eine andere Beurteilung ergibt als Ihre
eigene, stehen Sie wahrscheinlich mit einem Bein in jeder Tür.
Wenn Sie dabei das Gefühl haben, dass Sie durch den Spagat
nicht in Ihrer Beweglichkeit eingeschränkt werden, sondern
Ihnen genug Raum für kreative Pläne bleibt, ist das in keiner
Weise ein Problem.

So lassen sich Visionen frei entfalten

Dass Routine und Abwechslung – wie oben beschrieben – im Gleichgewicht sind, ist genauso wichtig für das Entwickeln von Visionen wie dass Sie zuerst einmal alle Bewertungen zurückstellen. Das heißt: Erst einmal muss ungehemmt drauflos gesponnen werden, ohne einen Gedanken daran zu verschwenden, wie sinnvoll die Idee tatsächlich ist. Lernen Sie, Ihre Kreativität voll auszuschöpfen und Assoziationen und Gedankenimpulse fließen zu lassen. (Eine praktische Übung dazu finden Sie am Ende dieses Kapitels.) Wer von vornherein mit Kritik und Beurteilung beschäftigt ist, der hemmt den kreativen Prozess. Bei den meisten Menschen wird der Fluss der Produktivität sofort blockiert, wenn sie dafür bewertet werden oder sich selbst bewerten.

Visionen entwickeln heißt, seiner Fantasie Raum zu geben – jenseits von Normen und Vorschriften.

Bremsen Sie daher auf keinen Fall Ihre Kreativität mit vorweggenommenen Einwänden. Lassen Sie zu Beginn alle Ideen ohne Wertung an sich heran. Schreiben Sie alles auf, was Ihnen in den Sinn kommt und spinnen Sie voller Lust die aufgenommenen Fäden weiter. Nur wenn Sie Ihre Visionen »von der Leine lassen«, schöpfen Sie Ihre Möglichkeiten wirklich uneingeschränkt aus und finden Ihre wahren Ziele. Denn wenn Sie überhaupt nicht wissen, wohin Sie wollen, dann wissen viele andere, wohin Sie sollen und was Sie wollen sollen! Und einen realistischen Plan können Sie dann immer noch aufstellen und dessen Verwirklichung verfolgen.

Wer seine Visionen gleich als undurchführbar beiseite schiebt, wird selbst kleine Träume nie verwirklichen.

Sind Ihre Gedanken einmal in Fluss, ergeben sich automatisch weitere Assoziationsketten. Ein Einfall erzeugt einen neuen und der wieder den nächsten. Damit der erste Einfall (vielleicht der beste von allen) nicht genauso schnell wieder vergessen ist, wie er kam, sollte er – und auch die folgenden – so früh wie möglich festgehalten werden. Es ist also ratsam, alles aufzuschreiben, auch was nur kurz an Ihnen »vorbeifliegt«. Das ist vor allem wichtig, wenn Sie gerade mit ganz anderen Dingen beschäftigt sind und gar keine Zeit für diese Art von Gedanken haben. Doch

Lernen Sie Ihre Ideen zu
lieben, wie verrückt sie
auch scheinen mögen.
Was Sie lieben, wird
Ihnen entgegenkom-
men.

haben Sie ihn notiert, können Sie später jederzeit darauf zurückkommen.

Sobald Sie dann wieder Zeit und Raum für Ihre Zukunfts-pläne haben, sind die Notizen Ihre Grundlage für die Aus-formung der Ziele, die Sie nun konkret angehen können.

Und: Je klarer Ihnen Ihre Ziele werden, desto eher wer-den Sie Wege finden, sie durchzusetzen. Erst danach soll-ten sie Ihre derzeitige Lage und die Voraussetzungen für Ihre Pläne beschreiben.

Vom Traum zur Wirklichkeit

Gehen Sie einfach mal davon aus, alles könnte wie geplant verlaufen, Sie hätten bis zu einem Zeitpunkt in fünf oder zehn Jahren Ihre Ziele genau so verwirklicht, wie Sie es sich vorgestellt haben. Versetzen Sie sich in Ihrer Fantasie in diese Zeit.

- Wo befinden Sie sich dann?
- Was machen Sie?
- Wie sieht Ihr Tagesablauf aus?
- Wie fühlen Sie sich?

Unterteilen Sie in beruflich und privat.
Stellen Sie sich ganz konkret vor:

- Welche Position haben Sie?
- Welche Inhalte beschäftigen Sie?
- In welchem Umfeld leben Sie?
- Welche Arbeitszeiten haben Sie?
- Wie sieht der Ort aus?
- Welche Menschen umgeben Sie?
- usw.

Malen Sie sich alle Aspekte, die Ihnen einfallen und die Ihnen wichtig sind, in bunten Farben aus. Die möglichst genaue Beschreibung dessen, was sein wird, wenn Ihre kühnsten Erwartungen übertroffen werden, bringt Ihnen ungeahnte Einsichten für Ihr jetziges Verhalten. Je deutlicher Ihnen das Bild der angestrebten Zukunft vor Augen steht, desto mehr werden Sie in der Gegenwart davon erfüllt sein. Und wenn Sie Ihre Visionen fast schon greifen können, wird es Ihnen nahezu mühelos gelingen, alle Schwierigkeiten aus dem Weg zu räumen.

Jedes Problem ist eine Chance

Wer auf diese Weise von der Energie seiner Pläne durchdrungen ist, wird feststellen, dass sich der größte Teil der befürchteten Probleme in Wohlgefallen auflöst. Sie können sich das wie einen Hürdenlauf vorstellen: Wer seinen Blick fest auf das Ziel in der Ferne heftet und es um jeden Preis erreichen möchte, wird loslaufen, die Höhe der Hürden kurz taxieren und über sie hinwegspringen, ohne weiter darüber nachzudenken. Hat er aber das Ziel nicht im Blick, oder ist es nicht wichtig genug, besteht die Gefahr, nur die Hürde und sonst nichts vor sich zu sehen. Dann wird die Hürde erst einmal ausgemessen und von allen Seiten betrachtet, lange überlegt, ob man es tatsächlich wagen kann, zu springen. Und dabei wird die Hürde immer höher.

Wer sich von dem Verlangen leiten lässt, sein Ziel zu erreichen, dessen Kräfte werden an jedem überwundenen Hindernis wachsen. Wer aber nur auf absolute Sicherheit und Ordnung baut, wer jedes Hindernis scheut, den wird das Leben irgendwann ins Chaos stürzen.

**»Der kürzeste Weg, ein Ziel zu erreichen, führt oft über Umwege.«
Malcolm Forbes, Unternehmer**

Deshalb: Wenn es Probleme gibt, sehen Sie darin die große Chance, aus ihnen zu lernen und menschlich daran zu reifen.

Jeder Rückschlag ist eine zweite Chance

Sind die Hürden zu hoch, ist es manchmal notwendig, einen Umweg in Kauf zu nehmen. Es kann auch vorkommen, dass ein Hindernis falsch eingeschätzt wird und man stolpert. Leider sind immer noch viele Menschen in unserer Gesellschaft so eingestellt, dass Fehler als schlimmes Versagen angesehen werden. Es gibt aber überhaupt keinen Grund, sich nach einer missglückten Aktion unentwegt zu geißeln und anzuklagen. Jeder Fehler trägt doch wesentlich zu wertvollen Lernprozessen bei. Ohne Fehler könnten wir keine Erfahrungen sammeln, nichts Lernen und niemals eine weitere Chance bekommen.

Schwierigkeiten sind psychische Fitnessübungen. Nach den Gründen von Fehlschlägen zu forschen ist allerdings ein wichtiger Schritt, um daraus einen echten Nutzen zu ziehen. Denn erst wenn man den Fehler erkannt hat, kann man neue – Erfolg versprechendere – Strategien entwickeln.

Durch diesen Prozess können sich Ihre Ziele im Laufe der Zeit verändern, manchmal sogar so weit, dass etwas völlig anderes für Sie wichtig wird. Auch das ist kein Grund, nun die vorher »verschwendete« Zeit zu bedauern. Keine Energie, die zielgerichtet eingesetzt wird, ist verloren. Auch wenn Sie für Ihr Empfinden

- viele Umwege machen müssen,
- Ihr Ziel zeitweilig aus den Augen verlieren und
- es vielleicht sogar nie in der ursprünglichen Form erreichen.

Ein mit positiven Gefühlen besetztes Ziel wird sich immer günstig auf Ihre Gegenwart auswirken.

Ganz egal, ob Sie Ihre Ziele erst finden oder sie verändern wollen, immer wenn Sie sagen: »Das wäre zu schön um wahr zu sein«, trauen Sie sich diesen visionären Gedanken hinzuzufügen: »Und ich werde dafür sorgen, dass es wahr wird.«

Ihre Visionen können Wirklichkeit werden, wenn sie

konsequent formuliert, schriftlich festgehalten und dann mit gezielter Aktivität ins Leben gerufen werden.

Starke Visionen beeinflussen das gesamte Umfeld

Im gleichen Maße, wie Sie von Ihren Zielen beflügelt werden, verändern Visionen das Klima zwischen Ihnen und den Menschen in Ihrer Umgebung. Firmenvisionen prägen die Unternehmenskultur, und natürlich bestimmt die eigene Lebensvision den Umgang mit Kollegen, ebenso wie mit Freunden und Familie.

Der gestaltete Zukunftstraum schließt ja stets die anderen mit ein. Denn wer kann sich schon ein glückliches Leben mit unzufriedenen Mitmenschen vorstellen? Wer eine bessere Zukunft anstrebt, bewirkt die positive Veränderung deshalb genauso für andere wie für sich selbst. Außerdem kommt hinzu, dass man andere durch die eigene Begeisterung und Energie mitreißen kann. Enthusiasmus und Einsatz für eigene und gemeinsame Ziele wirken ansteckend und eröffnen allen einen Weg aus der Falle der Unzufriedenheit.

Finden Sie also für sich heraus: Was wäre ein idealer beruflicher Zustand? Was wäre ein ideales berufliches Umfeld? Wie könnte das betriebliche Miteinander aussehen? Und desgleichen natürlich im privaten Bereich.

Und wenn diese Zukunftsvisionen klar sind, dann können die kleinen Schritte dorthin mit wesentlich mehr Leichtigkeit entwickelt werden.

Eine Vision fängt an zu leben

Kürzlich hatte ich die Gelegenheit, mit der Geschäftsführung und der ersten Führungsebene eines Unternehmens die Firmenvision sowie die Werte für ihr Unternehmen zu entwickeln. Das war ein Prozess von drei Tagen und danach gingen alle zwar erschöpft, aber sehr zufrieden wieder in den Alltag zurück.

Kurz nach dem Seminar fing diese Vision bereits an, auf

die unterschiedlichsten Arten zu kommunizieren und zu leben. Wortfetzen im Treppenhaus, ein durch die Tür aufgeschnappter Satz am Telefon, überall begegnete ich den erst vor kurzem entworfenen Gedanken wieder. Gleich darauf konnte ich einen ganzen Tag gemeinsam mit dem Betriebsrat arbeiten. Und während dieser Stunden entwickelten wir für jeden einzelnen Teilnehmer seine persönliche Vision: Wie er sich im Unternehmen sieht. Was er dort erreichen will. Welche Aufgaben er übernehmen und warum er in diesem Gremium gemeinsam mit den anderen arbeiten will.

»Verschwenden« Sie Energie auf die Verwirklichung Ihrer visionären Gedanken, Sie bekommen ein Vielfaches zurück.

Dadurch dass die einzelnen Fäden an mehreren Enden aufgenommen und weitergesponnen wurden, dass jeder sich selbst und seine eigenen Ziele in Verbindung mit einer starken Vision für das Ganze eingebunden sah, entwickelten die Visionen eine Dynamik, die zu tief greifenden Veränderungen in der Zusammenarbeit führten.

Hier nur einige Sätze als Beispiel, wie einzelne Teams oder Organe mit übergeordneten Funktionen in einem großen Ganzen auch eine eigene Vision einbringen und danach leben können:

- Wir sehen uns als eine Säule, die die Unternehmensvision mitzutragen hat.
- Wir wollen Hilfe sein für den Vorstand und die Arbeitskollegen, damit eine bessere Zusammenarbeit möglich wird.
- Wir sind Vorbild für offene Kommunikation und fühlen uns mitverantwortlich für das Wohl des Unternehmens, sowohl sozialpolitisch als auch in Bezug auf das wirtschaftliche Ergebnis.

Können Sie sich vorstellen, dass Innovation möglich ist, wenn auf dieser Basis kommuniziert wird?

Praktische Hilfen zum 4. Impuls

Die folgende Übung ist eine leichte Meditation, die dazu dient, den Alltagsstress und die in immer gleichen Kreisen rotierende »Gedankenmaschine« im Kopf abzustellen, damit Sie sich entspannt neuen Ideen öffnen können.

Wenn Sie noch keinerlei Erfahrung mit Entspannungsübungen oder Meditation gemacht haben, werden Sie eine Weile brauchen, bis sich der gewünschte Effekt einstellt. Geben Sie aber nicht auf! Wichtig ist nur, sich ohne Anstrengung auf die vorgestellten Bilder einzulassen. Versuchen Sie nicht, Entspannung zu erzwingen, konzentrieren Sie sich stattdessen locker auf den beschriebenen Zustand. Finden Sie das Gleichgewicht zwischen Entspannung und leichter Konzentration.

Auch wenn sich am Anfang ständig andere Gedanken einschleichen, oder Sie die beschriebenen Bilder nicht visualisieren können, versuchen Sie es erneut. Es ist wirklich eine Frage der Übung und irgendwann werden Sie in den Genuss des entscheidenden Aha-Effekts kommen.

Am besten legen Sie sich aufs Bett oder eine bequeme Unterlage. Je nach Temperatur sollten Sie sich zudecken, damit Sie auch im völlig entspannten Zustand richtig warm sind. Sorgen Sie dafür, dass Ihre Kleidung bequem ist und nichts Sie beengt. Schließen Sie die Augen.

Erst wenn um einen herum absolute Ruhe eingekehrt ist, kann man sich auf Wesentliches besinnen.

1. Meditation: »Meine Quelle ist die Leere«

Atmen Sie dreimal ruhig und tief aus, ohne auf den Atemrhythmus zu achten. Konzentrieren Sie sich nur auf möglichst gründliches Ausatmen, das Einatmen geschieht von selbst. Versuchen Sie spätestens beim dritten Mal den gesamten Lungeninhalt einmal ganz zu leeren.

Stellen Sie sich vor, dass sich ein Schleier von Dunkelheit und Leere über Sie legt und langsam alle Gedanken von Ihnen abfallen. Entspannen Sie alle Muskeln und Fasern Ihres Körpers in diesem Dunkel.

Konzentrieren Sie sich weiter auf das weiche Dunkel, das Sie sanft einhüllt. Es breitet sich auch in Ihrem Innern immer weiter aus, bis es Sie ganz erfüllt.

Jetzt wenden Sie sich Ihrem Körper zu: Richten Sie Ihre Aufmerksamkeit auf Ihren Kopf, und spüren Sie, wie sich das Dunkel in Ihrem Gehirn ausbreitet. Alle Gedanken werden davon ergriffen und aufgelöst. Sie müssen nichts mehr bedenken oder regeln. Ihr Gehirn ruht entspannt im Dunkel.

Als Nächstes konzentrieren Sie sich darauf, wie die Dunkelheit sich in Ihrem Bauchraum ausdehnt und alle Anspannungen und Verkrampfungen sich lösen. Das warme Dunkel erfüllt Ihren gesamten Unterleib.

Als Letztes dehnt sich das Dunkel bis in den Oberkörper aus, der gesamte Brustraum wird davon durchströmt. Alles in Ihnen ist jetzt dunkel und ruhig.

Wenn Sie vollständig entspannt sind, und alles in Ihnen ist Dunkelheit, stellen Sie sich vor, wie in der Mitte des Brustraums eine sanfte Schwingung zu wachsen beginnt. Die Schwingung ist angenehm und wohlig, eine Schwingung des Friedens. Sie ist ganz einfach da und strahlt eine ruhige, aber beständige Kraft aus.

Stellen Sie sich vor, wie sich diese warme Schwingung von der Mitte Ihres Brustraums aus in Ihren ganzen Körper ausdehnt, wie sie langsam in alle Körperteile strahlt. Über den Bauch und das Becken in die Beine und Füße, in den Hals und Kopf und über die Schultern in die Arme und Hände.

Liegen Sie ganz ruhig einfach da und genießen Sie die leichte Schwingung in Ihrem Körper. Achten Sie weder auf Ihre Atmung noch auf die Umgebung, gehen Sie ohne jeden Gedanken ganz in der Energie der Schwingung auf.

Zum Beenden der Übung atmen Sie dreimal tief ein, genauso bewusst und tief, wie Sie zu Beginn ausgeatmet haben. Je nach Tiefe der Entspannung und je nach Konstitution ballen Sie die Hände zu festen Fäusten, und beugen Sie dreimal die Ellenbogen, wobei Sie die Hände in Richtung Schulter ziehen. Das regt den Kreislauf wieder an.

Es ist übrigens ein gutes Zeichen, wenn Sie im Laufe der Meditation einschlafen. Dann ist die Entspannung geglückt, Körper und Geist haben losgelassen und sind in die Stille eingetaucht, die nötig ist, um Raum für neue Ideen zu schaffen.

Wenn Sie diese Meditationsübung ein paar Mal gemacht haben, werden Sie feststellen, dass es Ihnen immer schneller und leichter gelingt, alle Lasten abzuwerfen und in die Dunkelheit einzutauchen. Wenn Sie das erreicht haben, probieren Sie es mit dem nächsten Schritt.

2. Übung: »Visionen ruhen in mir«

Die daran anschließende Übung soll Ihnen helfen, einen besseren Zugang zu Ihren intuitiven Fähigkeiten zu finden, die im Alltagsbewusstsein meist hinter den rationalen Überlegungen zurückbleiben. Durch diese Übung trainieren Sie Ihre Assoziationsfähigkeit und Sie kommen in Kontakt mit dem Ideenpool Ihrer Visionen.

Legen Sie sich Papier und Stift zurecht, bevor Sie die Entspannungsübung beginnen, um sie hinterher direkt griffbereit zu haben.

Nachdem Sie vollkommen entspannt sind und sich einige Zeit in den Strahlen Ihrer Schwingung »gewärmt« haben, richten Sie Ihre Konzentration auf ein (wichtiges) Thema, mit dem Sie sich beschäftigen wollen. Versuchen Sie, ein einziges Wort oder Bild dafür zu finden. Auf keinen Fall dürfen Sie aber ein inneres Frage-und-Antwort-Spiel beginnen. Wenn Ihnen kein Bild für Ihr Thema einfällt, nehmen Sie ein einziges Wort und stellen Sie es sich bildlich vor. Visualisieren Sie die Buchstaben des Wortes.

Holen Sie Ihre Ziele und Ihre Zukunft in das Zentrum Ihrer Aufmerksamkeit.

Schauen Sie das Bild oder Wort in Ruhe vor Ihrem inneren Auge an, versuchen Sie, eine zu ihm passende Schwingung wahrzunehmen, stimmen Sie sich auf die Schwingung ein.

Bleiben Sie mit Ihrer Aufmerksamkeit ruhig bei der Schwingung des Bildes, das sich direkt vor Ihnen befindet. Schauen Sie es genau an. Stellen Sie eine Veränderung fest? Wechselt es Form oder Farbe? Hören Sie einen Ton? Fängt Ihr Bild plötzlich an zu leuchten oder bewegt es sich? Wie intensiv ist die Schwingung?

Beobachten Sie einfach nur die Veränderungen, die Sie wahrnehmen, ohne dass Sie versuchen, etwas zu steuern.

Lösen Sie nach einiger Zeit Ihre Aufmerksamkeit von dem Bild und lassen Sie es langsam los. Lassen Sie Ihr Thema einfach wegdriften. Wieder breitet sich Dunkelheit in Ihnen aus, Sie fühlen, sehen, denken nichts. Sie liegen einfach nur da.

Beenden Sie die Übung wie die vorige, indem Sie die Hände zu Fäusten ballen und zu den Schultern ziehen, und öffnen Sie dann die Augen.

Vielleicht müssen Sie diese Übung einige Male wiederholen. Wenn Sie es schaffen, die Alltagsgedanken vollkommen loszulassen, werden Sie eine Flut von Assoziationen, Gefühlen und Bildern erleben, die sich auf Ihr Thema beziehen. Vielleicht haben Sie sogar einen kurzen Geistesblitz bemerkt, der ein helles Licht auf die Lösung geworfen hat? Nur im Zustand der Ruhe und Leidenschaftslosigkeit kann der Fluss intuitiver Impulse ungehindert fließen und in Ihr Bewusstsein dringen wie in ein leeres Gefäß.

Zuerst werden Ihre Eindrücke noch sehr unsortiert sein, schreiben Sie deshalb direkt nach der Übung alles auf, was für Ihr Thema wichtig ist. Nehmen Sie sich anfangs genügend Zeit für die Notizen, denn durch das Aufschreiben werden unklare Bilder festgehalten und können deutlichere Konturen entwickeln.

Versuchen Sie diese Übung dreimal in Abständen von einem Tag zu dem gleichen Thema zu machen. Vergleichen Sie Ihre Notizen der einzelnen Tage miteinander. Die Punkte, die an allen drei Tagen wieder auftauchen, sind diejenigen, denen Sie in Ihrer Vision besonderen Raum geben sollten. Lassen Sie die Energie der Assoziationen in die Verwirklichung mit einfließen.

3. Aufzeichnung von Ideen: »Mein Visionsalbum«

Wichtig ist: Schreiben Sie alles, aber auch alles auf, was Ihnen an Ideen einfällt – in jeder Situation. Auch für Ihr Privatleben. Welche Beziehungen pflegen Sie, in welchen Kreisen verkehren Sie, wie gut oder schlecht läuft Ihre intime Beziehung, was ist wichtig für Sie, wie sieht Ihr Leben heute, morgen, übermorgen aus?

Vielleicht möchten Sie sich hierfür ein Buch anlegen. Beschreiben Sie die einzelnen Situationen und Lebensbereiche und alles was Ihnen dazu einfällt in farbigen Bildern. In diesem Album können Sie alles sammeln, was Ihnen einfällt oder wichtig erscheint. In beliebiger Reihenfolge. Die Anordnung ist Ihrer persönlichen Vorliebe überlassen. Einigen hilft es, eine Trennung zwischen Ist- und Sollzustand herzustellen, andere sammeln Text und Bilder an unterschiedlichen Stellen. Richten Sie es aber so ein, dass Ihnen dabei möglichst viele Ideen kommen, die Sie später noch weiter ordnen und sortieren können.

Schließen Sie immer wieder während des Schreibens die Augen, und spüren Sie, welche Gefühle mit diesen Ideen verbunden sind. Stellen Sie sich die Glücksmomente vor, die dann eintreten.

Worte, Zeichnungen und Bilder können darstellen, was Ihnen während der Meditation oder in anderen Situationen in den Kopf gekommen ist. Sie können in dieses Buch Fotos oder Bilder aus Katalogen oder Zeitschriften einkleben, die in optimaler Weise das, was Sie sich vorstellen, darstellen und eine Art Visionsalbum anlegen.

Je öfter und intensiver Sie sich dann mit Ihren Visionen beschäftigen, desto leichter wird es Ihnen fallen, auch im ganz normalen Alltag neue Ideen zu finden, kreative Impulse zu empfangen und andere zum visionären Denken anzuregen.

Und ganz »nebenbei« werden Ihre Wünsche auch wahr. Es braucht vielleicht viele kleine Schritte bis zum großen Ziel. Jedoch schon der Weg dorthin kann voller Freude sein.

5. Willenskraft

Willenskraft ist noch mehr als die bisher beschriebenen Impulse eine Einflussgröße, die immer wieder aktiviert werden muss. Mut, Einsicht in die geistigen Gesetze, Selbstkenntnis und visionäres Denken bewirken im Wesentlichen eine Veränderung im Denken und Handeln. Sind sie einmal in Gang gesetzt, fällt es zunehmend leichter, die neuen Erkenntnisse anzuwenden. Die Leistung der Willenskraft dagegen muss ständig und immer wieder von neuem aufgebracht werden, um das angestrebte Ziel zu erreichen. Mit Mut zum Beispiel werden anfängliche Hindernisse überwunden und die verändernde Bewegung in Gang gebracht. Aber erst die Willenskraft lässt uns dauerhaft an unseren Vorhaben dranbleiben. Die Kraft des Willens ist der ständige Energieschub, um in der einmal eingeschlagenen Richtung voranzukommen.

Willenskraft ist der Motor, ohne sie läuft nichts

Ohne ausgeprägte Willenskraft können leicht Zweifel, Ängste und Depressionen die Oberhand gewinnen. Allein der Wille steht allen verwirrenden und verunsichernden Gefühlen entgegen; er ist der Impuls, der Handlungen ohne Rücksicht auf Ängste und Bedenken vorantreibt. Zweifel und Grübeleien werden durch ihn verdrängt. Denn werden konkrete Taten geplant, um ein bestimmtes Vorhaben in die Tat umzusetzen, gibt es keinen Platz mehr für Zweifel.

Was immer Sie erreichen wollen: Der Antrieb entscheidet und der Schlüssel dazu ist die Willenskraft – ganz egal, ob Sie

• an Ihrem Arbeitsplatz mehr Verantwortung tragen möchten,

- Führungsaufgaben übernehmen wollen oder bereits in einer Führungsposition sind,
- sich selbstständig machen,
- persönliche Vorsätze endlich verwirklichen,
- schlechte Gewohnheiten aufgeben oder
- einfach nur viele Aufgaben aktiver angehen wollen.

Die wunderbarsten Ideen und das größte Talent sind nämlich kaum etwas wert, wenn hochfliegende Pläne nicht konsequent in die Tat umgesetzt werden. Visionäres Denken und Mut sind zwar die Voraussetzungen dafür, sich auch große Ziele zu stecken und ihre Verwirklichung in Angriff zu nehmen. Aber nur die Willenskraft garantiert das Durchhaltevermögen, um das erträumte Zukunftsbild tatsächlich wahr werden zu lassen. Von der Vision geleitet, initiiert die Willenskraft immer wieder konkrete Aktionen, um der Wunschvorstellung Schritt für Schritt näher zu kommen. Sie hilft, Tag für Tag den inneren Schweinehund zu überwinden und auch nach Rückschlägen wieder aufzustehen und weiterzumachen.

Durch Entscheidungen, die wir treffen, bestimmen wir unser Leben.

Wahren Sie Ihre Interessen – beharrlich statt egoistisch

So ist die Willenskraft eine zentrale Eigenschaft, die man benötigt, um für die eigenen Interessen zu kämpfen. Damit ist nicht gemeint, dass man andere um jeden Preis übertrumpfen oder beiseite schieben soll. Willenskraft ist nicht mit Egoismus gleichzusetzen. Vielmehr kommt es darauf an, die Ellenbogen wohl dosiert einzusetzen – so viel wie nötig und so wenig wie möglich. Seine Willenskraft einzusetzen muss nicht zu skrupellosem und egoistischem Verhalten führen. Wer seine Ziele mit Klarheit und Beharrlichkeit verfolgt, kann durchaus rücksichtsvoll gegenüber anderen vorgehen.

Eine ausgeprägte Willenskraft ist viel eher dadurch gekennzeichnet, dass man sich weder von eigenen Unsicherheiten noch vom Egoismus anderer beirren lässt. Dass man ausdauernd und unerschütterlich immer wieder alles aus dem Weg räumt oder umgeht, was sich als Hindernis vor einem aufbaut.

Es ist deshalb auch nötig, dem rücksichtslosen Verhalten anderer entgegenzutreten und zu verhindern, dass die eigenen Anliegen ins Hintertreffen geraten. Willenskraft ist die Fähigkeit, die eigenen Interessen wichtiger zu nehmen als fremde – ohne dabei selbstsüchtig zu sein. Wer sich zu sehr vor fremde Karren spannen lässt, verliert schnell seine Wünsche und Ziele aus den Augen.

Die Frage ist also, ob Sie Ihre Willenskraft einsetzen können, ohne Schaden anzurichten.

● ●

DER SELBSTERKENNTNIS-CHECK:
Können Sie Ihre Interessen durchsetzen?

Manche Menschen können sich einfach nicht davor schützen, dass andere bei ihnen vor allem den eigenen Vorteil suchen. Schlimmer noch: Diese Menschen merken oft nicht einmal, dass ihre Kräfte ausgenutzt und »gemolken« werden. Gehören auch Sie dazu?

Wir wollen hoffen, dass dies nicht der Fall ist. Denn für den Erfolg sind Nettigkeit, Hilfsbereitschaft und Gutmütigkeit allein nicht die richtigen Partner. Wer immer zugunsten anderer zurücksteckt, kann nicht genügend Willenskraft aufbringen, um seine eigenen Interessen und Ziele zu verfolgen. Wer diesen Eindruck vermittelt, taugt zum Beispiel kaum als Führungskraft. Denn Ihr Vorgesetzter müsste befürchten, dass Sie sich nicht nur von Untergebenen, sondern auch von Kunden und Geschäftspartnern ausnutzen und über den Tisch ziehen lassen – statt energisch die Interessen des Unternehmens zu vertreten.

Bitte kreuzen Sie jeweils die Antwort an, die für Ihr Leben am ehesten zutrifft.

Unterstützung wird einseitig, wenn man nicht auch mal den eigenen Willen durchsetzt.

● ●

1. Wenn jemand in meinem Bekanntenkreis Probleme hat, bin ich gewöhnlich

- ☐ + einer der ersten, dem das auffällt.
- ☐ # der allererste, dem das auffällt.
- ☐ o der letzte, dem das auffällt.

2. Ich helfe anderen Menschen,

- ☐ o wenn sie wirklich nicht mehr weiter wissen.
- ☐ + nur wenn sie mich darum bitten.
- ☐ # noch bevor sie mich darum bitten.

3. Sorgen anderer Menschen höre ich mir an,

- ☐ o wenn es nicht zu vermeiden ist.
- ☐ # soft sie an mich herangetragen werden.
- ☐ + nur, wenn der andere sonst keinen Menschen hat, der ihm zuhört.

4. Wenn jemand Geld braucht,

- ☐ + überlegt er sich gründlich, ob er mich danach fragen soll.
- ☐ # kommt er meist zu mir.
- ☐ o würde er nicht auf die Idee kommen, mich danach zu fragen.

5. Wenn ein Mensch in meinem Umfeld mit seinem Leben nicht zurechtkommt, ist das für mich

- ☐ # ein Schmerz, den ich persönlich spüre.
- ☐ + eine normale Angelegenheit, denn jeder kommt mal in Schwierigkeiten.

☐ o dessen eigenes Problem, und er soll es selbst ausbügeln.

6. Ich leihe mir Sachen von Freunden aus.

☐ o Nie.
☐ + Ungern.
☐ # Gern.

7. Bei Gemeinschaftsunternehmungen werden die entstehenden Kosten

☐ o auf den Pfennig genau geteilt.
☐ + ungefähr gleich geteilt – aber ohne dass lange gerechnet wird.
☐ # Oft bleibt irgendein Restbetrag an mir hängen.

8. Wenn ich mit Bekannten essen gehe,

☐ + lasse ich mich genauso oft einladen, wie ich andere einlade.
☐ o zahlt jeder für sich.
☐ # zahle ich öfter mal für jemanden mit.

9. Wenn ich etwas brauche,

☐ + schaffe ich es meist, jemanden darum zu bitten.
☐ # fällt es mir schwer, einen anderen Menschen darum zu bitten.
☐ o käme ich nicht auf den Gedanken, einen anderen darum zu bitten.

Wer durch seine rück-
sichtsvolle Art mensch-
lich immer draufzahlen
muss, sollte sein Verhal-
ten ändern.

• •

10. Andere Menschen hören mir

☐ o in aller Regel zu, wenn ich etwas sage.
☐ + meist zu.
☐ # seltener zu als ich ihnen.

11. Manchmal enttäuschen einen sogar die besten Freunde.
So etwas ist für mich

☐ + eine unangenehme Überraschung.
☐ o das Übliche – damit muss man rechnen.
☐ # die größte Katastrophe.

12. Ein Satz, der mit den Worten beginnt: »Ich verlange von
Ihnen (dir), dass Sie (du) ...”

☐ o kommt mir locker über die Lippen.
☐ + ist bei mir sehr selten.
☐ # So etwas habe ich vielleicht ein, zweimal in meinem
Leben gesagt.

13. Wenn mir jemand Unrecht tut,

☐ + versuche ich, die Angelegenheit zu klären.
☐ # übergehe ich das in aller Regel.
☐ o kriegt er das voll zurück.

Auswertung zum Check

Sie haben überwiegend o angekreuzt: Ausnutzen kann man
Sie nicht. Das könnte höchstens einem Menschen gelingen,
der sogar David Copperfield noch etwas vorzaubern kann. Sie
sind ein vorsichtiger Mensch, Lebenserfahrung hat Sie klug

• •

gemacht. Sie haben aus früheren Enttäuschungen in Beziehungen, Freundschaften oder in Geldangelegenheiten den Schluss gezogen: Fehler darf man zwar machen, aber nie denselben Fehler zweimal. Ihre eigenen Interessen sind für Sie das Wichtigste, gegen alles andere grenzen Sie sich erst einmal deutlich ab. Das hat Sie in den Augen mancher Menschen hart gemacht, aber das ist Ihnen egal. Sie sind davon überzeugt, dass man anderen eigentlich nicht helfen kann. Jeder muss mit seinem Leben selbst zurechtkommen – und wenn man jemandem hilft, verhindert man nur, dass er die wichtige Erfahrung macht, wie hart das Leben sein kann. Sie werden zwar kaum Probleme haben, Ihre Ziele zu erreichen – aber vielleicht wäre es durchaus lohnend für Sie, einmal auszuprobieren, was Sie zurückbekommen, wenn Sie anderen ab und zu eine helfende Hand reichen. Viele Erfolge lassen sich im Team und in einem ausgewogenen Verhältnis von Geben und Nehmen schneller, besser und vor allem angenehmer erreichen.

Sie haben überwiegend + angekreuzt: Sie haben die Erfahrung gemacht, dass Menschen Sie manchmal ausnutzen. Daraus haben Sie die richtigen Schlüsse gezogen und sich vorgenommen, in Zukunft besser aufzupassen. Aber das gelingt Ihnen nicht immer. Ihr gutes Herz spielt Ihnen da öfter einmal einen Streich. Und hinzu kommt, dass Sorgen und Probleme für Sie im Grunde genommen ein Ärgernis sind. Wie eine Hausfrau einen Fleck schnell beseitigt, so möchten auch Sie, dass Schwierigkeiten möglichst schnell aus Ihrem Gesichtsfeld verschwinden. Deshalb helfen Sie immer wieder – sogar manchmal auch dann, wenn es gar nicht nötig ist. Und dann erleben Sie erneut, was Sie ja eigentlich längst wissen: dass man manchmal ausgenutzt wird. Vielleicht liegt es ja auch daran, dass Sie noch nicht genau wissen, was Sie in Ihrem Leben erreichen wollen und daher eher damit beschäftigt sind, anderen zu gefallen. Bringen Sie diese Kraft lieber für sich selbst auf!

Sie haben überwiegend # angekreuzt: Sie wissen, dass manche Menschen es darauf anlegen, andere auszunutzen. Aber Sie wollen das nicht wahrhaben. Sie wünschen sich eine Welt, in der alle Menschen fair, hilfsbereit, aufmerksam und gut sind. Und vor allem verlangen Sie das von sich selbst. So geraten Sie immer wieder in Situationen, in denen Sie sogar dann zu helfen versuchen, wenn es massiv gegen Ihre eigenen Interessen verstößt. Die Folge ist, dass Menschen Ihre Gutmütigkeit ausnutzen. Darüber sind Sie manchmal tief enttäuscht, aber eigentlich dürften Sie den anderen keine Vorwürfe machen. Sie drängen Ihre Hilfsbereitschaft ja geradezu auf. Und davon machen Ihre Mitmenschen dann eben auch Gebrauch.

Nutzen Sie die praktischen Übungen am Ende dieses Kapitels für eine gesteigerte Willenskraft, um Ihren Fokus mehr darauf zu verlagern, etwas für sich selbst zu erreichen. Lassen Sie sich dabei von nichts und niemandem hineinreden oder ablenken.

Teamgeist statt Intrigen

Sich durchsetzen heißt nicht, hart oder rücksichtslos zu sein, sondern vielmehr klar und konsequent.

Willenskraft – also Durchsetzungsvermögen, Bestimmtheit, Klarheit und Ausdauer – ist unentbehrlich, um die eigenen Ziele zu erreichen. Doch wir müssen heute für mehr kämpfen als nur für den eigenen Vorteil, es geht auch um gemeinsame Ziele, die nur im Team verwirklicht werden können. Gerade wenn man das Gefühl hat, zum Beispiel im Job vor einer unüberwindlichen Wand zu stehen – nichts geht weiter, man hat Probleme mit Kollegen oder Vorgesetzten, sehnt sich sogar nach beruflicher Veränderung –, gerade dann geht es darum, die eigene Willenskraft ganz gezielt einzusetzen, und zwar für ein neues Miteinander. Das bedeutet nicht, dass man autoritär und dominant auftreten muss. Im Gegenteil: Willenskraft kann auch sehr sanft daherkommen und ist auf diese Art meist sogar wirkungsvoller. Wer seine Überzeugungen klar vertritt und konsequent danach handelt, hat es nämlich in der Regel gar nicht nötig, Macht nach außen zu demonstrieren. Grundlage der von innen kommenden Kraft ist vielmehr, dass man überzeugt ist von dem, was man will. Und Willenskraft ist hier der treibende Impuls.

Wer unter Mobbing, Bossing oder Ähnlichem zu leiden hat, begegnet dem deshalb am besten mit sachlicher Konzentration auf die angestrebten Ziele. Unbeirrtheit und Willensstärke in Hinsicht auf das, was in Zusammenarbeit erreicht werden soll, ist die beste Voraussetzung, andere für die gemeinsame Sache zu gewinnen. Persönliche Machtkämpfe und Intrigen haben dann gar keine Chance mehr. Und es zeigt sich: Willenskraft ist das Gegenteil von Egoismus.

Der Wille, ein gemeinsames Ziel zu erreichen, verbindet alle Aktivitäten zur Zusammenarbeit.

Zielgerichtete Willenskraft bezieht die Umwelt ganz selbstverständlich mit ein. Jeder kann die Energie spüren, mit der die Erfüllung eines sehnlichen Wunsches angestrebt wird. Die Erfahrung mit den Teilnehmern meiner Seminare hat gezeigt, dass Intrigen und schlechtes Betriebsklima vor allem dort zu finden sind, wo gemeinsame Zukunftsvisionen fehlen oder wo sich die Mitarbeiter nicht in die Verantwortung für die Firmenziele eingebunden fühlen. Fehlt diese Motivation, entsteht oft ein Vakuum, das dazu führt, dass die Arbeitnehmer ihren Dienst nur noch nach Vorschrift leisten. Doch so kann kein Teamgeist entstehen. In einem solchen Klima gedeihen Neid und Mobbing.

Wer sich aber beständig engagiert und versucht, die anderen zu Mitstreitern für die gemeinsame Sache zu machen, entdeckt dabei viele wertvolle Menschen, die das Leben weitaus mehr bereichern als Geld und Erfolg – nämlich durch Liebe und Freundschaft.

Setzen Sie Ihre Willenskraft gezielt ein, um zum Gelingen von Projekten und Unternehmungen beizutragen – so schaffen Sie die besten Voraussetzungen, ein geschätztes Teammitglied zu werden, auf das sich Kollegen und Freunde verlassen können.

Im Vordergrund steht dann nämlich der unbezwingbare Wille, die Idee zu verwirklichen und nicht, wie man am besten weniger macht als der Bekannte, Nachbar oder Kollege und auch noch mehr dafür bekommt.

Mit Willenskraft sichtbare Resultate schaffen

Einmal kam ich eine Zeit lang auf meinem täglichen Weg an einem Mann vorbei, der mit verschiedenen Werkzeugen einen Baumstamm bearbeitete. Der Baum war schon vor einiger Zeit abgestorben und auf etwa vier Meter Höhe abgesägt worden. Ich fragte mich immer wieder, was dieser Mann da wohl machte – er war immer zu unterschiedlichen Zeiten, aber jeden Tag etliche Stunden damit beschäftigt, diesen Stamm zu behauen, an ihm herumzuklopfen, zu sägen, zu stechen und zu stemmen. Unbeirrbar, energisch und stetig, aber ohne Hast bearbeitete er das Holz. Viele Spaziergänger schüttelten den Kopf, machten spöttische Bemerkungen und fragten sich wie ich, was er dort wohl treiben mochte. Nach einiger Zeit aber zeigten sich grobe Formen und endlich erkannte ich, was da geschaffen wurde: Aus dem toten Baum entstand eine Skulptur! Als der Künstler dann schließlich die Feinarbeiten abgeschlossen hatte, bewunderten alle Passanten das grazile Gebilde, das bis dahin nur vor seinem geistigen Auge existiert hatte.

Ich erzähle diese Geschichte, weil es mich beeindruckt hat, wie unbeirrbar der Bildhauer Tag für Tag mit großer Bestimmtheit diesen toten Baumstumpf bearbeitete, um seine Vision der Skulptur Wirklichkeit werden zu lassen. Er war häufig so versunken in seine Arbeit, dass es schien, als würde er nichts sonst um sich herum wahrnehmen. Kein schlechtes Wetter und keine abfälligen Sprüche der Passanten konnten ihm etwas anhaben. Es schien, als bemerkte er es gar nicht.

Das ist für mich eines der Geheimnisse des Erfolgs: Ein Ziel so intensiv herbeizuwünschen, dass es fast greifbar wird und es mit dem Einsatz seiner Willenskräfte tatsächlich wahr werden zu lassen – gegen alle Widerstände.

Stetiges Tun verscheucht die Zweifel

Wenn Zweifel, Ängste und Depressionen drohen, die Oberhand zu gewinnen, ist es vor allem die Energie der Willenskraft, die sie eindämmen kann. Der Wille ist der Gegenspieler aller verwirrenden und verunsichernden Gefühle, er ist der Impuls, der Handlungen ohne Rücksicht auf unsere Bedenken vorantreibt. Deshalb können Zweifel und Grübeleien mithilfe der Willenskraft leichter gebannt werden. Werden konkrete Schritte geplant und konsequent umgesetzt, um einen Plan zu realisieren, gibt es kaum mehr Platz für Zweifel.

Für den Bildhauer war es ganz einfach, die Hindernisse der Umwelt auszublenden und sich ganz auf seine selbst gestellte Aufgabe zu konzentrieren.

Wer seinen Willen beherrscht, ist glücklicher als der, der die Welt beherrscht.

Das gelingt allerdings nicht immer so mühelos. Manchmal tauchen Hürden auf, die nicht einfach ignoriert werden können.

Kann man die Barrieren nicht überspringen oder umgehen, ist der Wille, auch in schwierigen Situationen weiterzumachen, von größter Wichtigkeit. Dann muss alle Energie aufgebracht werden, um nicht aufzugeben und unbeirrt nach neuen Lösungen Ausschau zu halten. Nur der Wille, beharrlich voranzukommen und nicht resigniert stehen zu bleiben, spornt dazu an, andere Fragen zu stellen, um andere Antworten zu erhalten, neue Möglichkeiten zu erdenken und bisher unbekannte Wege zu beschreiten.

Beharrlichkeit ist das Gegenteil von Hartnäckigkeit

Man sollte Willenskraft und Beharrlichkeit allerdings nicht mit Hartnäckigkeit verwechseln. Hartnäckigkeit macht unflexibel und starr, sie grenzt an Starrsinn. Hier geht es darum, das eigene Ego zu stärken; der Hartnäckige ist nur auf sein Wohl bedacht und will aus Selbstgefälligkeit und Stolz unbedingt seinen eigenen Kopf durchsetzen. Hartnäckige Menschen sind oft Einzelkämpfer, die sich so in eine Idee verbeißen, dass sie ihr alles andere unterordnen.

Und hier liegt der wesentliche Unterschied: Eine von Willenskraft angetriebene starke Vision wächst und entwickelt sich im Wechselspiel mit der Umwelt – und zieht andere Menschen mit.

Die hartnäckig verfolgte fixe Idee aber wendet sich meist gegen die anderen oder schließt sie zumindest aus. Sie wird wenn überhaupt nur von wenigen geteilt und neigt dazu, sich zu verselbstständigen und immer weiter von der Realität zu entfernen. So muss sie immer mehr abgeschottet und stur gegen andere verteidigt werden. Die Umwelt wird zum Feind und die Verfechter solcher Ideen meistens einsam.

Leider ist es nicht immer ganz leicht, fixe Ideen von umwälzenden Neuerungen zu unterscheiden. Das in diesem Zusammenhang oft zitierte Beispiel von Galilei zeigt, dass sich später manchmal herausstellt, dass der vermeintliche Spinner sich doch genau auf dem richtigen Weg befunden hat. Aber gerade dann, wenn man mit heftigen Zweifeln von außen konfrontiert wird, ist die innere Beständigkeit und Klarheit der Willenskraft der Schlüssel, um weder in Resignation noch in überzogene Hartnäckigkeit zu verfallen. Und letztlich müssen Sie bei der Verwirklichung Ihrer Visionen der Stimme Ihres Herzens folgen, egal ob andere das immer verstehen und nachvollziehen können.

Schlechte Gewohnheiten, schwacher Wille

Die Willenskraft ist ein wesentlicher Aspekt der persönlichen Entwicklung. Durchsetzungsvermögen und Beharrlichkeit brauchen wir vor allem gegenüber uns selbst. Denn Wille bedeutet in erster Linie, sich selbst zum Handeln anzuhalten. Willenskraft ist immer eng an das Ausführen von Taten geknüpft. Deshalb geht es hier nicht um einen einmaligen Impuls, sondern die Willenskraft muss für jede Handlung immer wieder neu aufgebracht werden. Das gilt in diesem Fall auch für die Unterlassung bestimmter Taten, nämlich solcher, die wir aus Gewohnheit oder innerem Drang ausführen, ohne sie wirklich zu wollen. Die Willenskraft ist daher genauso unentbehrlich, wenn es darum geht schlechte Gewohnheiten oder Schwächen aufzugeben, die unserer Arbeitskraft, unserer Laune oder unserer Gesundheit entgegenstehen. Eifersucht und Geiz, Neid und Missgunst ebenso wie Alkohol- oder sonstigem Drogenmissbrauch müssen wir mit der Kraft unseres Willens begegnen. In dem Moment, in dem es uns gelingt, schlechte Angewohnheiten und Verhaltensweisen zu überwinden, wächst die innere Kraft und wir entwickeln charakterliche Stärke.

Wer seine Willenskraft auf eine gesunde Lebensweise ausrichtet, braucht keine Strategien gegen schlechte Gewohnheiten.

Die Willenskraft wächst daran, dass man immer wieder den Kampf gegen die eigene Trägheit gewinnt, sich seine Erfolge vor Augen führt und daraus neue Energie gewinnt. Jeder Tag, an dem man seine Willenskraft neu unter Beweis gestellt hat, ist ein Tag, an dem diese innere Kraft wächst.

Darin gleicht die Willenskraft den vorangegangenen Impulsen: Haben wir den ersten Sieg über uns selbst errungen, fällt es uns immer leichter, durchzuhalten sowie Höhen und Tiefen zu meistern. Unsere Kraft wächst und damit auch Ausdauer und Klarheit und somit die Fähigkeit, die eigenen Ziele zu definieren, Ideen zu entwickeln und in die Tat umzusetzen.

Also: Verbannen Sie jedes »Vielleicht« aus Ihrem Denken und Sprechen, ebenso »Ich kann's ja mal versuchen.« oder »Schau'n wir mal.«. Denken und sagen Sie stattdessen: »Ich werde«, »mit Sicherheit«, »ganz bestimmt«, »mit Freuden« und »ich will«!

••••••••••••••••••••••••••••••••••••

Praktische Hilfen zum 5. Impuls

1. Sportliche Aktivität: Wichtig ist Regelmäßigkeit

Der Wille an sich ist erst einmal eine blinde Kraft, er kann nur anstreben, was der Verstand vorher als wünschenswert und richtig herausgefunden hat. Diese Kraft aber kann man trainieren, zum Beispiel indem man regelmäßig Dinge tut, die Überwindung kosten.

Eine von vielen Möglichkeiten ist regelmäßiges Joggen oder längere Dauerläufe. Entscheidend ist dabei nicht unbedingt, welches Ausmaß an sportlicher Aktivität Sie entwickeln (zum Beispiel mehr als eine Stunde zu laufen). Viel wichtiger ist, dass Sie es regelmäßig tun (beispielsweise eine halbe Stunde, dafür aber konsequent dreimal pro Woche). Das stärkt nicht nur die Willenskraft – zum Beispiel auch bei schlechtem Wetter einfach loszulaufen –, sondern fördert auch noch die allgemeine Gesundheit.

2. Fasten – ein außerordentlicher Sieg des Willens

Ein weiterer Weg kann das Fasten sein. Es ist beispielsweise eine alte Methode, den Geist zu reinigen und den Willen zu stärken. Wenn Sie bisher noch keine Erfahrungen mit dem Fasten gemacht haben, sollten Sie vorher unbedingt einen Arzt oder Heilpraktiker aufsuchen, der Sie über die nötigen Vorbereitungs- und Verhaltensmaßnahmen beraten kann.

Auch durch das Fasten wird ein doppelter Effekt erreicht: Man trainiert seine Willenskraft dadurch, dass man jeden Tag aufs Neue seinen inneren Schweinehund bekämpft – und besiegt. Daran wachsen das Selbstbewusstsein und das

••••••••••••••••••••••••••••••••••••

Bewusstsein von den Möglichkeiten der eigenen Willensstärke. Außerdem wirkt sich das Fasten aber auch direkt auf die mentale Verfassung aus: Es fördert die Klarsicht sowie die Reinheit der Gedanken. Viele erzählen von überraschenden Einsichten und der großen Kraft, die sie während der Fastenzeit gewonnen haben.

Ein körperlicher und geistiger Reinigungsprozess

Meine eigene längste Fastenzeit waren bisher 21 Tage – und es war eine enorme Erfahrung. In den ersten sieben Tagen erlebte ich einen unglaublichen körperlichen Reinigungsprozess. Ich fühlte mich ganz leicht und leer, befreit von allen Stoffen, die den Körper belasten. An diesem Punkt habe ich mit mir gerungen. Ich war mir nicht sicher, ob ich noch weiter durchhalten könnte, und was es mir schließlich nützen würde. Aber ich hatte das Gefühl, dass ich noch nicht dort angekommen war, wo ich hin wollte. Deshalb dachte ich an die Erfahrungen, die mir noch bevorstehen könnten, und ich hielt an meinem Plan fest, diesmal etwas länger zu fasten. In den zweiten sieben Tagen durchlief ich eine intensive Reinigung auf der emotionalen Ebene. Und die dritten sieben Tage waren, als würde ein Schleier von meinen Augen genommen, und die Gedanken wurden klar und leicht. Plötzlich konnte ich viele Dinge mit ganz anderen Augen sehen. Nun konnte ich selbst die schwierigen Aufgaben mit Tatkraft angehen, vor denen ich mich bisher gescheut hatte.

6. Kommunikationsfähigkeit

Was würden Sie vermuten, zu wie viel Prozent beruflicher Erfolg auf Wissen und Fachkenntnissen beruht? 80, 50 oder vielleicht nur 30 Prozent? Der amerikanische Erfolgstrainer Brian Tracy behauptet, dass Fachwissen sogar nur zu 15 Prozent am gesamten Erfolg beteiligt ist. Für die restlichen 85 Prozent sind persönliche Eigenschaften wie sicheres Auftreten, Charme, Ausstrahlung und Kommunikationsfähigkeit von weitaus größerer Bedeutung.

Voraussetzung für dauerhaften Erfolg

Ob es sinnvoll und richtig ist, den Wert kommunikativer Fähigkeiten in Prozentzahlen auszudrücken, sei dahingestellt. Die damit beschriebene Tendenz ist dennoch wahr: Der angemessene Umgang mit anderen Menschen ist im Vergleich zu den Fachkenntnissen von viel höherer Bedeutung – und wird oft unterschätzt. Natürlich geht es auch nicht ohne fachliches Know-how, doch als viel wichtiger – nicht nur in der Arbeitswelt – ist der Erwerb kommunikativer Fähigkeiten anzusehen. Sie sind die Voraussetzung für dauerhaften Erfolg, sei es im Beruf oder in persönlichen Beziehungen. Es kommt darauf an, die richtigen Leute zu kennen, die richtigen Dinge zur richtigen Zeit zu sagen und zu tun, andere Menschen von sich zu überzeugen und ihre Unterstützung zu bekommen.

Die größten Fähigkeiten und Talente sind wertlos, wenn es an Kommunikationsfähigkeit mangelt.

Wie elementar diese Fähigkeiten sind, verdeutlicht ein simples Beispiel: Wer in der Schule jemanden kennt, der ihm beim Lernen hilft und ihn bei Prüfungen auch mal abschreiben lässt, dessen Erfolgsaussichten für das (Berufs-) Leben müssen nicht unbedingt schlechter sein als die des strebsamen Klassenbesten. Der Abschreiber hat jedenfalls gelernt, sich auf seine Weise durchzuschlagen – und wirft dafür Fähigkeiten wie Kommunikationsfähigkeit, Improvisationstalent und Kontaktfreude in die Waagschale.

Dass Freunde und gute Beziehungen einen großen Teil unseres Privatlebens ausmachen, ist für uns ganz selbstverständlich. Aber Beziehungspflege entscheidet genauso über die beruflichen Perspektiven. Wer sein Berufsleben als Einzelkämpfer bestreitet, wird wesentlich mehr Aufwand für die gleichen Ergebnisse benötigen als ein guter Teamarbeiter. Gemeinsam zu lernen, sich gegenseitig zu helfen und zu inspirieren ist nicht nur eine Voraussetzung für bessere Ergebnisse, es fördert auch die persönliche Entwicklung. Denn durch die Arbeit in einem guten Team bekommt man zudem persönlichkeitsbildendes und -stärkendes Feedback von den anderen.

● ●

DER SELBSTERKENNTNIS-CHECK:
Wie kontaktfreudig sind Sie?

Auch wenn Sie lieber für sich allein sind: Ganz ohne andere Menschen kommen nicht einmal die Heiligen in der Wüste aus. Soziale Wesen sind wir letztlich alle. Aber ist es Ihnen eine wirkliche Herzensangelegenheit, mit anderen Menschen zusammen zu sein? Bitte kreuzen Sie bei jeder Frage »a« oder »b« an.

1. Wie viele Menschen könnten Sie noch um Mitternacht anrufen – ohne dass diese sich gestört fühlen?

☐ a. Weniger als fünf.
☐ b. Mehr als fünf.

2. Die Menschen, die sich um meine Freundschaft bemühen

☐ a. sind meist die, die mich gar nicht so sehr interessieren.
☐ b. sind auch genau die, für deren Freundschaft ich mich interessiere.

● ●

3. Wenn Sie sich je einen Menschen zum Feind machen würden – wodurch?

☐ a. Dadurch dass ich bei Menschen Erwartungen wecke,
die ich dann nicht erfülle.

☐ b. Dadurch dass ich nicht immer fair und gerecht bin.

4. Sind Sie ein interessanter Mensch?

☐ a. Nicht interessanter oder langweiliger als die meisten
anderen.

☐ b. Ich bin interessanter als die meisten anderen.

5. Wären Sie manchmal gern ein anderer Mensch?

☐ a. Ehrlich gesagt: ja.

☐ b. Als Kind hatte ich mal solche Gefühle. Heute nicht
mehr.

6. Auf welcher Seite des Tisches sitzen Sie in einem Restaurant lieber?

☐ a. Dort, wo man die Leute im Lokal beobachten kann.

☐ b. Dort, wo man nur den Gesprächspartner im Auge
hat.

7. Wie halten Sie es mit der Mode?

☐ a. Ich versuche mich – so weit es mein Geldbeutel
zulässt – der Mode entsprechend zu kleiden.

☐ b. Ich habe meinen eigenen Stil. Ich bin der Mode meist
zehn Jahre hinterher oder voraus – je nachdem, wie
man das sehen will.

8. Hören Sie einem anderen Menschen immer zu, bis er zu Ende gesprochen hat?

- ☐ a. Ich bemühe mich darum und meistens gelingt es auch.
- ☐ b. Nur wenn ich in ihn verliebt oder gerade sonstwie von ihm fasziniert bin.

9. Wie schätzen Sie sich selbst ein?

- ☐ a. Ich bin eher zu leise.
- ☐ b. Ich bin eher zu laut.

10. Sie sind zu einem großen Essen eingeladen und sollen drei Stunden mit Ihrem Hausarzt am Tisch sitzen. Wie wäre Ihnen zumute?

- ☐ a. Das wäre mir eher peinlich.
- ☐ b. Ich fände es interessant, diesen Menschen einmal länger als immer nur die paar Minuten in der Sprechstunde zu sehen.

11. Wieder eine große Einladung. Diesmal soll Ihr Tischnachbar ein weltbekannter Nobelpreisträger sein.

- ☐ a. Das wäre für mich ziemlich interessant, weil ich solch einem Menschen gern zuhören würde.
- ☐ b. Das wäre für mich ziemlich langweilig, weil ich solch einem Menschen ja nicht viel zu erzählen hätte.

12. Wie gut können Sie sich Namen merken?

- ☐ a. Das ist eine meiner Schwächen.
- ☐ b. Da bin ich den meisten Menschen überlegen.

13. Sind Sie schon einmal von einem fremden Menschen nackt gesehen worden?

☐ a. Nein. Das wäre ein so gut wie ausgeschlossener Zufall.

☐ b. Ja. Zumindest könnte es mir passieren.

14. Wenn Leute sich in Ihrer Gegenwart in den Mittelpunkt spielen möchten,

☐ a. gehen sie mir etwas auf den Nerv.

☐ b. haben sie bei mir einen schweren Stand, weil ich da ja schon bin.

15. Sehen andere Menschen Sie als »schwierig« an?

☐ a. Eher ja als nein.

☐ b. Vielleicht – aber jeder weiß, was er tun muss, um gut mit mir zurechtzukommen.

Auswertung zum Check

Bitte zählen Sie nach, wie oft Sie b angekreuzt haben, und geben Sie sich für jedes b einen Punkt.

Mehr als 12 Punkte: Sie sind ein geselliger Typ. Sie fühlen sich unter Menschen richtig wohl. Das heißt nicht, dass Sie alle Menschen, die Sie kennen, auch mögen oder von allen gemocht werden. Das ist Ihnen auch gar nicht wichtig. Man kann ja auch mit weniger sympathischen Menschen interessante Begegnungen haben. Auf ein interessantes Leben aber kommt es Ihnen an, und das ist für Sie ohne viel Kontakt gar nicht vorstellbar. Sie finden Kontakt auf allen Ebenen. Das reicht vom unverbindlichen »Wie geht's?« bis zu wirklich tief schürfenden Gesprächen. Und Sie wissen auch, wie man Menschen, die sich wie Kletten an einen hängen, wieder loswird. In den Augen mancher Menschen sind Sie vielleicht anmaßend, aufdringlich oder arrogant, aber es gibt eigentlich niemanden, der sich nicht doch irgendwie freut, zu Ihren Bekannten zu gehören.

8 bis 12 Punkte: Sie sind gesellig, aber auf manche Einladungen und Begegnungen könnten Sie genauso gut verzichten. Sie sind bei Menschen wählerisch. Wenn jemand Ihr Typ ist, geht Ihnen das Herz auf, und Sie reden viel und gern. Aber wehe, Sie treffen auf einen Unsympathen. Mit dem werden Sie nicht grün – da kann er noch so »wichtig« sein – und Sie bemühen sich auch gar nicht darum. Das ist natürlich Ihr gutes Recht. Aber Sie nehmen sich durch diese Haltung auch einige Freude und verpassen interessante Begegnungen. Es kann nämlich einfach entspannend sein, die anfängliche Unsicherheit beim Kennenlernen durch Smalltalk zu überwinden. Manchmal entpuppen sich anfangs zum Beispiel arrogant wirkende Menschen nur als etwas schüchtern. Lassen Sie sich zu ein bisschen mehr Geselligkeit hinreißen – und Sie treffen nur noch auf Menschen, die sich richtig freuen, Ihnen zu begegnen, und dies auch ausdrücken.

> **Das Energieniveau bestimmt die Intensität der Kommunikation.**

Weniger als 8 Punkte: Sie sind zwar ein kontaktfreudiger, geselliger Mensch – aber für Sie kommen bei weitem nicht alle Kontakte und nicht jede Form von Geselligkeit infrage. Menschenansammlungen sind Ihnen in der Regel nicht sehr angenehm, der viele Smalltalk, die kleinen nichts sagenden Gespräche – das ist nicht Ihre Welt. Sie suchen interessante, tiefer gehende Gespräche. Vielleicht unterschätzen Sie allerdings eines: Menschen, die Witze erzählen, übers Wetter reden oder sonstige Nichtigkeiten von sich geben, müssen deswegen noch lange nicht uninteressant sein. Sie spielen nur das Gesellschaftsspiel mit, mit jedem Menschen kommunizieren zu können. Das erscheint oft platt, gehört aber zur allgemeinen Höflichkeit. Und: Es schließt nicht aus, dass man dabei Menschen findet, die spontan auf der gleichen Wellenlänge liegen und mit denen man später den Kontakt vertiefen und die interessantesten Gespräche führen kann.

Emotionale Intelligenz

Beziehungen sind nicht nur das halbe Leben, wie das Sprichwort sagt, sondern eher noch mehr. All unsere Gedanken, Gefühle und Verhaltensweisen werden geprägt durch die Menschen in unserer Umgebung.

Soziale Kompetenz ist die notwendige Ergänzung zur analytischen Intelligenz.

Die Fähigkeit, sich in andere Menschen hineinzuversetzen und ihre Beweggründe zu verstehen, ist die Voraussetzung dafür, gut mit ihnen auszukommen. Wer nachempfinden kann, was andere fühlen, ist in der Lage, emotionale Brücken aufzubauen. Viel wurde bereits geschrieben über Beziehungsintelligenz, emotionale Intelligenz (EQ) und Empathie oder Einfühlungsvermögen. Das Buch *Emotionale Intelligenz* des amerikanischen Psychologen Dr. Daniel Goleman wurde innerhalb weniger Monate zum Weltbestseller.

Bei ihm wie auch bei anderen ist die Quintessenz seiner These, dass emotionale Intelligenz sogar wertvoller ist als ein hoher IQ. Denn die Art von Intelligenz, die in der Schule und auch in weiter führenden Bildungseinrichtungen gefördert wird, ist keine Garantie für Erfolg. Hochintelligente Schüler scheitern später oft an den einfachsten Dingen. Nicht der IQ, sondern der EQ ist laut Goleman der Garant für ein erfolgreiches Leben.

Den Unterschied zwischen IQ und EQ und damit gleichzeitig die Gründe, warum emotionale Intelligenz so wichtig ist, zeigt die folgende Gegenüberstellung charakteristischer Begriffe, die mit der jeweiligen Form der Intelligenz in Verbindung gebracht werden:

IQ	EQ
nachdenken, grübeln	assoziieren
alle Fakten sammeln	neue Ideen finden
Sinn erkennen	Sinn stiften
nach Logik entscheiden	nach Versuch und Irrtum entscheiden
vom Kopf her	aus dem Bauch heraus
harte Fakten	weiche Informationen
analytisch	ganzheitlich
vom Verstand geleitet	nach Gefühl
»Wenn und Aber«	»Hier und Jetzt«
abwägen	spontan entscheiden
denken	spüren
prüfen, überprüfen	an die Richtigkeit der eigenen Entscheidungen glauben
Worte und Zahlen	Menschen und Situationen
Vergangenheit verstehen	in die Zukunft wirken
Logik	Psycho-Logik
kalt, klar	warm, verschwommen
distanziert	eingebunden
egozentrisch	gruppenorientiert
isoliert	verbunden
Verstand	Gefühl
Bildung	Herzensbildung

Diese Liste zeigt, dass sich emotionale und verstandesmäßige Intelligenz ergänzen. Wenn wir Intelligenz als die Fähigkeit definieren, den Anforderungen, die die Welt an uns stellt, bestmöglich zu entsprechen, wird leicht erkennbar, dass wir beide Formen brauchen, um diesen Anspruch zu erfüllen.

Einfühlungsvermögen ist nicht gleich Sympathie

Jedem fällt es naturgemäß leichter, sich auf Menschen ein-zustellen, die ihm sympathisch sind. Vertrauen und Zunei-gung sind eine bessere Grundlage für gute Kommunika-tion als Abneigung oder Desinteresse. Trotzdem ist es wichtig, auch Menschen gegenüber, die einem nicht so lie-gen, Einfühlungsvermögen an den Tag zu legen, das heißt zu verstehen, was diese fühlen.

Um Empathie zu entwickeln, muss man den anderen also nicht unbedingt mögen. Empathie ist das Gegenstück zu Sympathie. Sympathie bedeutet: mit einem anderen Men-schen fühlen, mit ihm leiden – weil man ihn mag, ihm nahe steht. Empathie bedeutet: sich in den anderen hineinver-setzen können – und zwar auch und gerade wenn wir ihn nicht sympathisch finden.

Ein Polizeipsychologe beispielsweise, der einen Kidnap-per zum Aufgeben bringt, muss zur Empathie in der Lage sein, denn sonst könnte er dessen Beweggründe und Ver-haltensweise nicht verstehen und sogar voraussehen. Des-halb muss er den Kidnapper noch lange nicht sympathisch finden.

Ein hohes Maß an Empathie zeichnet sich dadurch aus, dass man:

- das Verhalten anderer einschätzen und vorhersagen kann,
- ihre Motive kennt, auch wenn man selbst anders denkt,
- sich durch ungewohnte Reaktionen nicht persönlich angegriffen fühlt,
- auf die Eigenarten anderer eingehen kann,
- anderen gegenüber geduldig und tolerant ist,
- sich selbst »mit den Augen anderer« sehen kann und des-halb auch die eigenen Fehler besser erkennt,
- offener auf Menschen zugeht, die nicht zum eigenen Freundeskreis gehören,
- beim Streiten fairer ist, weil man sich in sein Gegenüber hineinversetzen kann.

Auch Streiten will gelernt sein

Empathie ist vor allem im Streit besonders wichtig, aber gleichzeitig auch besonders schwer. Wie leicht verliert man die Gefühle des anderen aus dem Blickfeld, wenn man sich einmal in Rage geredet hat. Und dann werden Dinge gesagt, die mit Einfühlungsvermögen nicht mehr viel zu tun haben …

Kindern, die niemals Streit und – wichtiger noch – Versöhnung erlebt haben, fällt das Streiten später schwer.

• •

DER SELBSTERKENNTNIS-CHECK:
Können Sie streiten?

Wie reagieren Sie in Konfliktsituationen? Wer bei einem Streit nicht sämtliches Porzellan zerschlagen möchte, braucht viel Fingerspitzengefühl. Haben Sie es? Aus diesem Check können Sie viele Punkte ableiten, die auf anderes, besseres Verhalten hinauslaufen und an denen Sie Ihre Verhaltensweisen überprüfen können. Wenn Sie Ihre Einstellung beim Streiten mithilfe dieser Hinweise hinterfragen, werden Sie schnell herausbekommen, auf welchen der Punkte Sie Ihre besondere Aufmerksamkeit lenken sollten.
Bitte beurteilen Sie die folgenden Situationen, und kreuzen Sie jeweils an, welche Reaktion für Sie am ehesten typisch wäre.

1. Wer bei einem Streit sein Anliegen nicht in einfachen Worten erklären kann

☐ a. hat meistens Unrecht.
☐ b. ist zu erregt für klare Argumente.

2. Wer hingegen klare Argumente hat,

☐ a. hat die Wahrheit auf seiner Seite.
☐ b. will vielleicht eigene Überlegenheit demonstrieren.

• •

3. Wer dem Streitpartner in die Augen blicken kann,

☐ a. hat ein reines Gewissen.
☐ b. ist vielleicht nur »cooler« als der andere.

4. Wer einen Streit abbrechen will,

☐ a. ist unsicher.
☐ b. zeigt immer auch menschliche Größe.

5. Wer immer sagt, er verstehe den anderen nicht,

☐ a. ist bösartig.
☐ b. ist gehemmt.

6. Wer die Tatsachen verwechselt,

☐ a. lügt.
☐ b. ist vermutlich einfach nur aufgeregt.

7. Wenn ich den Streit von zwei Menschen miterleben muss,

☐ a. bekomme ich Angst.
☐ b. denke ich: So was kommt in den besten Familien vor.

8. Wenn zwei Streithähne durch ihre schlechte Laune anderen die Laune verderben

☐ a. versuche ich, sie aufzumuntern.
☐ b. lasse ich sie erst mal in Ruhe zu sich kommen.

9. Wenn Schlechtgelaunte anfangen, an mir herumzunörgeln,

☐ a. verbitte ich mir diesen Ton.
☐ b. höre ich erst mal nicht hin.

10. Wenn jemand mich beleidigt und so Streit anfangen will,

- ☐ a. gebe ich Widerworte.
- ☐ b. frage ich, was er gegen mich hat.

11. Wenn ein anderer Mensch unsachlich wird, denke ich,

- ☐ a. er ist unsicher.
- ☐ b. er muss Kummer haben, den er sich anders nicht von der Seele schaffen kann.

12. Was erwarten Sie von einem Menschen, der Sie bei einem Streit zum Weinen gebracht hat?

- ☐ a. Den sofortigen Abbruch jeder Auseinandersetzung.
- ☐ b. Eine Pause, bis sich jeder beruhigt hat, damit das Problem dann in Ruhe besprochen werden kann.

13. Sie versuchen, eine brenzlige Situation mit Humor zu retten. Aber der andere geht darauf nicht ein. Was fühlen Sie?

- ☐ a. Ärger, weil er eine versöhnliche Stimmung verhindert.
- ☐ b. Verständnis, weil er sich bei einem wichtigen Thema nicht ernst genommen fühlt.

14. Ein Mensch, der bekannt dafür ist, ständig mit anderen Streit zu anzufangen, redet Sie provozierend an. Was tun Sie?

- ☐ a. Ich zahle mit gleicher Münze zurück.
- ☐ b. Ich verlasse demonstrativ den Raum.

Vergessen Sie, dass es beim Streit um Recht oder Unrecht geht. Viel wichtiger ist, einen Weg der Einigung zu finden.

15. Ein Ihnen unbekannter Mann droht mit Schlägen.

☐ a. Ich bereite mich darauf vor zu kämpfen.
☐ b. Ich gehe zum Telefon und rufe die Polizei.

Auswertung zum Check

Bitte geben Sie sich einen Punkt für jedes b, das Sie angekreuzt haben.

Über 8 Punkte: Sie haben in Konfliktsituationen ein sehr gutes Einfühlungsvermögen. Selbst wenn andere Menschen Sie provozieren, behalten Sie einen klaren Kopf und ein sicheres Urteil. Es gelingt Ihnen, auch hinter einem verbissen streitenden Menschen einfach nur den Menschen zu sehen, der Anerkennung und Zuneigung eher haben möchte als unbedingt sein Recht. Das macht es Ihnen sehr oft möglich, auch da noch für Frieden zu sorgen, wo andere Menschen Partei ergreifen und selbst zu kämpfen beginnen. Ihre kommunikativen Fähigkeiten jedenfalls müssen Sie nicht verbessern.

Weniger als 8 Punkte: Streit ist Ihnen unangenehm. Sie sind in dieser Form der Auseinandersetzung zwischen Menschen nicht geübt. Deshalb reagieren Sie oft mit heftigen Gefühlen. Sie empfinden vieles, was während eines Streits in der Aufregung gesagt wird, als Bedrohung, fühlen sich angegriffen und schützen sich deshalb – oft leider nach dem Motto: Angriff ist die beste Verteidigung. Um all dies Unangenehme zu vermeiden, versuchen Sie, Streit grundsätzlich aus dem Weg zu gehen. Sie treten sanft und freundlich auf und versuchen, keine Fehler zu machen. So umgehen Sie viele Konflikte. Nur wenn Ihr Gegenüber Ihre »sanfte Tour« und Ihre guten Argumente nicht akzeptiert, brechen bei Ihnen die Emotionen durch: Entweder Sie poltern dann doch – und zwar eher heftig – oder Sie fressen den Ärger in sich hinein (was in jedem Fall ungesünder ist). Sie sollten akzeptieren, dass manche Situationen nur in der Auseinandersetzung geklärt werden können. Streit an sich ist ja nichts Schlechtes – solange man nicht versucht, den anderen unfair zu verletzen. Führen Sie sich Konflikte aus der Vergangenheit vor Augen, fragen Sie sich welche Fehler Sie gemacht haben und spielen Sie künftig Streitsituationen gedanklich durch. Stellen Sie sich so konkret wie möglich vor, wie Sie sich dann verhalten wollen.

Wer zu viel in sich hineinfrisst, bringt im Streit alles auf einmal auf den Tisch.

Zehn Regeln für den fairen Streit

Der heftigste Streit bricht meist zwischen Ehepartnern aus. Aber selbst hier ist es möglich, den Frieden wiederherzustellen oder zumindest einen »Waffenstillstand« zu erreichen, damit die gegenseitigen Verletzungen nicht immer größer werden. Das Familienberatungszentrum an der Universität in Denver, Colorado, hat zehn Regeln aufgestellt, nach denen sich die dortigen Therapeuten richten, die aber auch jedem von uns im Familienalltag helfen können, einen Streit zu schlichten. Natürlich schadet es auch nicht, diese Regeln in allen anderen wie beispielsweise in geschäftlichen Beziehungen zu beherzigen:

1. Es gilt absolute Rede-Freiheit. Wer etwas gegen ein Familienmitglied hat, darf das auch sagen, *aber*
2. Genauso gilt absolute Schweige-Freiheit. Jedes Familienmitglied darf eine Diskussion verweigern oder jederzeit beenden. Voraussetzung: Ein Termin wird vereinbart, an dem weitergeredet werden kann.
3. Jeder hat das Recht auf eine Gesprächspause. Diese Idee stammt ursprünglich aus dem Sport. Beim Basketball darf jede Mannschaft während des Spiels einige Male

Sinnvoll ist es, sich beim
Streiten an gewisse
Regeln zu halten, die
Ausdruck gegenseitigen
Respekts sind.

eine Auszeit nehmen. Dann wird der »Kampf« unterbrochen – und dies geschieht natürlich meistens dann, wenn der Gegner gerade besonders gut in Form ist und man selbst das Nachsehen hat. Eine Auszeit zu nehmen, ist zwar manchmal gemein, aber immer noch weniger bösartig, als in solch einer Situation das zu tun, was wir beim Fußball immer wieder erleben: nämlich dass »foul« gespielt wird.

4. Trennen Sie das Vorbringen der Probleme von deren Lösung. Kritik vorzubringen oder etwas Unangenehmes überhaupt auszusprechen (oder anzuhören), ist für viele Menschen seelisch sehr belastend. Und unter solchem psychischen Stress ist niemand in der Lage, eine für beide Seiten vernünftige Lösung zu finden. Es ist aber wichtig, dass jeder erst einmal sein Herz ausschüttet und angehört wird. Danach sollte es in jedem Fall eine Pause geben – diese kann Minuten, Stunden oder auch mehrere Tage dauern – in der sich die Gemüter beruhigen können. Danach, wenn beide Seiten das Gehörte ein wenig verdaut haben, findet sich eine Lösung des Problems meist sehr viel leichter.

5. Versuchen Sie, Ihren Streitpartner zu verstehen und ihm ruhig zuzuhören. Unterbrechen Sie ihn nicht. Ein Streit eskaliert in der Regel dann, wenn die Partner zu schnell antworten, weil sie »ja sowieso schon wissen, was jetzt kommt«.

6. Versuchen Sie nicht, Ihren Streitpartner zu ändern. Menschen kann man nicht ändern. Allerhöchstens können sich die Menschen selbst ändern. Dazu aber sind sie nur bereit, wenn sie sich erst einmal verstanden fühlen und spüren, dass sie akzeptiert werden – ungeachtet dessen, ob sie Recht oder Unrecht haben.

7. Unterdrücken Sie Ihre Gefühle nicht. Die negativen Gefühle sind ohnehin da, und wenn man sie nicht rauslässt, führen sie im seelischen Untergrund ihr Eigenleben und werden eher stärker denn schwächer.

8. Wenn Sie einen Gefühlsausbruch hatten, bitten Sie hinterher nicht um Entschuldigung, wohl aber um eine

Gesprächspause. Denn ein Gefühlsausbruch – auch ein ungerechter – kann die Voraussetzung schaffen, dass danach Frieden einkehrt, selbst wenn Sie den anderen dabei verletzt haben. Bevor es Frieden geben kann, müssen sich allerdings die Gemüter erst einmal richtig beruhigt haben. Danach sagt der andere dann oft überraschende Dinge wie: »Es war gemein von dir, mich so hart anzugreifen. Aber es war auch gut, dass du es getan hast. Denn ich verstehe jetzt endlich, was zwischen uns war und warum es so oft zum Streit kommen musste.«

9. Reden Sie nur über einen einzigen Streitpunkt. Wenn man sich einmal in Rage geredet hat, ist es verlockend, den ganz großen »Aufwasch« zu machen. Das aber überfordert Ihren Streitpartner. Die meisten Menschen haben ja schon Schwierigkeiten, auch nur einen einzigen Konfliktpunkt zu klären. Geben Sie sich lieber mit einem kleinen Erfolg zufrieden, der es dem anderen erlaubt, sein Gesicht zu wahren, als die »bedingungslose Kapitulation« anzustreben, die Sie sowieso nicht erreichen werden.

Halten Sie inne und konzentrieren Sie sich auf den eigentlichen Streitpunkt.

10. Reden Sie über die Zukunft und nicht über die Vergangenheit. Niemand kann Geschehenes Unrecht ungeschehen machen. Aber: In der Zukunft kann jeder Mensch etwas verbessern. Sogar sich selbst.

Wichtig für einen wirklich konstruktiven Streit ist auch, die Kritik in erster Linie auf das Verhalten des anderen zu beziehen, statt ihn grundsätzlich in seiner Persönlichkeit infrage zu stellen. Es ist zum Beispiel ein großer Unterschied, ob man sagt: »Du hast gestern deine dreckigen Socken unter dem Bett liegen lassen. Das fand ich ziemlich unappetitlich. Außerdem hatten wir vereinbart, dass du sie immer gleich in den Wäschekorb wirfst.« oder ob man sagt: »Du bist ein furchtbar schlampiger Mensch, ständig lässt du deine dreckigen Sachen überall rumliegen.« Auch wenn dies nur ein vergleichsweise harmloses Beispiel ist, grundsätzliche Kritik an persönlichen Eigenschaften ist immer verletzender, als wenn konkretes Verhalten angesprochen wird.

Außerdem signalisiert man durch solche Äußerungen – wahrscheinlich hat sich jeder schon einmal dabei ertappt –, dass man längst resigniert hat und eine Änderung eigentlich nicht mehr für möglich hält. Und das ist nun wirklich der fatalste Fehler, den man machen kann. Fragen Sie sich einmal, welche der folgenden Formulierungen Ihnen so oder so ähnlich im Streit häufiger in den Sinn kommen oder die Sie sogar öfter aussprechen:

- »Es hat ja doch keinen Sinn, über dieses Thema zu reden.«
- »Zum einen Ohr rein, zum anderen raus.«
- »Ich kann das schon zehnstimmig singen.«
- »Jetzt hat er/sie mal wieder seinen/ihren Anfall.«
- »Immer wenn du kritisiert wirst, schaltest du auf stur.«
- »Mit dir zu sprechen, ist als ob man gegen eine Wand redet.«
- »Wenn du nicht gleich auf meine Frage antwortest, dann gebe ich es langsam auf, mit dir zu reden.«

Selbst wenn es gelingt, solche oder ähnliche Formulierungen zu vermeiden – auch nonverbale Signale können eine unüberwindliche Mauer errichten, zum Beispiel:

- aus dem Zimmer gehen, wenn der Partner spricht,
- demonstrativ wegschauen,
- Gesten und Bewegungen des Partners nachmachen,
- den anderen demonstrativ, aber schweigend anblicken,
- Musik aufdrehen oder den Fernseher einschalten oder sonst eine Geräuschkulisse erzeugen,
- demonstrativ lesen oder etwas anderes tun, während der Partner noch spricht,
- mit den Achseln zucken,
- sich abwenden.

Wenn Sie sich solche Streitsituationen vergegenwärtigen, versuchen Sie gleichzeitig, sich vorzustellen, wie eine weniger verletzende Reaktion aussehen könnte. Das heißt nicht, dass Sie impulsive Regungen komplett unterdrücken sollten. Aber versuchen Sie, entsprechend der jeweiligen Gefühlslage Ausdrucksformen zu finden, die den anderen nicht in seiner Persönlichkeit angreifen und verletzen. Sagen Sie sich zum Beispiel: Das nächste Mal werde ich sagen, dass ich eine Pause brauche, um einen klaren Kopf zu bekommen anstatt einfach aus dem Zimmer zu gehen. Sie können solche Alternativen sogar gemeinsam mit dem Streitpartner entwickeln – aber natürlich nicht in der Situation, sondern in entspannter Atmosphäre.

Kommunikation durch Körpersprache

Die Signale, die wir im Kontakt mit anderen aussenden, stehen in enger Wechselwirkung mit den Gedanken und Fragen, die uns ständig durch den Kopf gehen. Doch gleichzeitig werden die Themen unseres inneren Monologs von den Menschen in unserer Umgebung mitbestimmt.

Kommunikation wird von vielen immer noch zum größten Teil mit gesprochener Sprache gleichgesetzt. In neueren Untersuchungen wird die Betonung aber immer mehr darauf gelegt, wie wichtig die nonverbalen Ausdrucksformen für die Bedeutung des Gesagten sind. Der Empfänger nimmt nämlich mehr wahr als nur die gesprochenen Inhalte. Tonfall, Mimik und Gestik können einem Satz eine eindeutige Tendenz geben, der für sich genommen keine besondere Wertung enthält.

Überzeugungskraft beginnt lange, bevor das erste Wort gesprochen wird.

Sprache – Tonalität – Körpersprache

Im NLP (NeuroLinguistisches Programmieren) spricht man von einer Gewichtung der unterschiedlichen Kommunikationswege, die folgendermaßen aussieht:

- Sprache, das gesprochene Wort einschließlich Inhalt: 7 Prozent,
- Tonalität, also Stimmlage, Betonung etc.: 35 Prozent
- und Körpersprache: 58 Prozent

Samy Molcho, der »König« der Körpersprache, geht sogar davon aus, dass 80 Prozent der Kommunikation über den Körper stattfindet. Und wenn man ihn in seinen Seminaren erlebt, dann glaubt man ihm das gern. Er braucht nicht einmal ein einziges Wort, um klar zu machen, worum es gerade geht.

Treffen Sie zum Beispiel einen Menschen zum ersten Mal, dann macht es einen Unterschied, ob Sie strahlend, mit Entschlossenheit, Elan und einem kraftvollen Händedruck die Konversation beginnen oder lasch, langsam, zögerlich und mit weichem, kaum spürbaren Händedruck.

Aus dem Händedruck allein lässt sich schon viel ablesen, nämlich ob der andere

- sich in Zurückhaltung übt,
- davor zurückscheut, sich persönlich (emotional) einzubringen,
- fordernd/einnehmend ist,
- siegen will,
- Distanz hält,
- leicht nachgibt,
- schnell Nähe aufbauen kann etc.

Und das geschieht in Bruchteilen von Sekunden.

Auch wenn es keinen allgemein gültigen Katalog der Körpersprache gibt, lassen sich durchaus Aussagen für ganz bestimmte körperliche Ausdrucksformen treffen.

Die folgenden Eigenschaften zum Beispiel können Sie erkennen, wenn Ihnen jemand die Hand reicht:

- generell zurückhaltend: Sie bekommen lediglich die Finger und nicht die ganze Hand zu fassen.
- emotional zurückhaltend: Die Finger einschließlich dem

Daumen umfassen Ihre Hand, die Handinnenfläche berührt jedoch nicht die Ihre. Es bleibt ein relativ großer Hohlraum.

- fordernd/einnehmend: Die Finger umfassen nicht nur Ihre Finger, sondern sind eher gerade und greifen über Ihren Handballen hinaus in Richtung Handgelenk.
- siegen wollend: Die Hand wird voll umfasst und der andere zieht Ihren Arm etwas zu sich heran.
- distanziert: Ihnen wird ein relativ steif ausgestreckter Arm angeboten.
- nachgiebig: Der Händedruck des anderen ist weich und lasch.
- schnell Nähe aufbauend: fester Händedruck, angewinkelter Arm, die Hände verbleiben oberhalb der Gürtellinie, der Körper neigt sich vor oder kommt seitlich näher.

Meistens reagieren wir intuitiv auf die Signale der Körpersprache, ohne sie bewusst wahrzunehmen. Trotzdem kann es helfen, die Bedeutung verschiedener Ausdrucksformen zu kennen, sie bei anderen zu erkennen und auch selbst bewusst anzuwenden, wie eine weitere Sprache. Wer sich die Mühe macht, diese Sprache zu erlernen, hat damit ein weiteres Kommunikationsmittel zur Verfügung, um seine Ziele aktiv zu verwirklichen.

Kommunikation auf verschiedenen Ebenen

Neben der Unterscheidung von verbaler und nonverbaler Kommunikation gibt es eine weiteres Kriterium, das immens wichtig ist, um Kommunikationsfallen zu vermeiden. Gemeint ist der Unterschied zwischen der sachlich/fachlichen und der Beziehungsebene.

Die beiden Ebenen in der Betrachtung zu trennen, kann vor allem berufliche Entscheidungsfindungsprozesse erheblich voranbringen. Denn die angestrebten Ergebnisse zu erzielen, setzt voraus, dass die Kommunikation nicht

»Man kann ohne Liebe Holz spalten, Ziegel formen, Eisen schmieden, aber mit Menschen darf man nicht ohne Liebe umgehen.«
Leo Tolstoi

durch persönliche Konflikte gestört wird. Sachliche Gespräche laufen fast immer gut, wenn die Beziehungsebene stimmt.

Bestehen hingegen persönliche Konflikte, kommen wir meist auf der Sachebene nicht weiter. Es wird diskutiert, argumentiert, im Geschäftsleben platzen Meetings und Termine werden verschoben. Die persönlichen Konflikte beeinflussen unterschwellig, aber nachhaltig das Verhalten beider Parteien und verhindern so die Lösung des Problems. Das Vertrackte ist, dass meistens ergebnislos auf der sachlichen Ebene weiterdiskutiert wird, anstatt den Blick auf die wahren Ursachen der gestörten Kommunikation zu lenken. Denn Emotionen und persönliche Animositäten haben nach Ansicht vieler auf der sachlichen Ebene nichts zu suchen.

Das alles kostet leider enorm viel Zeit, Nerven und oft auch Geld.

Emotionale Konflikte aufspüren

Vor einiger Zeit hatte ich Gelegenheit, mit einem Team zu arbeiten, das durch die Fusion mehrerer Geschäftsbereiche zusammengewürfelt worden war und alles andere als ein Team war. Es war allen Teilnehmern im Vorfeld klar, dass dieses Seminar dazu dienen sollte, bestehende Konflikte anzusprechen und aufzulösen. Doch wurde zunächst alles angesprochen, was im operativen Bereich gelaufen oder nicht gelaufen war.

Nach einer gewissen Zeit stoppte ich dieses Spiel und sprach ganz deutlich die dahinter liegende Ebene an: »Ich höre und fühle, meine Herren, dass es hier im Wesentlichen nicht um die Sache geht, sondern dass in der gesamten Gruppe ein zwischenmenschliches Akzeptanzproblem besteht.«

Mehrere Sekunden lang hielten alle hörbar den Atem an, um sich dann aber merklich zu entspannen. Nun war der Knackpunkt endlich angesprochen und wir konnten das wirkliche Problem anpacken. Einmal thematisiert, gelang es sehr schnell, die persönlichen Differenzen zu klären. Als sie aus dem Weg geräumt waren, gab es überhaupt kein Hindernis mehr, die Sachthemen abschließend zu bearbeiten.

Wenn Sie einen solchen tiefer liegenden emotionalen Konflikt in Ihrem Umfeld – sei es in Familie oder Beruf – erkennen, dann fassen Sie den Mut, ihn zu thematisieren! Nichts ist befreiender als die Wahrheit.

• •

Praktische Hilfen zum 6. Impuls

Ob Sie Konfliktsituationen in Arbeits- und Privatleben besser bewältigen oder Ihre Kommunikationsfähigkeiten verbessern wollen, um leichter auf andere zuzugehen: Sie können es trainieren. Wichtig ist, dass Sie es üben, wie Sie auch ein Ballspiel oder Tanzen üben würden. Denn bei den meisten Verhaltensweisen, die wir uns angeeignet haben, reicht es nicht aus, theoretisch zu wissen, was anders gemacht werden muss. Genauso wie jemand, der perfekt die richtige Körperhaltung und Schrittfolge beim Tango kennt, noch weit davon entfernt ist, ihn auch tanzen zu können, genauso müssen wir durch Handeln im täglichen Leben lernen, besser zu kommunizieren. Das bedeutet regelmäßiges Training, kann aber wie beim Tanzen sehr viel Spaß bringen:

Erster Schritt:
• Nehmen Sie sich vor, mehr Fragen zu stellen, anstatt zu argumentieren. Eventuell können Sie nicht gestellte Fragen aufschreiben, um sie beim nächsten Mal gleich parat zu haben.
• Wiederholen Sie alles, was Ihnen jemand erklärt oder worum er Sie bittet, noch einmal mit Ihren eigenen Worten. Damit signalisieren Sie, dass Sie Ihrem Gesprächspartner

• •

**Die Lösung zwischen-
menschlicher Konflikte
kennt keine Gewinner
oder Verlierer.**

zugehört und ihn verstanden haben. Außerdem geben sie ihm die Möglichkeit, Sie zu korrigieren, falls Sie etwas falsch verstanden haben. So können im Vorfeld viele Missverständnisse und Unklarheiten ausgeräumt werden.
• Erforschen Sie die Motive der anderen. Versuchen Sie so oft wie möglich, die Dinge nicht nur aus Ihrem Blickwinkel zu sehen, sondern stellen Sie sich vor, wie dieselbe Sache wohl aus der Sicht des anderen beurteilt wird und warum er so anderes als Sie reagiert.

Zweiter Schritt:
• Spielen Sie die Verhaltensweisen des ersten Schritts nach Möglichkeit mit anderen in Rollenspielen durch. Schaffen Sie realistische Gesprächssituationen, lassen Sie sich von anderen beobachten und hinterher Ihr Verhalten beschreiben. Die Selbst- und Fremdspiegelung ist der allerbeste Weg, verborgene Kommunikationsmuster zu entdecken, über die man immer wieder stolpert.
• Wenn Sie keine Gelegenheit für Rollenspiele haben, können Sie das auch für sich selbst machen: Nehmen Sie einfach mal »zum Spaß« die Position des anderen ein. Stellen Sie sich vor, Sie selbst argumentieren oder verhalten sich so, als würden Sie die Meinung vertreten, die Sie vorher abgelehnt haben. Versuchen Sie, so überzeugend wie möglich zu sein. Haben Sie zum Beispiel in einer konkreten Situation als Chef eine Arbeit kritisiert, versuchen Sie jetzt, diese zu verteidigen. Stellen Sie sich vor, wie Sie selbst auf das von Ihnen vorher gezeigte Verhalten reagieren würden und wie Sie es empfinden würden.

Dritter Schritt:
• Versuchen Sie, sich so oft wie möglich in der Realität des Alltags anders zu verhalten, als man es bisher von Ihnen gewohnt war – natürlich nur im Sinn positiver Überra-

schungen. Falls Sie Chef sind, bringen Sie Ihrer Sekretärin oder Sachbearbeiterin mal den Kaffee. Sind Sie Angestellter, loben Sie doch mal Ihren Chef. Sprechen Sie voller Begeisterung von einer Arbeit, die ein anderer geleistet hat, oder übernehmen Sie mit sichtbarer Freude Aufgaben, die Sie sonst gemieden haben. Erfinden Sie neue, ungewohnte Verhaltensmuster, und beobachten Sie, wie die anderen darauf reagieren. Die positive Rückmeldung wird auch Sie selbst verändern.

7. Die Kraft der Überzeugungen

Die Welt ist so, wie wir sie sehen. Und so ist auch alles, was wir von der Welt zurückbekommen: Für den einen ist die heutige Jugend rücksichtslos und unverschämt. Fast jeden Tag passiert es ihm, dass ihm der Sitzplatz weggeschnappt oder eine freche Antwort gegeben wird. Ein anderer ist der Meinung, dass im Berufsleben nur noch Egoismus und Ausbeutung herrschen; seine Kollegen geben seine Ideen dem Chef gegenüber als ihre aus und drängen ihn ständig beiseite. Der Chef bezahlt ihn viel zu schlecht und würdigt seine Leistungen in keiner Weise. Der dritte behauptet, es war noch nie so einfach wie heute, Geld zu verdienen. Fast jede seiner Ideen lässt sich wunderbar verkaufen. Wer praktische Alltagsprodukte mit Geschmack herstellt, kann seiner Meinung nach eigentlich gar nicht scheitern.

Wie wir die Dinge bewerten ...

Ganz egal, was Sie glauben, Sie werden immer Recht behalten, und die Menschen und Situationen, die Ihnen begegnen, werden in den allermeisten Fällen genau in Ihr Glaubensmuster passen. Die Beispiele zeigen, dass es nicht in erster Linie die Ereignisse selbst sind, die zum Beispiel den einen Menschen nach unzähligen schlechten Erfahrungen zum Jugendhasser werden lassen, während ein anderer durchweg positive Erlebnisse mit jüngeren Menschen hat. Vielmehr bestimmt die schon vorher unbewusst angelegte Bewertung der Geschehnisse, wie sie hinterher wahrgenommen werden. Wer einmal davon überzeugt ist, dass die heutige Jugend verdorben ist, wird eher die negativen als die positiven Begegnungen wahrnehmen. Wahrscheinlich wird er sogar einige Erfahrungen gar nicht erst machen, weil er sie von vornherein durch seine negative Einstellung verhindert.

Doch den größten Teil der Ereignisse selbst, die von außen auf uns zukommen, können wir nicht kontrollieren. Wir können aber die Bedeutung verändern, die sie für uns haben, und wir können entscheiden, wie wir diese Ereignisse für uns nutzen wollen.

Als Erstes müssen Sie also herausfinden, wie es um Ihre Einstellung zu den Dingen bestellt ist, die Sie täglich erleben. Befinden Sie sich im permanenten Kampf mit den Widrigkeiten des Alltags oder stehen Sie den Stürmen des Lebens relativ gelassen gegenüber?

> »Die Menschen werden nicht durch die Dinge, die passieren, beunruhigt, sondern durch die Gedanken darüber.«
> **Epiktet**

• •

DER SELBSTERKENNTNIS-CHECK: Stehen Sie sich selbst im Weg?

Bitte vergegenwärtigen Sie sich die letzten sieben Tage. An wie vielen Tagen der letzten Woche haben Sie bzw. sind Sie (bitte tragen Sie einfach eine Zahl ein, ohne lange nachzudenken)

1. verschlafen? _____-mal

2. ungenügend gefrühstückt _____-mal

3. auf dem Weg zur Arbeit (oder zu Ihrem ersten Termin) gehetzt _____-mal

4. bei der Arbeit/Hausarbeit unter Termindruck gestanden? _____-mal

5. im Verkehrsstau gestanden? _____-mal

6. abends ein Gefühl der inneren Leere gehabt? _____-mal

7. abends ein schlechtes Gewissen gehabt? _____-mal

8. abends Erschöpfung gespürt – ohne zu wissen, warum? _____-mal

9. schlecht geträumt? _____-mal

• •

10. mit Menschen Ärger gehabt? _____-mal

11. an Schulden (oder eine Schuld) anderen
Menschen gegenüber gedacht? _____-mal

12. an ein Unrecht gedacht, das man Ihnen
angetan hat? _____-mal

13. in Gedanken oder halblaut ein
abgebrochenes Gespräch zu Ende geführt? _____-mal

14. gefaulenzt – ohne es genossen zu haben? _____-mal

15. sich Vorwürfe gemacht, dass Sie körperlich
zu wenig für sich tun _____-mal

16. sich einen normalen Wunsch nicht erfüllt? _____-mal

17. so viel geschwelgt und geprasst, dass Ihnen
davon schlecht geworden ist? _____-mal

18. Ungesundes gegessen? _____-mal

19. gegen eigene Lebensgrundsätze verstoßen? _____-mal

20. über einen Abwesenden schlecht gesprochen? _____-mal

21. etwas über einen anderen Menschen gedacht,
was Sie ihm nicht persönlich gesagt haben? _____-mal

22. vor dem Fernseher ein Nickerchen gemacht? _____-mal

23. an anderen Menschen gezweifelt? _____-mal

24. an der Gerechtigkeit gezweifelt? _____-mal

25. an Gott gezweifelt? _____-mal

Bitte zählen Sie die Zahlen zusammen, die Sie zu
jeder Frage eingetragen haben: _____-mal

• •

Auswertung zum Check

Weniger als 70 Punkte: Sie kommen patent durchs Leben. Wie jeder andere Mensch auch merken Sie zwar manchmal, dass Sie Fehler machen oder Schwächen haben, die Ihnen schaden. Aber – anders als Menschen, die das Leben weniger gut meistern – machen Sie sich dadurch nicht unglücklich. Sie gehen Ihren Weg einfach mit viel Gottvertrauen weiter, anstatt die Fallen förmlich zu suchen, in die man immer wieder hineinstolpern kann.

70 bis 85 Punkte: Sie nehmen vieles schwerer als andere Menschen. Sie nehmen sich die Dinge mehr zu Herzen als andere. Das ist natürlich erst einmal positiv, weil sie feinfühliger und empfindsamer sind als andere. Aber leider können Sie dieses Feingefühl zu wenig zu Ihrem Vorteil oder zu Ihrer Lebensfreude einsetzen. Kümmern Sie sich einfach etwas mehr um Ihre persönlichen Wünsche und Ziele. Gönnen Sie sich etwas!

Mehr als 85 Punkte: Sie leiden, wenn Ihre Lebensumstände ungünstig sind. Das geht allen Menschen so. Aber Sie haben leider – und stärker als andere Menschen – das Talent, besonders gut zu erkennen, wann Ungemach droht, und Sie beziehen es häufig auf sich. Deshalb machen Sie sich das Leben manchmal schon schwer, wenn andere noch nicht einmal bemerken, dass dunkle Wolken heraufziehen.

Ganz gleich, woher der Wind weht – Sie setzen die Segel

Vor einiger Zeit hatte ich ein Seminar in Hamburg und verbrachte meine Mittagspause am Ufer der Alster. Es war ein wunderschöner Frühlingstag, die Sonne schien, und es wehte ein frischer Wind. Auf der Alster tummelten sich unzählige Segelboote, die in den verschiedensten Richtungen kreuz und quer über das Wasser glitten, obwohl der Wind für alle aus der gleichen Richtung kam.

Die äußeren Voraussetzungen waren also für alle gleich, und trotzdem fuhren sie mit unterschiedlicher Geschwindigkeit, jeder auf einem anderen Kurs.

Maßgeblich für die Richtung, in die das jeweilige Boot segelt, sind also – im Leben wie auf der Alster – weniger die äußeren Bedingungen als vielmehr die Art und Weise, wie die Segel gesetzt werden und welches Ziel man anstrebt. Anders gesagt: Entscheidend ist, wie man sich zu den gegebenen Voraussetzungen verhält.

Natürlich sind die Bedingungen nicht für alle Menschen genau gleich. Und trotzdem: Glauben Sie, dass glückliche und erfolgreiche Menschen es immer leicht gehabt haben, dass ihnen im Leben alles in den Schoß gefallen ist? Viele Menschen haben gerade unter extremen Bedingungen Höchstleistungen erbracht. Sogar die schlechtesten Voraussetzungen können überwunden werden – aber nur, wenn man sich nicht mit den »Sachzwängen« abfindet, sondern alle Kräfte aufbringt, über sie hinauszuwachsen.

Glück und Erfolg hängen also nicht davon ab, ob Sie ein geborener Pechvogel oder ein Sonntagskind sind. Selbst Wunderkinder mit unglaublichen Talenten sind irgendwann nur noch wenig besser als der Durchschnitt, wenn sie sich zu sehr auf ihre angeborenen Fähigkeiten verlassen. Welchen Verlauf Ihr Leben nimmt, hängt nur zu einem geringen Teil vom Zufall ab. Viel entscheidender ist, was Sie von der Welt und sich selbst denken. Denn alles, was Sie denken, hat Auswirkungen auf das, was Sie sagen, was Sie tun – auf ihre gesamte Wirklichkeit. Wer eine negative Einstellung zu sich und seinem Leben hat, wird immer auch negative Resonanz bekommen. Wer ständig ans Scheitern denkt, wird es dadurch mit Sicherheit herbeiführen. Wer jedoch positiv gestimmt, zuversichtlich und fröhlich an die Dinge herangeht, wird von allen Seiten Unterstützung und Hilfe bekommen.

Glaubensmuster, Werte, Paradigmen

Wir – und damit auch unsere Gedanken und Gefühle – stehen in permanenter Wechselwirkung mit unserem Umfeld und entwickeln uns dadurch immer weiter. Voraussetzung dafür ist allerdings, dass wir uns den Luxus der Veränderung erlauben, dass wir uns trauen, Dinge immer wieder anders zu sehen, immer weiter zu lernen und Neues zu entdecken.

Indem wir die Dinge anders sehen, werden wir anders. Indem wir anders werden, sehen wir die Dinge anders.

Viele Menschen befürchten, sie könnten dadurch ihre Identität verlieren. Wer die Dinge heute so und morgen anders sieht, gilt leicht als wankelmütig und opportunistisch, hat keinen eigenen Standpunkt und deshalb keinen festen Charakter. Doch wer oder was hindert uns daran, über Nacht »gescheiter« zu werden?

Manchmal ist dieser Prozess schmerzhaft. Es werden Glaubensmuster, Paradigmen und Werte infrage gestellt, die uns vielleicht über Jahre hinweg vermeintliche Sicherheit gegeben haben.

Betrachten wir einmal, wie unsere Glaubensmuster, persönliche Paradigmen und Werte überhaupt entstehen.

Glaubensmuster und persönliche Erfahrungen

Warum verhalten wir uns, wie wir uns verhalten? In erster Linie dient jede Handlung der Befriedigung individueller Bedürfnisse – vor allem derjenigen, die für uns in diesem Moment gerade wichtig sind. Es ist allerdings nicht immer ganz leicht zu erkennen, welche Bedürfnisse mit den jeweiligen Verhaltensweisen tatsächlich verbunden sind, welche Wünsche für uns zum Zeitpunkt des Handelns im Vordergrund stehen. Abgesehen von der Tatsache, dass es sich meistens um eine Kombination verschiedener Bedürfnisse handelt, ist unserer Verhalten entscheidend davon geprägt, wie wir glauben, bestimmte Werte wie Sicherheit, Liebe oder Anerkennung erreichen zu können. Und genau dort sind in der Regel auch die größten Fehleinschätzungen zu finden. Die Ansichten darüber, was wir tun müssen, um unsere Wünsche zu verwirklichen, beruhen häufig auf so falschen Grundannahmen, dass sie sogar verhindern können, dass wir das bekommen, was wir eigentlich wollen.

Unsere Anschauungen und Überzeugungen haben sich jedoch im Laufe unseres Lebens entwickelt und immer weiter verfestigt. Viele Annahmen, die uns blockieren, sind für uns zu unerschütterlichen Gewissheiten geworden. Um herauszufinden, woran es liegt, dass wir uns so schwer von ihnen lösen können, müssen wir die einzelnen Komponenten, die zu ihnen geführt haben, noch etwas näher betrachten: Jede unserer Anschauungen wurde nämlich sozusagen aus vielen verschiedenen Fäden gestrickt: aus Erziehung und persönlicher Erfahrung sowie aus individuellen und gesellschaftlichen Glaubensmustern.

Gesellschaftliche Wertvorstellungen und Paradigmen

Über unsere Erziehung und über Kontakte zu anderen Menschen bekommen wir bereits in der frühesten Kindheit die Ansichten unserer Kultur und Gesellschaft vermittelt. Und auf gesellschaftlicher Ebene existieren feste Vorstellungen darüber,

- wie man die Dinge nennt,
- wie etwas auszusehen hat,
- wie man sich verhält,
- wie die Dinge zu bewerten sind und
- welche Mittel für welchen Zweck geeignet sind.

Diese globalen Muster haben in jeder Kultur ganz unterschiedliche Gewichtung und sind jeweils sehr kraftvoll. Denn mit diesen festen Vorstellungen davon, wie »etwas sein muss« sind wir groß geworden. Wir haben sie als völlig selbstverständlich angenommen, und deshalb fällt es auch so schwer, sie zu hinterfragen und zu verändern.

Zu den gesellschaftlich bedingten Ansichten und Interpretationen gehören auch die Paradigmen. Ein Paradigma ist ein Modell, eine Theorie, eine Annahme, die ein Erklärungsmuster zum Beispiel für die Entstehung von physikalischen oder astronomischen Phänomenen bietet. Meistens wird es beibehalten, weil es sich bewährt hat oder weil noch niemand ein anderes schlüssiges Modell aufgestellt und durchgesetzt hat. Somit sind Paradigmen mehr oder minder feststehende Rahmen, Modelle oder Erklärungen von etwas, an die sich viele Menschen halten.

Einer der größten Paradigmen-Wechsel war beispielsweise die Erkenntnis, dass die Erde nicht flach, sondern rund ist. Es hat lange gedauert und viel gekostet, bis das alte Paradigma abgelöst wurde.

Paradigmen spielen eine Rolle sowohl in der Wissenschaft als auch im persönlichen oder beruflichen Alltag. Ist der Chef eines mittelständischen Unternehmens etwa davon überzeugt, dass eine Firma mit zehn Angestellten grundsätzlich nur dann richtig läuft, wenn der Chef alles persönlich kontrolliert und überwacht, wird er mit diesem Führungsmodell das Verhalten seiner Mitarbeiter entscheidend beeinflussen.

Ein gewisses Maß an gesellschaftlichen Glaubensmustern ist natürlich notwendig, um das Zusammenleben in der Gemeinschaft zu regeln. Eine Gemeinschaft, in der völlige Anarchie herrschte, wäre vermutlich kaum überlebensfähig. Trotzdem kann das nicht bedeuten, alle Regeln passiv und ohne Widerspruch hinzunehmen. Persönlicher und gesellschaftlicher Fortschritt leben davon, dass vermeintliche Gewissheiten ebenso wie sinnlose und blockierende Anschauungen hinterfragt und geändert werden.

Vor noch nicht allzu langer Zeit war zum Beispiel der getrennte Schulunterricht für Jungen und Mädchen eine Selbstverständlichkeit. Niemand wäre auch nur auf die Idee gekommen, dessen Sinn anzuzweifeln, während heute die gemeinsames Erziehung von Mädchen und Jungen gesellschaftliche Normalität darstellt.

Bevor sich aber veränderte Wertvorstellung durchsetzen, entsteht in aller Regel ein gewisser Leidensdruck für diejenigen, die nicht (mehr) nach diesen Regeln handeln.

Andere wiederum passen sich in stärkerem Maße den gesellschaftlich akzeptierten Verhaltensnormen an, um nicht aufzufallen oder weil es scheinbar leichter ist.

Die Voraussetzung für ein zufriedenes und erfülltes Leben besteht also darin, das Beste aus den gesellschaftlichen Rahmenbedingungen zu machen, sie weder unhinterfragt zu akzeptierten und einfach hinzunehmen noch in permanenter Auseinandersetzung mit der Umwelt zu leben.

Die Bewertung persönlicher Erfahrungen

Über die allgemeinen Wertvorstellungen hinaus entwickelt jeder Mensch ein ganz eigenes Muster, das entsteht, indem die individuellen Erfahrungen ausgewertet und zusammengefasst werden. Bringt zum Beispiel ein Kind einmal ein schlechtes Zeugnis nach Hause und bekommt als Trost zu hören, es hätte eben die praktische Begabung des Großvaters geerbt, der auch keine Leuchte in der Schule war, kann sich diese Annahme zur Überzeugung entwickeln und ein fester Teil des Selbstbildes werden. Meistens werden solche Interpretationen nicht nur einmal geäußert. Wenn dem Kind zum Beispiel eine Bastelarbeit besonders gut gelingt, kann die Aussage: »Du bist nun mal eher handwerklich begabt« dieses Muster der Selbstwahrnehmung weiter verstärken.

»Unser Leben ist das, wozu unsere Gedanken es machen.«
Marc Aurel

Individuelle Glaubensmuster enthalten Meinungen über mich selbst und über andere. Sie bündeln meine persönlichen Erfahrungen und Ansichten und bestehen aus ganz individuellen Behauptungen oder Annahmen, warum etwas geht oder nicht geht, warum man etwas kann oder nicht oder welche Handlungen zu welchen Ergebnissen führen. Habe ich zum Beispiel seit meiner Kindheit die Erfahrung gemacht, dass ich sonst nur wenig gezeigte Liebe und Zuwendung immer dann bekomme, wenn ich etwas besonders gut mache, dann prägt sich dieses Muster ein. Wahrscheinlich werde ich auch später versuchen, Liebe und Zuneigung durch hervorragende Leistungen herbeizuführen.

Viele der individuellen Glaubensmuster, unsere Interpretationen gesammelter Erfahrungen, sind uns nicht bewusst. Nichtsdestotrotz bilden sie zusammen mit den gesellschaftlichen Wertvorstellungen, zum Beispiel den Ansichten darüber, was man darf oder nicht darf, ein mehr oder weniger geschlossenes Weltbild.

Vor allem wenn wir uns in Phasen der Veränderung befinden, können aber falsche und zu starre Glaubensmuster das Gelingen unserer Vorhaben behindern. Sie entscheiden, inwieweit wir uns selbst erlauben, erfolgreich, glücklich und gesund zu sein oder zu werden.

Auf die persönlichen Glaubensmuster, die sich auf unsere eigenen Erfahrungen beziehen, haben wir unmittelbar den größten Einfluss. Wir entscheiden, welche Werte wichtig für uns sind und welchen Weg wir einschlagen wollen, um sie zu erreichen.

Wenn für jemanden zum Beispiel »Anerkennung« an oberster Stelle seiner Bedürfnisse steht, dann wird er auch danach streben, in allen Situationen Anerkennung zu erhalten. Denn ohne die Erfüllung oder Befriedigung dieses Wertes fühlt sich dieser Mensch nicht komplett oder nicht wertvoll genug.

Wie wir dann versuchen, diese Lücke zu füllen, hängt von unseren individuellen Glaubensmustern ab, von den Verhaltensweisen, die wir aufgrund unserer Erfahrungen und Einstellungen für bestimmte Situationen entwickelt haben. Aber wer sagt uns, ob es tatsächlich die richtige Methode ist, um an unser Ziel zu gelangen? Oft geschieht es nämlich, dass falsche Glaubensmuster den Einsatz falscher Mittel bewirken, mit denen zum Beispiel Anerkennung erreicht werden soll. Oftmals versuchen sich zum Beispiel so genannte Workaholics durch übermäßiges Engagement die gewünschte persönliche Bestätigung zu verschaffen. Oder es gibt Menschen, die sich nach Liebe und Verbundenheit sehnen, und die anderen deshalb ständig und hartnäckig ihre Hilfe anbieten, obwohl sie in dem Moment gar nicht gebraucht oder gewünscht wird. Sie meinen, sich so die Liebe, die sie sich wünschen, »erkaufen« zu können. Doch mit solchen unpassenden Mitteln erreichen sie meistens das Gegenteil. Sie ernten eher ein mitleidiges Lächeln, werden ausgebeutet oder sogar zurückgewiesen.

Sich selbst erfüllende Prophezeiungen

Werden unsere Bedürfnisse nicht erfüllt, entstehen zusätzlich neue negative Glaubensmuster wie »Ich bin nicht gut genug«, »das kann ich niemals«, »niemand liebt mich«, »ich bin nicht für eine Beziehung geboren« oder »wenn ich mich darauf einlasse, dann bin ich von XY abhängig«.

Kennen Sie solche Aussagen? Meistens haben sie anfangs nichts mit der Realität zu tun. Es sind nur Annahmen von uns selbst oder den Umständen, die wir uns so lange einreden, bis wir schließlich selbst daran glauben.

Und in dem Moment, in dem wir daran glauben, verhalten wir uns auch dementsprechend und tun unbewusst Dinge, die zur Bestätigung dieser Annahmen führen.

Das nennt man eine sich selbst erfüllende Prophezeiung.

Von der Angst vor einer Partnerschaft zu einer erfüllten Beziehung

Linda, eine Frau Mitte 40, wünschte sich seit Jahren, endlich einen Mann kennen zu lernen, mit dem sie eine gute Partnerschaft aufbauen könnte. Doch eigentlich unternahm sie nicht wirklich etwas dafür. Und so lebte Linda schon seit zehn Jahren allein, nachdem sie davor zwei Verlobungen gelöst hatte.

Ich fragte sie: »Glaubst du, dass dir eine harmonische Partnerschaft wirklich zusteht, dass du sie ›verdient‹ hast?«

Linda antwortete mit einem zögernden »Jaa«.

Ich fragte sie: »Willst du wirklich einen Partner haben?«

Dieses Mal war das »Ja« stabil.

Ich bat Linda, einmal aufzuschreiben, was sich in ihrem Leben verändern würde, wenn sie einen Partner fände:

Welche negativen Konsequenzen das ihrer Meinung nach hätte und was sie dafür in Kauf nehmen müsste.

Nach intensivem Nachdenken schrieb Linda unter anderem die folgenden Sätze.

Mit einem Partner würde mein Leben so aussehen:

- Ich habe weniger Zeit für mich.
- Ich kann dann nicht mehr alles machen, wann und wie ich es will.
- Ich stecke wieder zurück – wie früher – und richte mich nach ihm.
- Ich habe Angst vor Verletzungen (belogen und betrogen zu werden).
- Ich habe Angst, wenn ich mich total öffne, dass ich wieder ausgenutzt werde.

Diese Liste beschreibt die Glaubensmuster, die Linda hatte, ihre Einstellung gegenüber einer Partnerschaft, die sie bisher unbewusst daran hinderte, eine langfristige Beziehung einzugehen.

Glauben Sie, dass es möglich ist, mit diesen Überzeugungen eine Partnerschaft einzugehen? Es wird sich vermutlich nicht einmal die Möglichkeit ergeben, da mit diesen unbewussten Überzeugungen keine Energie vorhanden ist, Aktivitäten zu entwickeln, um überhaupt einem Partner begegnen zu können!

Und genau so war es auch bei Linda. Wenn sie nach der Arbeit nach Hause kam, blieb sie dort mit der Begründung, dass sie den Trubel draußen, die verrauchten Lokale etc. nicht brauchte, dass sie kein »Vereinsmensch« sei und deshalb auch keinem Club angehörte.

Nun waren aber diese Glaubensmuster aufgedeckt. Und sie war selbst über ihre Erkenntnisse überrascht. Denn eigentlich hatte sie so nie (bewusst) gedacht.

Ihre Überzeugung bestimmt, was Sie zurückbekommen

Wenn Sie glauben, dass Kollegen Sie nicht mögen, dann verhalten Sie sich dementsprechend. Da Sie sich dann vermutlich reserviert und zögerlich verhalten oder Informationen nicht weitergeben, beginnen die Kollegen, Sie tatsächlich nicht zu mögen oder zumindest zu meiden.

Wenn Sie nun dieses Verhalten bei den anderen feststellen, bestätigt sich Ihr angenommener Glaube: Die können mich nicht leiden.

Qualität und Kraft der Gedanken entscheiden über das Maß an Erfolg.

So sind wir in gewisser Weise Gefangene im Teufelskreis unserer eigenen Glaubensmuster.

Deshalb müssen wir neue Einstellungen erzeugen, die anstelle der alten Glaubensmuster tatsächlich geeignet sind, die angestrebten Werte zu erreichen und unser Selbstbewusstsein zu fördern.

Glauben Sie daran,

- dass in einer Gemeinschaft mehr erreicht werden kann, als allein?
- dass Sie alles können, was Sie sich vornehmen, auch wenn Sie es noch nicht probiert haben?
- dass Sie anderen helfen können, indem Sie selbst vorwärts gehen, sich selbst positiv verändern?
- dass alles, was auf Sie zukommt einen Sinn hat und somit zu Ihrem Wachstum beiträgt?
- dass Sie jeden Tag einen neuen Anfang machen können, egal was gestern war?

In solchen positiven Glaubensmustern liegt das Geheimnis, wie Sie Ihr Leben konstruktiv gestalten, wie Sie auf Dinge in Ihrem Leben positiv reagieren können. Was wir über uns selbst denken, die Meinungen über Freunde, Bekannte, über Ernährung, über die Welt, diese Denkweisen sind definitiv die Gestalter unseres Lebens – und ganz besonders die Ansichten darüber, was Sie in der Lage sind zu tun und zu erreichen. Der Glaube, wer Sie sind, was wir tun oder lassen, basiert auf der Identität, die wir für uns selbst erschaffen.

Das Schicksal des Skorpions: Identität um jeden Preis?

Tony Robbins erzählte folgende Geschichte in einem Seminar:

»Ein Frosch und ein Skorpion sitzen am Rande eines Teichs. Der Skorpion fragt den Frosch, ob er ihn auf seinen Rücken nimmt und übersetzt, da er auf der anderen Seite des Teichs seine Familie besuchen will. Der Frosch sagt: »Nein. Denn wenn ich dich auf meinen Rücken nehme, dann tötest du mich.« Da sagt der Skorpion: »Wieso sollte ich das tun, wenn wir auf dem Wasser sind? Dabei würde ich ja selbst sterben.« Das klingt für den Frosch plausibel. Er willigt ein, geht vor ins Wasser, wartet, bis der Skorpion auf seinem Rücken sitzt, und schwimmt los. In der Mitte des Sees sticht der Skorpion zu. »Warum tust du das?« fragt der Frosch entsetzt. »Ich werde sterben, aber auch du wirst mit mir untergehen.« Da antwortet der Skorpion: »Es tut mir Leid, aber ich kann einfach nicht anders, auch wenn ich das nicht tun wollte. Ich bin ein Skorpion, und das ist es, was Skorpione tun, sie töten Frösche.«

Diese Geschichte veranschaulicht das stärkste Muster, das wir in uns haben: Wir wollen sicherstellen, dass unser Verhalten mit der von uns gewählten Identität konform geht – selbst wenn dieses Bild, das wir von uns selbst haben, negativ ist. Es ist nämlich ein riesengroßer Unterschied, ob wir zum Beispiel ab und zu etwas hektisch handeln, oder ob wir Hektiker *sind*. Manchmal empfinden wir Hektik um uns herum, manchmal spüren wir eine innere Unruhe und verhalten uns entsprechend, aber sobald Sie sagen »Ich bin ein Hektiker«, identifizieren Sie sich mit Ihrem ganzen Wesen mit dem Attribut »hektisch«. So legen Sie sich darauf fest. In dem Moment, in dem wir etwas mit den Worten »ich bin« ausdrücken, ist immer unser ganzes Sein mit eingeschlossen. Je häufiger wir uns mit dieser Identität verbinden – um bei unserem Beispiel zu bleiben: »Ich bin ein Hektiker« –, desto intensiver prägt sie sich ein. Unser Bild von uns selbst kreiert die Schranken und Barrieren, in welchen wir uns in unserem Leben bewegen. Wenn wir einmal entschieden haben, wer wir sind, womit wir uns also identifizieren, dann richtet sich alles in uns aus, konstant das zu sein und auch so zu handeln.

Machen Sie sich nicht schlechter, als Sie sind!

Einer meiner Klienten hatte enorme Schwierigkeiten, die Akten auf seinem Schreibtisch zu bearbeiten. Er hatte schon das Sideboard hinter sich mit unerledigter Post gefüllt und war der festen Überzeugung, dass er nichts Neues anfangen könne, bevor er das nicht erst alles aufgearbeitet hätte. Sogar wichtige Mitarbeitergespräche wurden aufgeschoben, weil er sagte, er müsse sich erst einmal mit den alten Dingen beschäftigen.

Wir vereinbarten einen Termin, bis zu dem diese Dinge zu erledigen waren. Der Termin verstrich. Weder war die alte Post aufgearbeitet, noch waren die Personalgespräche geführt worden. Er gab mir mit einem Lächeln zu verstehen: »Na wissen Sie, ich bin eben ein Chaot. Ich arbeite chaotisch, und da geht das halt nicht so, wie ich mir das vornehme. Und außerdem gibt es ja auch noch das Tagesgeschehen, wo viele wichtige Dinge auf mich zukommen, die meine Zeit und Aufmerksamkeit verlangen ...«

Diese Äußerung »*Ich bin* eben ein Chaot« wiederholte er sehr häufig, immer in Verbindung mit einem Lachen. Es war zum einen eine wunderbare Ausrede, die es ihm ersparte, konsequent zu sein, und zum anderen war eine hundertprozentige Identifikation eingetreten, die sogar mit einem gewissen Stolz präsentiert wurde.

Als ich ihm erklärte, welches Muster er da immer wieder neu prägte und wie weit schon sein Unterbewusstsein alles nur Erdenkliche herbeirief, um seine selbst gewählte

Identifikation immer wieder zu bestätigen, ging ihm ein Licht auf. Wir arbeiteten an der Umwandlung dieser Identifikation. Wir lösten das alte Muster auf, und er wählte ganz bewusst eine Identität, die ihn seither fördert und mit der er sich wohl fühlt. Der Satz »Ich bin ein Chaot« kam seitdem nie wieder über seine Lippen. Er hat sogar aufgehört, es zu denken. Und nach und nach haben sich seine Handlungsweisen und seine Ergebnisse sehr vorteilhaft verändert.

Es macht also einen großen Unterschied zu wissen, ob Sie 10 Pfund zu viel auf die Waage bringen oder ob Sie sich mit der Aussage »Ich bin fett« identifizieren. Den Aufkleber, den Sie sich selbst an die Stirn heften oder den Sie sich von anderen Menschen aufdrücken lassen, wird Ihre Erfahrung definieren. Er wird Ihre Wahrnehmung beeinflussen und das, was Sie tun, um Änderungen oder Erfolge zu erreichen. Dieser »Aufkleber« definiert die gesamte Art und Weise, wie Sie leben.

Ändern Sie Ihre Glaubensmuster, und Sie ändern Ihr Verhalten. Ändern Sie Ihr Verhalten, und Sie ändern Ihre Glaubensmuster.

Praktische Hilfen zum 7. Impuls

So können Sie Ihre falschen Glaubensmuster aufdecken:

Nehmen Sie sich eine Situation vor, die für Sie unbefriedigend ist. Versetzen Sie sich ganz intensiv in diese Situation hinein. Stellen Sie sich vor, was um Sie herum geschieht, welche Personen anwesend sind, wer zu Ihnen spricht, was Sie selbst sagen etc. – so als würde ein innerer Film ablaufen.

Und dann schreiben Sie auf, wie Sie diese Situation einschätzen, welche Attribute sie ihr verleihen würden. Was denken Sie über sich selbst und Ihre Verhalten in dieser Situation? Was denken Sie über die anderen Beteiligten?

Erstellen Sie also einen Katalog Ihrer Gedanken und Glaubensmuster in Bezug auf diese Situation.

Wenn Sie alle Sätze niedergeschrieben haben, lesen Sie sie nochmals aufmerksam durch. Machen Sie sich bewusst, dass all dies Annahmen sind, die sich im Laufe der Zeit zu Glaubensmustern verfestigt haben. Und werden Sie sich auch darüber klar, dass sie diese Muster bewusst verändern können.

Überlegen Sie nun, was Sie stattdessen glauben wollen, welche Überzeugungen Ihnen besser helfen könnten, Ihre Wünsche und Ziele zu verwirklichen. Geben Sie der Situation neuen Interpretationen.

In unserem Beispiel von Linda, die sich über Ihren Beziehungswunsch klar werden wollte, wurde folgende Umwandlung erzielt:

Alte Überzeugungen/Muster in neue Überzeugungen umwandeln:

- Ich habe weniger Zeit für mich.
- in: Die gemeinsam verbrachte Zeit ist erfüllter.

- Ich kann nicht mehr alles machen, wann und wie ich es will.
- in: Gemeinsame Unternehmungen machen mehr Spaß.

- Ich stecke zurück und richte mich nach ihm.
- in: Ich erweitere meine Möglichkeiten, indem ich seine Wünsche integriere.

- Ich habe Angst vor Verletzungen.
- in: Ich erhalte unendlich viel Liebe.

- Ich habe Angst, dass ich ausgenutzt werde, wenn ich mich total öffne.
- in: Ich erlebe gegenseitiges Vertrauen.

Diese Aussagen hören sich doch schon ganz anders an, oder?

Nach demselben Schema können auch Sie Ihre alten und neuen Überzeugungen festhalten.

Und nun folgt der aktive Umwandlungsprozess.

Ich möchte Sie bitten, etwas für Sie vielleicht Ungewöhnliches zu tun. Stehen Sie auf und sagen Sie laut Ihre alten und neuen Glaubenssätze – und zwar folgendermaßen:

»Früher habe ich geglaubt, dass ...«

Und nun machen Sie eine große Bewegung, die Ihren Worten möglichst viel Nachdruck verleiht und sagen ganz laut:

»Das ist absoluter Unsinn (Mist, Blödsinn, Quatsch ...).«

Dann machen Sie einen Schritt nach vorn und sagen Sie laut:

»Heute weiß ich, dass ...«

Und das wiederholen Sie mit jedem Satz mindestens fünfmal – so lange, bis der neue Satz Ihnen so richtig leicht, locker und voller Freude von den Lippen geht.

Auch wenn Ihnen das anfangs etwas albern und merkwürdig vorkommt, es ist wichtig, dass Sie die Programmierung neuer Glaubenssätze in dieser Form bestärken. Wenn wir unsere Stimme, unsere Gestik, Mimik und unseren ganzen Körper mit einbeziehen, dann haben wir einen viel aktiveren Zugang zu unseren Emotionen und zu unserem Unterbewusstsein. Probieren Sie es aus, und Sie werden merken, dass es einen großen Unterschied macht, falsche Glaubenssätze rein verstandesmäßig zu erkennen und zu durchschauen oder Sie durch Stimme, Mimik und Gestik aktiv umzugestalten. Die neuen Überzeugungen können sich auf diese Weise wesentlich besser einprägen.

Nun wünsche ich Ihnen viel Spaß beim Entdecken und Erarbeiten Ihrer neuen Glaubenssätze!

»So trägt jeder Mensch durch sein Denken und Fühlen ... die Kraft, sich zum Höchsten zu erheben oder sich ins Niedrigste zu stürzen.«
Saint Germain

8. Emotionale Stabilität

Wie wichtig ein ausgeglichener Gefühlshaushalt für ein erfülltes Leben ist, muss man wahrscheinlich niemandem extra erklären. Auch der Zusammenhang zwischen der jeweiligen Gefühlslage und unserem Handeln ist leicht nachvollziehbar: Wer kennt nicht diese Tage, an denen wir schon schlecht gelaunt aufstehen und dann alles wie verhext ist, eine Panne nach der anderen passiert. Oder wir sind glücklich – vielleicht verliebt –, schweben auf Wolke sieben und haben das Gefühl, dass uns alles gelingt und nichts etwas anhaben kann.

Gefühle spielen die Hauptrolle

Gefühle sind die größte Energiequelle, die wir haben. Schenken Sie ihnen mehr Aufmerksamkeit!

In jedem Fall spielen unsere Emotionen in unserem Leben eine Hauptrolle; sie sind Antriebsquelle und Lotse zugleich; sie bestimmen die Energie und die Richtung unserer Aktivitäten: Emotionen steuern unser Verhalten. Unser Handeln wird davon geleitet, welche Emotion im entscheidenden Moment die Oberhand hat.

Tatsächlich hängt nahezu alles von unseren Emotionen ab. Es ist ein himmelweiter Unterschied, ob Sie gelangweilt, zaghaft oder mit Freude an eine Sache herangehen. Experten sprechen von ganzen 80 Prozent, mit denen unsere Gefühle an unserem Erfolg beteiligt sind – ein guter Grund, uns etwas eingehender mit ihnen zu befassen, oder nicht?

Selbst schmerzhafte Gefühle offen wahrzunehmen, ist die erste Voraussetzung, um nicht zum Spielball unserer Launen zu werden. Auf Dauer ist dies die einzige Möglichkeit, angesichts der Wechselfälle des Lebens die innere Balance zu bewahren.

DER SELBSTERKENNTNIS-CHECK:
Wie pflegeleicht ist Ihr Gefühlshaushalt?

Sind Sie eher ausgeglichen und ruhig, oder gehen Stimmungen und Temperament manchmal mit Ihnen durch? Beantworten Sie die folgenden Sätze einfach mit Ja oder Nein.

1. Man sieht mir meine Stimmung
immer direkt an.   Ja ☐ Nein ☐

2. Wenn ich auf einen Menschen sauer bin,
sage ich es ihm gerade heraus.   Ja ☐ Nein ☐

3. Wenn ich auf jemanden böse bin,
rede ich nicht, sondern lasse es ihn spüren. Ja ☐ Nein ☐

4. Wenn mich jemand verärgert hat,
dauert es lange, bis er bei mir wieder
eine Chance bekommt.   Ja ☐ Nein ☐

5. Ich merke schon an kleinen Dingen,
ob mir jemand übel will.   Ja ☐ Nein ☐

6. Alle paar Tage ist mir, als könnte ich
die Welt umarmen.   Ja ☐ Nein ☐

7. Ich fühle mich eigentlich bei fast allen
Menschen heimisch.   Ja ☐ Nein ☐

8. Wenn ich traurig bin, weiß ich immer
einen Menschen, der mich
wieder aufrichtet.   Ja ☐ Nein ☐

9. Oft fühle ich mich belästigt, wenn Menschen
mich fragen: »Wie geht's?«   Ja ☐ Nein ☐

10. Wenn Menschen tiefer in mein Seelenleben
eindringen wollen, werde ich verschlossen
wie eine Auster.   Ja ☐ Nein ☐

• •

11. Nach einem Streit bemühe ich mich meist
als Erster um Versöhnung. Ja ☐ Nein ☐

12. Feiernde, fröhliche Menschen sind mir oft
zu primitiv. Ja ☐ Nein ☐

13. Manchmal leide ich selbst unter
meinen Stimmungen. Ja ☐ Nein ☐

14. Manchmal sagen Menschen,
ich sei launisch. Ja ☐ Nein ☐

15. Und das macht mich dann wirklich sauer. Ja ☐ Nein ☐

Auswertung zum Check

Bitte geben Sie sich jeweils einen Punkt, wenn Sie bei den Fragen 1, 2, 6, 7, 8 und 11 mit »Nein« und bei den Fragen 3, 4, 5, 9, 10, 12, 13, 14 und 15 mit »Ja« geantwortet haben.

Weniger als 6 Punkte: Sie haben ein ausgeprägtes Seelenleben. Ihre Stimmungen wechseln, denn Sie reagieren auf die Welt und haben gleichzeitig auch ein intensives Innenleben. Aber Ihr großer Vorteil ist: Sie geben Ihren Mitmenschen keine Rätsel auf. Deshalb sind Sie nicht launisch. Sie werden als temperamentvoll empfunden, weil Sie es schaffen, Ihre Mitmenschen in Ihre Gefühle und Gedanken mit einzubeziehen.

6 bis 10 Punkte: Ihnen fällt es nicht immer leicht, anderen Ihre innere Gefühlslage zu offenbaren. Vielleicht haben Sie damit schlechte Erfahrungen gemacht. Deshalb versuchen Sie, nicht alles nach außen dringen zu lassen, was Sie innerlich bewegt – aber das gelingt nicht immer optimal. Oft sieht man Ihnen an, dass etwas mit Ihnen los ist. Und wenn die anderen das spüren, aber keine Erklärung dafür bekommen, dann halten sie Sie für launisch.

Mehr als 10 Punkte: Sie werden öfter für launisch gehalten, als Sie glauben (und leider auch: als manche sich Ihnen zu sagen trauen). Der Grund ist einfach – und auch einfach abzustellen. Andere wissen bei Ihnen oft nicht genau, woran sie sind. Wenn Sie fröhlich sind, haben Sie einen so hinreißenden Charme, dass alle Welt sich an Ihnen und mit Ihnen freut. Aber wehe, Sie sind schlecht drauf. Dann denkt jeder: »Was habe ich dem, was habe ich der schon wieder getan?« Ein Rat an Sie: Spüren Sie öfter mal in sich hinein. Und wenn Sie sich gerade nicht so toll fühlen, sagen Sie es den Menschen in Ihrer Umgebung. Manchmal hilft es, einen Grund anzugeben. Sie müssen nicht gleich Ihr ganzes Innenleben präsentieren, doch eine kurze Erklärung kann Wunder wirken, und Ihr Gesprächspartner kann Ihre Reaktionen besser einschätzen.

• •

Spüren Sie Ihre Reaktionsmuster auf

Damit wir anderen Menschen mitteilen können, wie es uns geht, müssen wir natürlich in erster Linie einmal selbst wissen, was gerade mit uns los ist und welche Gefühle bestimmte Situationen in uns auslösen. Es mag sich absurd anhören, aber es nicht selbstverständlich, dass wir genau sagen können, wie es uns geht und was wir gerade empfinden.

Wer auf seine Gefühle hört, kann besser mit anderen umgehen.

Stellen Sie sich einmal vor, Sie haben es sich nach einem anstrengenden Arbeitstag mit einem schönen Buch in Ihrem Lieblingssessel bequem gemacht, eingekuschelt in eine warme Decke und neben sich eine Tasse Tee. Da klingelt das Telefon. Sie werden mit Sicherheit anders auf den Anrufer reagieren, als wenn Sie voller Energie und Kontaktfreude gerade selbst überlegt haben, wen Sie denn mal anrufen könnten. Wenn Sie im ersten Fall etwas unwirsch oder auch nur einsilbiger als sonst reagieren, kann es gut sein, dass Ihr Gegenüber enttäuscht oder ärgerlich ist. Höchstwahrscheinlich löst das wiederum bei Ihnen Abwehrreaktionen aus *(Warum ruft XY eigentlich immer an, wenn ich allein sein möchte?)*. So kann sich der gegenseitige Groll schnell weiter hochschaukeln. Hätten Sie gleich zu Anfang erklärt, dass Sie eigentlich nach diesem Tag nicht in der Stimmung sind zu telefonieren, wäre die Angelegenheit ohne Komplikationen geklärt worden und Sie hätten sich entspannt wieder Ihrer Lektüre zuwenden können.

Unkontrollierte, nicht eingestandene oder zurückgehaltene Emotionen aber können selbst harmlose Situationen eskalieren lassen. Und das gilt in allen Bereichen des täglichen Lebens: Ärger macht die Situation noch schlimmer, Ängstlichkeit verhindert angemessenes Handeln, Frustration wirkt auf andere negativ und abschreckend, Lustlosigkeit zieht andere mit hinunter.

Gefühlslagen erkennen und mitteilen

Nur wer seine Gefühle kennt und wirklich zulässt, kann sie als Quelle des persönlichen Fortschritts nutzen.

Drei Bedingungen müssen also vorerst gegeben sein, um zu verhindern, dass Ihre Gefühle mit Ihnen durchgehen:

- Sie müssen Ihre ganz persönliche Gefühlslage kennen, das heißt Sie müssen wissen, welche Bedürfnisse im Moment für Sie wichtig sind.
- Sie müssen wissen, welches Ihre Reaktionsmuster sind, in welcher Situation Sie zum Beispiel besonders leicht aus der Haut fahren.
- Sie müssen in der Lage sein, anderen Ihre Gefühle mitzuteilen – zumindest so weit, dass Ihre Handlungen und Reaktionen nicht missverstanden werden.

Raus aus der Stressfalle

Wer seine Gefühlslage missachtet und seinen Bedürfnissen zu wenig Aufmerksamkeit schenkt, gerät ganz leicht in eine emotionale Schieflage. Und da es bei vielen in unserer

Gesellschaft fast schon ein Erfolgskriterium ist, überarbeitet zu sein, bemerken wir den Stress selten rechtzeitig. Wenn er uns auffällt, hat er meist schon eine ganze Weile unerkannt sein zerstörerisches Werk getrieben. Aber es gibt untrügliche Anzeichen, die es lediglich zu erkennen gilt.

Charles Bukowski hat es treffend beschrieben: »Es sind nicht die großen Ereignisse, nicht der Verlust des Ehepartners, der einen ins Irrenhaus bringt, sondern wenn im falschen Moment das Schuhband reißt.« Der amerikanische Psychologe Professor Arnold Lazarus hat einige Beispiele von »zerrissenen Schuhbändern« aufgeführt, die unser Leben stressvoll belasten können:

1. Sorge um das eigene Gewicht,
2. Gesundheitszustand eines Familienmitglieds,
3. steigende Preise von Gebrauchsgütern,
4. Hausarbeiten,
5. einfach viel zu viel zu tun haben,
6. Dinge verlieren oder verlegen,
7. Arbeit im Garten oder am Haus,
8. Probleme mit Eigentum oder Steuern,
9. Verbrechen, die einem zustoßen oder zustoßen könnten,
10. übermäßige Beschäftigung mit dem eigenen Aussehen.

Gutes Selbstmanagement und Ihre dringendsten Wünsche zu erkennen wird zwangsläufig dazu beitragen, dass zufällig »reißende Schuhbänder« Sie kaum noch in der bisherigen Weise durcheinander bringen oder plötzlich aus der Bahn werfen können. Je mehr Bereiche Ihres Gefühlslebens Sie mit Ihren grundlegenden Bedürfnissen in Einklang bringen, desto mehr bannen Sie die gesamte Stressgefahr.

Das wird noch deutlicher, wenn man sich einmal anschaut, welche Anti-Stress-Faktoren Professor Arnold Lazarus als die wichtigsten nennt:

• gute Beziehungen zu Ehepartner/-in oder Liebhaber/-in,
• gute Beziehungen zu Freunden,
• eine Aufgabe zu Ende führen, etwas lernen,

- sich gesund fühlen,
- genug Schlaf bekommen,
- Essen gehen,
- seinen Verpflichtungen nachkommen,
- jemanden besuchen, mit ihm telefonieren oder ihm schreiben,
- Zeit mit der Familie verbringen,
- ein Zuhause haben, das einem gefällt.

All diese Punkte repräsentieren unsere sechs Grundbe-dürfnisse, die wir schon im Kapitel über Selbsterkenntnis kennen gelernt haben: Das Bedürfnis nach Sicherheit, nach Abwechslung, nach Anerkennung, nach Liebe und Nähe, nach Wachstum und nach sozialem Engagement. Wenn es uns gelingt, diese inneren Bedürfnisse in einem ausgewogenen Maß zu befriedigen, sind wir emotional stabil.

Wenn wir nun Lazarus' Anti-Stress-Faktoren diesen Grundbedürfnissen zuordnen, dann sieht das so aus:

Grundbedürfnis	Anti-Stress-Faktoren
Sicherheit	Ein schönes Zuhause, sich gesund fühlen, genug Schlaf bekommen
Abwechslung	Essen gehen, etwas unternehmen
Anerkennung	Eine Aufgabe zu Ende bringen, Verpflichtungen erfüllen, Erfolg im Beruf
Liebe und Nähe	Gute Partnerschaft, Zeit mit der Familie und Freunden verbringen
Wachstum	Etwas lernen
Soziales Engagement	Jemanden besuchen, schreiben, mit ihm telefonieren

Bleibt auch nur eines der Grundbedürfnisse dauerhaft unbefriedigt, wirkt diese Schieflage sich in den meisten Fällen auch auf die anderen aus. So sind beispielsweise viele Menschen auf der Suche nach Anerkennung und glauben sie zu bekommen, indem sie viel arbeiten und Karriere machen. Sie tun alles, um entsprechende Positionen zu erreichen. Oft aber ernten sie anstelle von allgemeiner Anerkennung gerade im eigenen Unternehmen nur Missgunst und Neid, weil mehr als nur Fleiß dazugehört, ein anerkanntes Teammitglied zu sein. Darüber hinaus vernachlässigen sie andere Bereiche Ihres Lebens, zum Beispiel die Familie oder das soziale Engagement. Und so fehlen ihnen gleich zwei Dinge: die Anerkennung und die Nähe zu anderen. Emotionale Stabilität ist so kaum mehr möglich – obwohl die erreichte Position durchaus einen Erfolg darstellt, werden häufig große Unsicherheit oder Ärger, oft auch erhebliche Frustration empfunden, ohne dass dies dem Betreffenden klar bewusst ist.

Negative Emotionen sind Handlungssignale

Sind die vordringlichen und eigentlichen Bedürfnisse nicht befriedigt, werden sich unangenehme Emotionen immer wieder vor alles andere schieben. Meistens wird dann versucht, diese Störfaktoren zu ignorieren oder zu verdrängen, oft werden sie mit Aktivität überlagert.

Menschen, die unangenehme Gefühle von sich fern halten wollen, gestehen sich häufig nicht ein, dass sie eigentlich unzufrieden sind mit Ihrer Situation. Sie fühlen sich schlecht, aber wollen es nach wie vor nicht wahrhaben. Und je mehr versucht wird, die verdrängten Gefühle zu unterdrücken, desto intensiver werden sie. Bis irgendwann die Galle überläuft und die Situation für die Umwelt meistens völlig unerwartet eskaliert.

Denn wer sein Gefühle und ihre Ursachen nicht offen wahrnimmt, ist Ihnen hilflos ausgeliefert und steht unvermittelt auftretenden Gefühlsausbrüchen machtlos gegenüber. Er verliert die Kontrolle, wird Sklave seiner Gefühle, wird blind vor Wut, platzt vor Wut oder glüht vor Hass: Unsere Sprache kennt eine Vielzahl von Formulierungen für den Druck, der sich entladen muss, wenn man seine Gefühle ständig ignoriert.

Beachten Sie die Warnsignale

Versuchen Sie deshalb nicht, negative Gefühle zu vermeiden! Emotionen, die negativ sind oder übermäßig schmerzhaft, stellen wichtige Warnsignale dar und können daher unsere besten Freunde sein. Denn gerade sie geben uns wertvolle Hinweise, dass wir etwas verändern müssen.

Wenn Sie Angst, Schmerz oder Sorgen empfinden, dann liegt darin eine Botschaft. Schieben Sie diese Hinweise nicht beiseite, sondern erforschen Sie ihre Ursache, und überlegen Sie dann, was sie dagegen unternehmen können.

Wenn Sie zum Beispiel Angst empfinden, dann hat das in der Regel einen guten Grund. Sie kann Ihnen einen wertvollen Hinweis darauf geben, dass etwas bevorsteht, auf das Sie sich vorbereiten müssen, das Ihre ganze Aufmerksamkeit erfordert. Wenn Sie diese Aufforderung ernst nehmen, ermöglicht Ihnen das die Möglichkeit, im Vorfeld mögliche Gefahrenquellen zu erkennen und auszuschalten.

Werden aber negative Emotionen immer wieder ignoriert, entstehen dadurch nur noch weitaus gravierendere Probleme. Gerade im Berufsleben, so denken viele, haben Emotionen und dazu noch negative, nichts zu suchen.

Dass die Vögel der Sorge und des Kummers über deinem Haupte fliegen, kannst du nicht ändern. Aber dass sie Nester in deinem Haar bauen. Chinesisches Sprichwort

Klaus, ein Seminarteilnehmer erzählte mir einmal, dass er seine Ideen für einen besseren Arbeitsablauf zuerst mit einem Kollegen besprechen wollte, damit dieser nicht den Eindruck bekäme, er würde sich auf diese Weise beim Chef einschmeicheln wollen. Der Kollege aber erteilte ihm eine harsche Abfuhr. Klaus schluckte die Kränkung herunter, war frustriert und versuchte nie wieder, neue Ideen vorzubringen. Auch das Betriebsklima war nun gestört und die Zusammenarbeit wurde schwierig. Das alles wurde ihm nun im Seminar bewusst, vorher hatte er immer nur gesagt, die »Chemie« zwischen ihm und seinem Kollegen stimme eben nicht. Klaus hatte sich aber nie gefragt, wie es eigentlich dazu gekommen war. Ihm war bis dahin nicht klar gewesen, dass er große Angst vor persönlicher Ablehnung hatte. Und weil er jede Kritik oder Zurückweisung als Ablehnung seiner Person interpretierte, hatte Klaus eine Taktik entwickelt, um dieses Gefühl der Ablehnung zu vermeiden. Auf meinen Rat hin überwand er seine Angst vor Zurückweisung und fragte den Kollegen bei der nächsten Konfrontation direkt, warum er so unwirsch auf seine Vorschläge reagierte. Dabei stellte sich heraus, dass dieser es einfach nicht mochte, wenn er mitten in einem Arbeitsprozess gestört wurde. Es war ihm nicht bewusst, dass er so zurückweisend auf den Kollegen gewirkt hatte. Und Klaus hatte vor lauter persönlicher Kränkung übersehen, dass er mit seinen Vorschlägen einfach in das Büro des Kollegen hereingeplatzt war.

Nachdem das Missverständnis geklärt war, vereinbarten sie für die Zukunft festgelegte Besprechungstermine, bei denen sie die Ideen zusammen ausarbeiteten. Die »Chemie« zwischen Ihnen stimmte wieder und die Zusammenarbeit verbesserte sich erheblich.

Jede Emotion enthält eine Nachricht

Versteht man Emotionen als Handlungssignale, können sie unserem persönlichen Wachstum dienen. Sie liefern uns hervorragende Informationen über uns selbst, für die Menschenführung in Betrieben als auch in unseren privaten Beziehungen.

Jede Emotion enthält wichtige Hinweise auf persönliche Erfahrungsmuster und Problembereiche. Sie sollten Gefühle daher nicht schlimmer machen, als sie sind, sie nicht vermeiden, nicht den Kopf verlieren oder sich selbst schlecht machen. Sondern:

> **»Alles, was die Seele durcheinander rüttelt, ist Glück.«**
> **Arthur Schnitzler**

1. Spüren Sie der Emotion nach, identifizieren und benennen Sie sie. Erkennen Sie das Handlungssignal, das sie Ihnen geben kann und will. (Denken Sie an das obige Beispiel mit der Angst.)
2. Überlegen Sie, wie Sie diese Information nutzen können, um Ihr Leben besser zu gestalten.
3. Finden Sie heraus, ob Sie dieses Gefühl in der Vergangenheit schon einmal hatten und bei welcher Gelegenheit bzw. welchen Gelegenheiten. Stellen Sie sicher, dass Sie diese Emotion ab sofort als Energie bringende Gelegenheit ansehen, um für die Zukunft die besseren Weichen zu stellen.
4. Treffen Sie sofort eine Entscheidung, starten Sie eine Aktion und ändern Sie konsequent Ihre Verhaltensweise.

Steuern Sie Ihre Emotionen

»Ein Optimist weigert sich nicht, die negativen Seiten einer Situation zur Kenntnis zu nehmen. Er weigert sich lediglich, sich diesen Seiten zu unterwerfen.«
Norman Vincent Peale

Unsere Emotionen können uns als wertvolle Hinweise dienen. Wir sollten uns dabei bewusst sein, dass sie nicht von außen an uns herangetragen werden, sondern dass sie in uns entstehen. Wir selbst erzeugen sie. Auslöser ist zwar in der Regel eine äußere Situation, aber wie wir diese Situation empfinden und interpretieren, entscheiden nur wir selbst. Wenn deshalb bestimmte Gefühle einen Handlungsbedarf signalisieren, müssen wir versuchen, deren Entstehung auf den Grund zu gehen und unsere Verhaltensweisen zu verändern. Und dazu müssen wir zunächst einmal unsere Sichtweise verändern.

Dazu ist es wichtig, sich zu vergegenwärtigen, dass Emotionen von drei Kräften maßgeblich beeinflusst werden:

1. Die Kraft der Überzeugungen: was ich von mir und über mich denke – also wer ich für mich bin; natürlich auch was ich über andere denke; welche gesellschaftlichen Regeln mir wichtig sind oder welche ich ungeprüft übernommen habe und nach denen ich handle; welche eige-

nen Werte und Regeln ich entwickelt habe, deren Einhaltung durch mich selbst und andere mir wichtig ist.

2. Die Kraft der Sprache: welche Worte und Floskeln ich gebrauche; welche Sätze ich innerlich zu mir selbst sage; welche immer wiederkehrenden Formulierungen ich benutze.

3. Die Kraft der Physiologie – also alles was mit unserem Körper zu tun hat: Atmung; Haltung; bestimmte Bewegungen und natürlich die Ernährung.

Wir nehmen eine Situation mittels unserer fünf Sinne wahr. Sehen, hören, schmecken, riechen und fühlen spiegeln diese Situation sozusagen in unserem Kopf wider, und wir interpretieren diese Eindrücke auf der Grundlage unserer bisherigen Erfahrungen, Glaubensmuster und Grundhaltungen. Die Interpretation unserer Wahrnehmungen entscheidet dann darüber, mit welchen Gefühlen wir reagieren.

Weil wir alle unterschiedlich ausgeprägte Interpretationsmuster in uns haben, können sogar genau gleiche Situationen verschiedenen Menschen völlig unterschiedlich bewertet und mit unterschiedlichen Gefühlen beantwortet werden. Jede Emotion, ob gut oder schlecht, ist eine individuelle Reaktion auf die jeweiligen Ereignisse – unsere Aufgabe dabei ist es, sie positiv für uns zu nutzen.

Um die Kraft der Emotionen für positive Veränderungen zu nutzen kommt es darauf an,

- negative Gefühle nicht abzuwehren, sondern sie gelassen als wertvolle Hinweise zu betrachten, deren Ursachen zu verändern.
- vorhandene positive Gefühle zu verstärken.

Es liegt an uns. Wir müssen dafür sorgen, dass die Emotionen, die in uns auftauchen, uns energetisieren anstatt niedermachen. Wir müssen lernen, Gefühle in einer Art und Weise zu deuten, dass sie unserem Leben Kraft geben – eine Kraft, die uns hilft, uns nach vorn zu bewegen.

Übernehmen Sie die Verantwortung für Ihre Gefühle

Es steht niemand hinter uns, der sagt, dass wir jetzt ärgerlich werden sollen oder traurig oder depressiv. Diese Emotionen entstehen durch die Gegebenheiten in uns selbst. Sie entstehen durch unser Denken, unsere Wertvorstellungen und Glaubensmuster, durch unsere Handlungsweisen und durch eine ganz bestimmte Physiologie. Und genau deshalb können wir Emotionen entwickeln, die uns förderlich sind und auch unsere Umwelt positiv beeinflussen.

Nutzen Sie Ihre positiven Emotionen als Verstärker

Gefühle begleiten nicht nur all unsere Gedanken, Handlungen und Interpretationen mit einer emotionalen Tönung, sie lösen auch bestimmte Verhaltensweisen aus. Je nachdem, wie wir gestimmt sind, lassen sie die Wirklichkeit in einem anderen Licht erscheinen und aktivieren die entsprechenden Reaktionsmuster. Aus diesem Grund lassen sich Emotionen genauso als Ansatzpunkt für positive Veränderung nutzen wie die Umprogrammierung hinderlicher Glaubensmuster.

Positive Emotionen wirken als Verstärker unserer Kräfte; sie bestimmten darüber, wie stark oder schwach unser innerer Antrieb ist. Begeisterung, Optimismus, Zufriedenheit, Selbstvertrauen und Liebe können wir als unsere persönlichen Naturkräfte einsetzen, um mit ihrer Hilfe über uns selbst hinauszuwachsen. Wird unser Tun von guten Gefühlen begleitet, bekommt es sofort ein anderes Gewicht – und wir reißen andere automatisch mit. Eine monotone Rede wird keinen Zuhörer vom Hocker reißen, ganz gleich, wie geschliffen und scharf ihre Rhetorik ist. Wird die gleiche Rede aber mit Begeisterung vorgetragen, weil der Redner ihre Inhalte mit Enthusiasmus füllt, vermag sie eine unbezwingbare Wirkung zu entfalten.

Diese Emotionen lassen sich zwar nicht auf Kommando herstellen – für jemanden, der gerade einen lieben Menschen verloren hat, ist es weder wünschenswert noch möglich, sich in den Zustand der Begeisterung zu versetzen. Ansonsten können wir das emotionale Potenzial aber durchaus bewusst als Energieverstärker einsetzen.

Die beste Rhetorik kann nicht überzeugen, wenn ihr die Leidenschaft fehlt.

● ●

Praktische Hilfen zum 8. Impuls

Glück stellt sich nicht automatisch ein. Auch dann nicht, wenn Sie das ganze Buch bis hierher aufmerksam gelesen und sogar die einzelnen Arbeitsschritte nachvollzogen haben.

Glück ist eine Frage der konstanten, bewussten Programmierung. So wie wir die alten Glaubensmuster in uns verankert hatten, die leider oft nicht funktionierten, genauso können wir uns jetzt mit den neuen Glaubenssätzen programmieren.

Es wäre falsch zu behaupten, dass dann alles Alte nie wieder auftaucht. Aber wenn wir es einmal durchschaut und bewusst verabschiedet haben, verliert es seine Macht über uns. Wann immer es wieder in unseren Gedanken oder unserem Handeln erscheint, könnten wir sagen »Hallo, nett dass du mal wieder vorbeischaust und mich daran erinnerst, wovon ich mich für immer trennen wollte. Du darfst auch gleich wieder gehen. Und tschüss!«

1. Verändern Sie Ihre Körperhaltung

Um uns von negativen Emotionen zu befreien, ist der erste Schritt, sobald sie auftauchen, sofort die Körperhaltung zu verändern. Alles, was wir jemals gefühlt und gedacht haben, ist mit unserem Körperbewusstsein verbunden. Und je öfter wir in die gleichen gedanklichen und emotionalen Muster verfallen, desto intensiver ist auch die körperliche Prägung.

Das beste Beispiel dafür ist die Depression. Wie ist die ent-

● ●

sprechende Körperhaltung? Eingefallen. Der Blick ist nach unten gerichtet, Kopf und Schultern hängen, der Bauch ist zusammengedrückt, die Atmung flach.

In dieser Haltung Glück zu empfinden, ist nahezu unmöglich.

Sobald Sie also den Anflug einer depressiven Verstimmung spüren, richten Sie sich auf. Stehen Sie so, wie Sie normalerweise stehen, wenn Sie Erfolg haben und sich gut fühlen. Wie sieht Ihre Körperhaltung dann aus? Vermutlich aufrecht, gerade, elastisch; die Schultern sind hinten, der Kopf ist gerade oder sogar etwas erhoben, die Augen blicken entspannt geradeaus, im Gesicht zeigt sich ein Grinsen. Und nun versuchen Sie, in dieser Haltung Depressionen zu empfinden. Auch das ist unmöglich!

Der Ausdruck von Emotionen wird durch Bewegung geschaffen. Je mehr die Bewegungen einer Person eingeschränkt sind, desto mehr sind auch die Gefühle erstarrt. Wenn wir unsere 80 Gesichtsmuskeln nicht bewegen, empfinden wir auch keine Emotionen – oder haben jedenfalls nur ein sehr reduziertes Erfahrungsspektrum.

Sich anzugewöhnen, sich mehr zu bewegen, seine Körperhaltung bewusster und effektiver einzusetzen, ist immens wichtig, um sich besser zu fühlen und mehr Freude zu empfinden.

Springen Sie öfter mal auf, hüpfen Sie, laufen Sie, gehen Sie spazieren, stellen Sie sich ans Fenster und atmen Sie einige Male tief durch.

2. Verlagern Sie den Fokus

Verlagern Sie sofort Ihren Fokus, wenn Sie merken, dass Sie doch wieder in eine destruktive Grundhaltung verfallen. Nehmen Sie beispielsweise den Hörer in die Hand und rufen Sie einen Freund an. Nicht, um ihm Ihr Leid zu klagen, sondern um zu hören, wie es ihm geht. Das bringt Sie sofort auf andere Gedanken und Sie unterbrechen Ihr altes Muster.

3. Singen Sie

Wenn Sie sich tagsüber bei der Arbeit geärgert haben und mit dem Auto nach Hause fahren, singen Sie laut. So laut wie möglich. Schneiden Sie Grimassen. Es ist gleichgültig, was der Fahrer im Auto nebenan denkt. Es geht nur darum, wie Sie aus Ihrem Muster herauskommen.

Alles Negative, das Sie über einen anderen denken, können Sie laut heraussingen.

Oder reden Sie rückwärts! Sie werden sich so darauf konzentrieren müssen, dass der Ärger sehr bald verfliegt.

Aber achten Sie darauf, dass Sie nicht die Kontrolle über Ihr Fahrzeug verlieren!

4. Hören Sie Musik, die Ihre Stimmung hebt

Hören Sie fetzige Musik. Eines Ihrer Lieblingslieder. Keine Lieder, die Sie an Ihren letzten Liebeskummer erinnern oder die Ihre momentanen negativen Gefühle noch verstärken. Wählen Sie etwas, das Feuer hat und Sie in Partylaune versetzt.

4. Stellen Sie anderen überraschende Fragen

Wenn Sie jemanden treffen, der in den Seilen hängt, dann versuchen Sie, sein Muster zu durchbrechen. Stellen Sie unerwartete Fragen, die mit seiner augenblicklichen Situation nichts zu tun haben.

Oder fragen Sie ihn: »Wenn du jetzt entscheiden könntest, was würdest du am liebsten fühlen?«

Wenn er dann sagt: »Freude«, dann fragen Sie ihn, in welcher Situation er Freude empfunden hat, was er da gemacht

••••••••••••••••••••••••••••••••••••

hat, was er gesehen, gerochen, wie er sich körperlich gefühlt hat. Sie werden sehen, in den meisten Fällen bringen Sie den anderen aus dem schlechten Zustand heraus und können ihn danach sogar dazu bewegen, neue Möglichkeiten zu erdenken, die ihn aus seiner derzeitigen Lage herausbringen.

••••••••••••••••••••••••••••••••••••

9. Initiative

Der Begriff Initiative geht zurück auf das lateinische Wort »initiare« und bedeutet »den Anfang machen«. Etwas Neues zu beginnen, eine Handlung zu initiieren ist oft nicht so einfach, wie es sich im ersten Moment anhört. Viele Menschen haben aus den unterschiedlichsten Gründen Schwierigkeiten, den ersten Schritt zu machen, den Anstoß für den Stein zu geben, der dadurch ins Rollen kommen soll.

Ideen in Taten umsetzen

Initiative ist der Impuls, der gleichermaßen Zukunftspläne ohne langes Zögern in Taten umsetzt und Hindernisse anpackt. Kein Plan nützt etwas, wenn die Energie zur Umsetzung fehlt. Initiative heißt, sofort eine Handlung einzuleiten, die den Weg zum Erfolg ebnet – und das in allen Bereichen, für sich selbst und für andere. Denn Initiative zu zeigen bedeutet, sich einzusetzen für die Veränderung unbefriedigender Zustände und gleichzeitig, die Verantwortung für die Konsequenzen zu übernehmen, die aus den Taten entstehen.

»Nicht auf Wissen kommt es im Leben an, sondern auf Taten.«
Thomas Henry Huxley

• •

DER SELBSTERKENNTNIS-CHECK:
Wie zeigen Sie persönlich Initiative?

Würden Sie am liebsten gegen alles Unrecht der Welt kämpfen? Oder engagieren Sie sich nur für Ihr trautes Glück? Reicht es Ihnen, wenn Sie allein mit der Welt zurechtkommen? Oder übernehmen Sie Verantwortung für andere Menschen mit – selbst wenn die es gar nicht wollen? Sagen Sie zu den folgenden Aussagen einfach Ja oder Nein.

• •

1. Ich bin interessanter, intelligenter und witziger als der Durchschnitt der Menschen. Ja ☐ Nein ☐

2. ... deshalb stehe ich öfter im Mittelpunkt als andere. Ja ☐ Nein ☐

3. Ich treffe oft Entscheidungen für andere. Ja ☐ Nein ☐

4. Es gibt ein paar Dinge, die mich aufregen. Dann schreite ich aktiv ein – zum Beispiel wenn der Ober im Lokal einen zu lange warten lässt. Ja ☐ Nein ☐

5. ... oder wenn er das Essen anders bringt, als es bestellt worden ist. Ja ☐ Nein ☐

6. ... oder wenn jemand den Straßenverkehr aufhält. Ja ☐ Nein ☐

7. ... oder wenn jemand sich vordrängelt. Ja ☐ Nein ☐

8. Ich glaube, die meisten Menschen sind zu ungeschickt, um für ihre eigenen Interessen zu sorgen. Ja ☐ Nein ☐

9. In Diskussionsrunden bin ich oft derjenige, der eine interessante Minderheitsmeinung vertritt. Ja ☐ Nein ☐

10. Ich passe mich nie aus Bequemlichkeit an die Mehrheitsmeinung an. Ja ☐ Nein ☐

11. Ich bin bei Diskussionen meist sogar noch aktiv engagiert, wenn die anderen bereits die Lust am Diskutieren verlieren. Ja ☐ Nein ☐

12. Meine Überzeugung ist, dass die Welt von Schlechtigkeit und Ungerechtigkeit geprägt ist. Ja ☐ Nein ☐

13. Oft muss man sich schon vorbeugend gegen
die Menschen wehren, die anderen Schlechtes
antun wollen.   Ja ☐ Nein ☐

14. Ich bin ein ruhiger Mensch, aber wenn
mich jemand richtig provoziert –
dann Gnade ihm Gott.   Ja ☐ Nein ☐

15. Die meisten Menschen können anderen
nicht in die Augen schauen. Ich kann es.
Wenn's sein muss, minutenlang.   Ja ☐ Nein ☐

Auswertung zum Check

Bitte zählen Sie alle Ja-Antworten zusammen.

Weniger als 5 Ja-Antworten: Sie leben nach der Devise »Was kümmert mich der Lauf der Welt, ich will nur meine Ruhe«. Sie sind nicht sonderlich fasziniert von dem, was andere Menschen so treiben. Weder das Gute, noch das Schlechte, das andere tun, erregt Ihre besondere Aufmerksamkeit. Allerhöchstens achten Sie darauf, von ihrem Tun nicht angesteckt zu werden. Das ist eine stressarme und für manche Situationen gesunde und kluge Lebenshaltung. Aber: Wenn es um Veränderungen geht, sind Sie mit dieser Haltung deutlich im Nachteil. Dafür bedarf es einer guten Portion mehr an Initiative und Engagement.

5 bis 10 Punkte: Sie haben fest vor, den »Lieben Gott einen guten Mann sein zu lassen« und sich nur um ihre eigenen Dinge zu kümmern. Aber das gelingt Ihnen meist nicht. Sie sind eben nicht so »cool« wie die meisten Menschen. Sie ergreifen – spätestens wenn gegen ethische Werte und Fairness verstoßen wird – dann immer doch die Partei der Schwächeren. Dabei haben Sie sich schon öfter Nachteile eingehandelt, weil die Welt eben nicht immer so fair ist, wie sie sein sollte. Der Vorteil allerdings ist, dass Sie dann manchmal auch positive Rückmeldungen für Ihre Initiative bekommen. Und das bestärkt wesentlich mehr als alle Widerstände schaden können.

Mehr als 10 Punkte: Sie sind sehr engagiert. Fehler und Ungerechtigkeiten wecken den Rebellen in Ihnen. Nicht nur für sich selbst treten Sie dann in den Ring – sondern auch für andere. Allerdings passiert es Ihnen immer wieder, dass Sie für die Rechte von Leuten kämpfen, denen das eher peinlich oder unlieb ist und die lieber alles verzeihen und vergessen wollten. Das heißt: Kämpfen und Aufbegehren ist Ihre Natur. Sie fühlen sich wohl, wenn Sie im Zentrum des Interesses stehen, und wenn Sie bestimmen können, was geschieht. Das artet aber manchmal leicht in blinden Aktionismus aus. Gewöhnen Sie sich daher an, kurz innezuhalten, bevor Sie dem Handlungsimpuls nachgeben. Nutzen Sie Ihre Tatkraft besser, indem Sie vorher herausfinden, wo sie tatsächlich erforderlich und auch erwünscht ist.

Warum in der zweiten Reihe sitzen bleiben?

Wichtig ist, das richtige Maß an Initiative zu finden, um sowohl Stagnation als auch blinden Aktionismus zu vermeiden.

Viele Menschen scheinen entweder nicht willens oder nicht in der Lage zu sein, Projekte von sich aus zu beginnen. Einige grübeln viel zu lange darüber nach, wie sie beginnen sollen, ob es überhaupt das Richtige ist und ob sie tatsächlich alle notwendigen Informationen haben. Die berühmte Angst vor dem ersten Schritt, dem leeren Blatt oder der irreversiblen Entscheidung ist der Grund, warum viele oft schon in den Vorbereitungen stecken bleiben. Wer aber Erfolg haben will, muss von sich aus Prozesse in Gang setzen und

Handlungen initiieren. Wer zuerst alle erforderlichen Informationen beschaffen und sämtliche Gefahren abschätzen will, überlässt das Feld einem Konkurrenten, der tatkräftiger ist als er. Natürlich ist die Informationsbeschaffung wichtig – blinder Aktionismus führt ins Chaos –, aber für Perfektionisten besteht die Gefahr, dass der Zeitpunkt des Handelns dadurch immer weiter nach hinten verschoben und wichtige Chancen verpasst werden.

Angst vor Veränderung

Initiative bewirkt Veränderung, regt neue Prozesse mit zum Teil gravierenden Folgen an – und das erzeugt oft Angst. Die Angst vor Veränderung ist trotz unserer angeblich so flexiblen Welt immer noch weit verbreitet. Was glauben Sie, wie viele Paare zum Beispiel in einer erstarrten Beziehung verharren, nur weil sie sich nicht dazu entschließen können, etwas Neues zu wagen oder endlich eine grundsätzliche Veränderung herbeizuführen. Es kann ja niemand garantieren, dass es nicht noch schlimmer kommt. Auch wenn man weiß, dass es so auf keinen Fall weitergehen kann.

Ertappen Sie sich öfter dabei, Formulierungen wie die folgenden zu verwenden:

- »Eigentlich müsste ich ...«
- »Ich sollte mal ...«
- »Schon lange wollte ich ...«
- »Man könnte vielleicht ...«?

Das deutet mit Sicherheit auf einen Mangel an Initiative und Entschlussfähigkeit hin. Sie haben das Ruder für Ihr Leben aus der Hand gegeben und anderen die Führung überlassen.

Schreiben Sie auf, was Sie alles könnten, müssten, sollten und treffen Sie eine Auswahl der wirklich wichtigen Dinge. Und dann fangen Sie sofort an, etwas dafür zu tun.

Betrachten Sie die Angelegenheit von links und von rechts, meinetwegen noch kurz von oben und unten, aber spätestens dann muss eine Aktion folgen. Sonst werden Sie die Dinge, die Ihnen am Herzen liegen, niemals angehen und sie unter Umständen verschieben bis zum Sankt-Nimmerleins-Tag.

Ergreifen Sie die Initiative

Wer viel macht, macht viele Fehler. Wer viel Initiative zeigt, kann auch mal Scheitern. Doch daran wachsen wir.

Eine weitere Ursache für mangelnde Initiative liegt häufig darin, dass manch einer sich nicht verbindlich für etwas entscheiden kann, weil er am liebsten keine Verantwortung dafür übernehmen will. Viele Unentschlossene warten darauf, dass jemand kommt, der ihnen sagt, was sie tun sollen. Die Fähigkeit, sich verantwortlich auf etwas einzulassen, ist eine Qualität, die in sämtlichen Lebensbereichen von Bedeutung ist, um die gesteckten Ziele zu erreichen. Wer nur auf die Initiative anderer hofft, wird immer die eigenen Wünsche zurückstecken müssen. Unzufriedenheit ist dadurch vorprogrammiert.

Auch im Arbeitsbereich ist Ihre Initiative gefragt. Vielleicht haben Sie gute Ideen, die Sie einbringen können. Haben Sie einen Verbesserungsvorschlag, eine Projektidee, einen kulturellen Beitrag für die Firma oder was immer es sein könnte, ergreifen Sie die Initiative, den Vorschlag zu formulieren, eventuell im Team zu besprechen oder der Geschäftsleitung vorzulegen. Nur durch Ihr Engagement kann Ihr Beitrag Wirklichkeit werden.

Selbst wenn Ihr Vorschlag nicht exakt in der von Ihnen erdachten Form umgesetzt wird, selbst wenn er gar nicht zu realisieren ist – Menschen, die Initiative zeigen, werden immer wieder gefragt, wenn es um wesentliche Beiträge oder Veränderungen geht. Wer sich in der zweiten Reihe versteckt, wird wahrscheinlich nie darüber hinauskommen, nur Anordnungen auszuführen. Ohne ein ausreichendes Maß an Initiative bleiben Sie in der Domestikenfalle gefangen. Fragen Sie einmal einen Menschen, der sich ständig darüber beklagt, dass er nur untergeordnete Aufgaben erledigen dürfe, ob er die Verantwortung für ein größeres Projekt übernehmen möchte. In vielen Fällen wird er erst einmal davor zurückschrecken.

Initiative schließt ein, zusätzliche Aufgaben zu übernehmen und von sich aus über den eigenen »Tellerrand«, also über den eigenen Aufgabenbereich hinauszusehen. Menschen mit Initiative sorgen dafür, dass Dinge vorwärts gehen. Sie sagen nicht: »Davon wusste ich nichts« oder »mir hat niemand gesagt, dass ich das tun soll.«

Wer nicht wagt ...

Vor ein paar Jahren erzählte mir Sabine, eine Freundin, dass sie sich über die Kindergartensituation an ihrem Wohnort ärgere. Sie arbeitete halbtags von 8 bis 13 Uhr vormittags und musste einen beträchtlichen Zeitverlust in Kauf nehmen, um ihre vierjährige Tochter in den Kindergarten zu fahren und abzuholen. Da sie keinen Platz in einer nahe gelegenen Betreuungsstätte bekommen hatte, musste sie morgens erst die sechs Kilometer zum Kindergarten und danach noch einmal acht zur Arbeit zurücklegen. Nachmittags war es noch schlimmer: Weil ihre Tochter im Kindergarten zu Mittag aß und danach an der gemeinsamen Mittagsruhe teilnahm, fuhr Sabine von der Arbeit erst sieben Kilometer nach Hause und musste dann aber wieder los, um die Kleine abzuholen: insgesamt noch einmal zwölf Kilometer durch die Stadt. Das machte zweieinhalb Stunden, die sie täglich nutzlos im Auto verbrachte: Zeit, die sie als berufstätige Mutter dringend gebrauchen konnte.

Viele Kolleginnen in Sabines Firma hatten unter einer ähnlichen Situation zu leiden, einige waren deswegen sogar ganz aus dem Berufsleben ausgeschieden.

Ich fragte sie, warum sie nicht mit den anderen Müttern eine betriebseigene Kinderbetreuung anregen könnte. Diese Idee hätte sie auch schon gehabt, meinte Sabine darauf, aber der Vorstand würde im Moment alle freiwilligen Sozialleistungen streichen, und außerdem gäbe es bestimmt keine Unterstützung für eine derartige Initiative. Zudem befürchtete sie einen Ansehensverlust, wenn sie mit solchen Forderungen Aufsehen erregte. »Wie kannst du wissen, was passieren wird, wenn du es nicht versuchst?«, fragte ich sie.

Als wir uns einige Zeit später wieder trafen, erzählte Sabine voller Begeisterung, dass meine Frage den Anstoß gegeben hätte. Sie hatte sich erst einmal mit zwei betroffenen Kolleginnen besprochen. Daraufhin hatten sie sich über die Möglichkeiten informiert und einen Plan ausgearbeitet, wie man eine gemeinsame Kinderbetreuung finanzieren könnte. Bisher gezahlte Kindergartenbeiträge sowie ein kleiner Betrag für jeden sollte den Anteil, der für die Firma blieb, reduzieren. Dieser Plan wurde der Geschäftsleitung vorgetragen und dabei auf die Steigerung der Leistungskraft der arbeitenden Mütter sowie die Verbesserung des Ansehens der Firma hingewiesen. Kurz und gut, immer mehr Mitstreiter wurden für die Idee gewonnen, und heute hat dieser Betrieb einen Kindergarten speziell für seine Angestellten, in dem mittlerweile auch viele Kinder von Vollzeit-Mitarbeitern betreut werden.

Dieses Beispiel zeigt, wie viel man erreichen kann, wenn man sich nicht mit der bestehenden Situation abfindet, sondern die Initiative ergreift, Verbesserungsvorschläge ausarbeitet und Mitstreiter für die Realisierung sucht. Manchmal stellt es sich dann als überraschend einfach heraus, positive Veränderungen durchzusetzen, wenn man erst einmal den Anstoß dazu gegeben hat.

Keine Angst vor Fehlern

Sehr oft wird die Initiative aber von der Angst gebremst, Fehler zu machen, Ablehnung zu erfahren. Und wurde der eine oder andere Vorschlag schon einmal abgelehnt, tritt oft Resignation ein. Nach dem Motto: »Ich werde ja sowieso nicht ernst genommen« oder »die da oben wissen ohnehin alles besser und hören gar nicht erst hin«. Das ist sicher manchmal der Fall. Meistens jedoch werden Vorschläge durchaus registriert und nach einer gewissen Zeit auch umgesetzt, es fällt einigen Vorgesetzten nur schwer, das offen zuzugestehen.

Lassen Sie sich daher von den Gefahren des Scheiterns nicht lähmen! Haben Sie den Mut, Risiken einzugehen, und eventuell auch mal zu versagen. Menschen mit Initiative scheuen sich nicht, Fehler zu machen, sie handeln einfach. In den meisten Fällen sind die Gedanken über das, was alles schief gehen könnte, wesentlich schlimmer als das, was tatsächlich passiert. Und wenn Sie erst einmal begonnen haben, lassen sich selbst große Fehler oft relativ schnell korrigieren, ohne dass Sie sich deswegen für einen Versager halten müssen – und ohne dass gleich das ganze Projekt scheitert.

Und wenn es wirklich überhaupt nicht läuft: Lernen Sie aus Fehlschlägen, fangen Sie sofort mit der Fehleranalyse an und beginnen Sie von neuem. Mit Sicherheit machen Sie diesen Fehler nie wieder …

> »Ohne einen Weg gegangen zu sein, werde ich nie erfahren, ob ihn zu gehen sich nicht doch gelohnt hätte.« Wolf-Jakob Schmidt

Haben Sie das Gefühl, dass Ihre Initiative ins Leere läuft?

Aus Fehlern zu lernen und Dinge zu verändern, die manchmal schon seit Ewigkeiten als Hindernis empfunden wurden, ist oft nur eine Frage zielgerichteter Initiative. Denn es kann durchaus sein, dass wir uns zwar in vielen Angelegenheiten engagieren, aber an den wesentlichen Knackpunkten unseres Lebens regelmäßig vorbeisehen.

Stellen Sie sich eine Frage. Diese Frage kann Ihr Leben auf entscheidende Weise erleichtern. Hier ist sie:

Stoßen Sie in Ihrer Arbeit – oder auch im Privatleben – häufiger auf die gleichen oder ähnliche Probleme? Ja oder Nein? (Das können zum Beispiel Terminprobleme sein, Motivationsprobleme, immer wieder ähnlich gelagerte Konflikte mit Ihrem Partner oder anderen Menschen.)

Die Antwort auf diese Frage ist ein Hinweis darauf, dass Ihre Initiative nicht dort ansetzt, wo eigentlich die Veränderung erreicht werden müsste. Der Grund dafür ist häufig, dass jene tief sitzende Angst vor Veränderungen alle Energie auf unwesentliche Kleinigkeiten lenkt.

Wenn Probleme in gleicher oder ähnlicher Weise wiederholt auftreten, ist der Ansatzpunkt falsch. Dann (und nur dann) müssen Sie versuchen, die Initiative an anderer Stelle zu ergreifen. Vermutlich werden Sie nicht sofort herausfinden, wo das sein könnte. In diesem Fall kann es durchaus ratsam sein, für kurze Zeit in der Betriebsamkeit innezuhalten, keine neuen Projekte anzufangen und sich eine kreative Pause zu gönnen. Werfen Sie aus der so entstehenden Distanz einen Blick auf all Ihre Aktivitäten, und überlegen Sie erneut, was Sie ändern müssen, um den Fallen zu entkommen, an denen Sie bisher erfolglos »herumgedoktert« haben.

Praktische Hilfen zum 9. Impuls

Es gibt sehr viele Wege, zu lernen, öfter die Initiative zu ergreifen. Wichtig ist vor allem, immer wieder darüber zu reflektieren, warum Sie nicht zur Tat schreiten. Denn wenn Sie erkannt haben, ob Ihre mangelnde Initiative eine Folge von übertriebenem Perfektionismus, Angst vor Verantwortung oder Fehlern ist, werden Sie sich in Zukunft schneller dabei ertappen, wie Sie um den heißen Brei herumschleichen oder andere die Kastanien aus dem Feuer holen lassen.

1. Schreiben Sie alles auf, was Sie erreichen möchten. Notieren Sie alle Bereiche, in denen Sie sich mehr engagieren wollen, und ordnen Sie diese Liste dann nach Prioritäten. Schreiben Sie als Nächstes für jeden Wunsch und jeden Bereich konkrete Aktionen auf, die Sie ausführen können, um Ihr Ziel zu erreichen.

Das bedeutet, dass Sie eine große Anzahl an Aktionen aufschreiben und in Erwägung ziehen müssen, auch wenn sicher nicht alle Aktionen nötig sind, um das gewünschte Ergebnis zu erzielen. Das Wichtige daran ist, dass Sie sich konkrete Handlungen vornehmen und sie tatsächlich ausführen – und zwar spätestens innerhalb von 72 Stunden nach der Entstehung des Vorsatzes. Alles, wozu Sie bis zu diesem Zeitpunkt nicht wenigstens den ersten Schritt unternommen haben, wird wahrscheinlich nur ein Wunsch bleiben. Verschieben Sie nichts auf morgen, sondern beginnen Sie jetzt!

2. Stellen Sie sich täglich die Frage: Was kann ich heute dazu beitragen, dass sich mein Leben und mein Umfeld verbessern? Was kann ich zum Beispiel dazu beitragen, dass das Unternehmen, in dem ich arbeite, stabil bleibt oder wächst?

Diese Frage geht über den eigenen Tellerrand hinaus und schließt auch Ihre Kollegen mit ein. Und allein die Tatsache, dass Sie bereit sind, sich für die Gemeinschaft einzusetzen, nach Verbesserungsmöglichkeiten suchen, ist schon ein Beitrag zur Verbesserung des Ganzen.

Nutzen Sie dafür alle Ihnen zur Verfügung stehenden Quellen. Sie könnten zum Beispiel den Geschäftsbericht Ihres Unternehmens lesen. Gehen Sie auf Ihren Chef zu, und lassen Sie sich von ihm Details erläutern, die für Ihren Bereich wichtig sind. Entwickeln Sie zusammen mit Ihren Kollegen Vorschläge, wie das Miteinander im Team verbessert werden kann. Regen Sie eventuell einen Qualitätszirkel zur Arbeitsverbesserung an. Und machen Sie nicht nur den Vorschlag, sondern stellen Sie sich auch zur Organisation solcher Ideen zur Verfügung.

3. Wenn Sie ein Teamleader oder eine Führungskraft sind, dann ergreifen Sie die Initiative und gehen Sie auf Kolle-

gen zu, um bereichsübergreifenden Austausch zu pflegen. Natürlich ist es wichtig, dass hierfür die »Chemie« stimmt. Aber genau das sind die Herausforderungen einer Führungsposition.

Initiative ist eine Frage der Grundhaltung gegenüber den Anforderungen des Alltags, die sich durchaus trainieren lässt. Je öfter Sie sich für Veränderungen einsetzen, desto leichter wird es Ihnen fallen, die inneren Hürden zu überwinden. Außerdem werden Sie feststellen, dass Sie in den meisten Fällen ein positives Feedback bekommen. Nutzen Sie es für weitere Aufgaben!

10. Konzentration

Konzentration ist die Fähigkeit, sich hundertprozentig auf eine Sache einzulassen. Konzentriertes Arbeiten bedeutet, ganz bei sich und bei der gestellten Aufgabe zu sein, möglichst wenig innere und äußere Störfaktoren zuzulassen. Denn der größte Teil unserer Aufmerksamkeit geht jeden Tag durch Ablenkungen und Tagträumereien verloren.

Konzentration ist der Impuls, der dazu dient,
• Klarheit in die Gedanken zu bringen,
• aufnahmebereit zu sein und
• seine Aufmerksamkeit auf genau die Dinge zu lenken, die wichtig sind.

Konzentration entsteht nicht nur im Kopf

Aber die Klarheit der Gedanken ist nicht, wie viele glauben, nur eine Leistung unseres Verstandes. Vielmehr müssen für die optimale Nutzung der geistigen Fähigkeiten »Kopf« und »Bauch« ausgewogen zusammenwirken. Wie schon in den vorhergehenden Impulsen müssen wir lernen, die Wechselwirkungen von Gedanken, Gefühlen und Verhalten für uns zu nutzen.

Konzentration kann nur im Gleichklang von Verstand und Gefühl entstehen und bewahrt werden.

• •

DER SELBSTERKENNTNIS-CHECK:
Können Sie von eins bis zehn zählen?

Dieser Test ist gleichzeitig eine Übung der Konzentrationsfähigkeit und kostet Sie nicht viel Zeit. Treffen Sie zum Beispiel in einer Pause eine Vereinbarung mit sich selbst. Sie lautet:

• •

»Ich werde eine Viertelstunde lang spazieren gehen und dabei meine Atemzüge zählen.«

Zählen Sie dann bei jedem Ausatmen eins weiter. Und damit es nicht mechanisch wird, fangen Sie nach 10 wieder bei 1 an. Bitte versuchen Sie, so weit zu kommen, dass Sie tatsächlich fünfmal hintereinander bis 10 gezählt und dann wieder bei 1 angefangen haben.

Auswertung zum Check

Diese Übung ist eigentlich eine Form der Vipassana-Meditation. Mit ihr kann die Konzentration gefördert und eine eventuelle Kopflastigkeit erkannt und abgebaut werden. Die Aufgabe klingt sehr einfach, die meisten Menschen aber scheitern daran. Sie »erwachen« manchmal erst aus einer Zählroutine, wenn sie sich selbst »167« oder eine noch höhere Zahl sagen hören. Oder sie vergessen schon bei »8« weiter zu zählen und verlieren sich stattdessen in ihren Gedanken.

Wie weit sind Sie gekommen? Je öfter Sie sich verzählt haben, je höher die Zahl war, bei der Sie gemerkt haben, dass Sie weit über die Zehn hinausgezählt haben, oder je früher Sie gedanklich auf Reisen gegangen sind, desto geringer ist Ihre Konzentrationsfähigkeit.

Zu dieser Meditation erklärt der Therapeut George Pennington:
»Viele Menschen beobachten an sich selbst, dass sie – ohne eine rechte Kontrolle darüber zu haben – mehr ›im Kopf‹ leben, als ihnen lieb ist. Das Gefühl, der Bauch, das Herz oder wie man es nennen mag, sind ›ausgeschaltet‹. Und wo diese Instanzen fehlen, macht sich eben der Kopf breit und versucht, sie – so gut er kann – zu ersetzen. Produktive Konzentration auf eine Sache gelingt aber erst im Zusammenspiel von Kopf und Gefühl, von Denken und Spüren.«

Kopf und Sinne müssen zusammenarbeiten

Folgendes Beispiel verdeutlicht die unterschiedlichen Wahrnehmungsinstrumente, die uns für verschiedene Aufgaben zur Verfügung stehen. Zum einen haben wir die Fähigkeit, ganz unmittelbare Erfahrungen zu machen: Wir trinken eine Tasse Tee, spüren den Geschmack, nehmen wahr, ob er heiß, warm oder lauwarm ist, und fühlen, wie die Flüssigkeit beim Schlucken die Kehle hinunterfließt. Das sind sinnliche Erfahrungen, die uns die Dinge in unserem Leben ganz unmittelbar begreifen lassen. Wenn eine Viertelstunde nach dem Genuss des Tees eine weitere sinnliche Erfahrung dazukommt, starkes Schwitzen etwa, dann ist der Kopf dran. Er ist zuständig für das Begreifen von Zusammenhängen. Und er wird sich fragen, ob der Schweißausbruch nicht etwa an den Lindenblüten im Tee liegen könnte.

Daran werden zwei Dinge deutlich: einmal, dass das Begreifen der Sinne und das Begreifen des Kopfes zwei ganz verschiedene Funktionen sind. Und zum anderen, dass das Begreifen des Kopfes auf der sinnlichen Erfahrung aufbaut. Die unmittelbare Erfahrung, die unverfälschte Wahrnehmung aus einem emotionalen Gleichgewicht heraus, ist die Voraussetzung dafür, dass der Kopf seine Arbeit sinnvoll erledigen kann.

Von den direkten Empfindungen abgekoppelte oder durch emotionale Probleme verzerrte Gedanken sind in ihrem Eigenleben schwer zu bändigen. Sie können uns völlig vereinnahmen: zum Beispiel mit Tagträumen.

Wer tatsächlich eine ganze Viertelstunde lang bewusst atmend und zählend erlebt, hat den Bezug zum unmittelbaren Erleben (noch) nicht verloren.

Wo der Kopf allein herrscht, fehlt die Aufmerksamkeit

Leben will erlebt werden. Hier und jetzt. Wenn wir das nicht können, dann nicht, weil wir zu viel im Kopf sind, sondern zu wenig im Bauch. Weil wir abgestumpft sind

»Wir erkennen die Wahrheit nicht nur durch die Vernunft, sondern auch durch das Herz.« Blaise Pascal

und nicht mehr auf die Alarmzeichen unseres Gefühls hören, störende Einflüsse einfach beiseite schieben. Und der Kopf füllt jedes sensorische Vakuum und jede emotionale Verdrängung mit irgendwelchen Gedanken aus.

Wir leben im Kopf und sind zugleich geistesabwesend. Der Geist ist abwesend. Dort, wo er wehen könnte, mahlen unaufhörlich die Mühlen des Gehirns – was, ist ganz egal. Es geht aber nicht darum, die Mühle abzuschalten, sondern darum, sie in den Dienst des Geistes zu stellen. Hat nicht einmal jemand gesagt, der Kopf sei ein schlechter Herr, aber ein guter Diener? Wir müssen daher alle lernen, unserem Kopf die Zügel anzulegen, damit er uns nicht beherrscht. Das beste Instrument zu diesem Zweck ist die Meditation.

Unter den verschiedenen Formen der Meditation findet sich mit Sicherheit für jeden Menschen eine, die ihm liegt, und die er mit Freude betreiben kann. Der christliche Rosenkranz ist genauso eine Schule der Geistes-Gegenwart wie etwa die Zen-Meditation, das Rezitieren von Mantras oder die Meditation des Energiekreislaufs.

Die Kunst der Konzentration

Alle Meditationen sind etwas monoton. Einerseits versetzen sie den Geist in einen »hypnotischen« Zustand, um ihn von seinen gewohnten Schienen abzubringen. Andererseits verankern sie das Bewusstsein in einfachen, aber regelmäßigen Verrichtungen, wie eine Gebetskette durch die Finger gleiten zu lassen, den Körper rhythmisch zu bewegen oder monotonen Gesängen oder Rezitationen nachzugehen. Atemzüge zählen ist auch nichts anderes als eine Schulung der Achtsamkeit. Probieren Sie es doch einfach mal aus. Die oft propagierte Idee, den Kopf »einfach mal« abzuschalten, funktioniert nämlich in der Regel nicht. Stattdessen können wir uns einfacher Methoden bedienen, die unseren Kopf effektiv von seiner Tagträumerei befreien und ihn zu dem machen, was er eigentlich sein sollte: Sitz des Bewusstseins und Diener des Geistes.

Der »Flow«

»Fließen« ist die wörtliche Übersetzung des englischen »Flow«, aber dieser Begriff lässt noch nicht erkennen, was sich dahinter verbirgt. Mit Flow ist ein Sichanvertrauen gemeint – so wie es der Wassertropfen macht, der sich dem Fluss anvertraut: Er geht in seiner Umwelt auf. So wie der Tropfen ein Teil des Ozeans ist, so soll der Mensch ein Teil seiner Umwelt – und besonders seiner Arbeitswelt, seiner Aufgaben und Pflichten – sein.

Flow bezeichnet einen Seelenzustand. Manchmal spricht man davon, dass jemand in seine Arbeit versunken ist. Damit ist gemeint: voll absorbiert von seiner Tätigkeit.

Wodurch ist man voll absorbiert? Dies hat einer der großen Betriebspsychologen unserer Zeit, Prof. Frederick Herzberg erforscht. In Befragungen, die inzwischen in vielen Teilen der Welt wiederholt worden sind, hat Herzberg Menschen gebeten, Situationen höchster Zufriedenheit bei der Arbeit aufzuschreiben. Immer kam dabei heraus, dass Menschen glücklich sind, mit dem was sie tun, wenn sie um der Sache selbst willen bemüht sind, und dabei nicht in erster Linie an Geld, Lob oder Anerkennung denken.

Was man mit einer leichten Anstrengung erreicht, verdirbt man mit einer großen Anstrengung.

Konzentration hängt also eng damit zusammen, welches Interesse einer Aufgabe entgegengebracht wird, aus welcher Motivationsquelle das Engagement gespeist wird. Deshalb können wir uns am besten konzentrieren, wenn wir wirklich wissen, was wir wollen und warum wir es wollen.

Die Frage nach dem Warum

Der erste Schritt ist daher, sich über seine eigenen Ziele klar zu werden:

- Wie soll mein Ergebnis aussehen?
- Was ist der optimale Zustand, den ich erreichen will?
- Wie stelle ich mir den zu erreichenden Zustand ganz konkret vor?

Nehmen wir an, ein Projekt soll durchgeführt, ein schwieriges Gespräch muss vorbereitet werden:

Beschreiben Sie den Zustand, den Sie als Ergebnis haben wollen. Und zwar so, als hätten Sie ihn schon erreicht, als wäre er jetzt in diesem Moment Realität.

Lassen Sie alle Konjunktive weg, schreiben Sie nicht, »*Wenn* ich in dieser Position *wäre*, *würde* ich Folgendes machen …« Schreiben Sie stattdessen: »Ich *bin* in dieser Position, und ich *mache* …«

Diese Formulierungen sollten Sie vewenden:
• Ich mache/wir machen/sie machen …
• Ich habe/wir haben/sie haben …
• Ich bin/wir sind/sie sind …

Und dann beschreiben Sie, warum Sie dieses Ergebnis wollen. Denn das ist die treibende Kraft, die uns hilft, konzentriert zu bleiben. Dieses »Warum« sind Ihre emotionalen Gründe. Alles, was Sie tun, soll einen Sinn haben, Sie und andere fördern und darüber hinaus auch noch Spaß machen.

Wenn Sie sich vor Augen geführt haben, was Sie erreichen möchten, können Sie Ihre Ziele überprüfen, indem Sie sich folgende Fragen stellen:

• Was habe ich gewonnen, wenn ich mein Ziel erreiche?
• Ist es wirklich das, was ich wollte?
• Ist es auch gut für andere?
• Passt es auch zu meinen übergeordneten Plänen?

Nichts ist schlimmer, als wenn wir etwas tun und uns dann hinterher fragen: Warum habe ich das Ganze eigentlich gemacht?

Konzentrieren Sie sich auf Dinge, die im Zentrum Ihres Interesses stehen, die ein Teil Ihrer Ziele und Wünsche sind. Stellen Sie sich die »Warum«-Frage bei allen Dingen, die Sie tun, und versuchen Sie nur diejenigen weiterzuverfolgen, die Ihnen die gewünschten Erfahrungen versprechen. Deshalb:

- Formulieren Sie schriftlich, welches Ergebnis Sie haben wollen.
- Formulieren Sie schriftlich, warum Sie dieses Ergebnis haben wollen.

Und danach schreiben Sie alle Aktivitäten auf, die das Erreichen dieses Ergebnisses möglich machen – so viel Ihnen einfällt. Das heißt nicht, dass zwingend alles umgesetzt werden muss. Manchmal reichen 30 oder 40 Prozent all dessen, was Sie aufgeschrieben haben, und Sie sind bereits am Ziel. Denn schon während Sie alles niederschreiben, bleibt Ihr Unterbewusstsein auf Ideen- bzw. Lösungsfindung ausgerichtet.

Die Energie für nachhaltige Konzentration kann nur aus dem Warum des Handelns entstehen.

Danach nehmen Sie Punkte aus Ihrer Aktivitätenliste und terminieren Sie diese – und zwar exakt auf den Tag und die Stunde. Notieren Sie, wann Sie was tun oder in die Wege leiten wollen. Dann müssen Sie sich nur noch an Ihren eigenen Plan halten.

Konzentriert arbeiten zu lernen ist genauso leicht (oder genauso schwer), wie sich das Rauchen abzugewöhnen, eine Diät einzuhalten oder Tempo Hundert auf der Landstraße nicht zu überschreiten. Die Einsicht, dass etwas gut und richtig sei, hilft allein noch gar nichts. Aber wenn Sie ihre Handlungsabläufe bewusst verändern, werden Sie sehen: Es geschehen wirklich Wunder.

Äußere und innere Störquellen

Gestalten Sie den Arbeitsplatz nach Ihren Bedürfnissen

Meistens sind die Ursachen für Konzentrationsstörungen in uns selbst zu suchen. Manchmal können sie aber auch durch den Arbeitsplatz bedingt sein oder verstärkt werden. Eine genaue Betrachtung des Arbeitsplatzes kann deshalb helfen, den wesentlichen Störquellen auf die Spur zu kommen. Gibt es zum Beispiel zu viel Ablenkung, zu viele störende – optische oder akustische – Reize oder umständliche Arbeitsabläufe (zum Beispiel: häufig benutzte Gegenstände liegen ganz unten hinten)?

Aber Vorsicht! Die Optimierung der Abläufe birgt in sich eine weitere Gefahr: Ordnung kann zum Selbstzweck werden. So mancher Schüler, Student und Berufstätige hat schon Stunden damit verbracht, die optimale Anordnung seiner Bücher und Arbeitsmaterialien zu finden – und damit kostbare Zeit aufgewendet, die natürlich von der eigentlichen Arbeitszeit abgeht. Ordnungs- und Organisationsfragen zu lösen, ist ein beliebtes »Spiel« abgelenkter, unkonzentrierter Menschen. Es bietet sich leicht an, denn schließlich hat es ja in der Regel auch etwas mit dem zu bearbeitenden Thema zu tun – immerhin nimmt man die durchzuarbeitenden Bücher in die Hand.

Den wahren Gründen für Ablenkungen, die unsere Konzentrationsfähigkeit erfährt, kann man aber nur in Ausnahmefällen dadurch begegnen, dass man den Arbeitsplatz neu ordnet und organisiert.

Versuchen Sie, Ablenkungen einzugrenzen

Hausaufgaben von Schülern (wie das Lösen schwieriger Rechenaufgaben), die Lektüre von Fachbüchern (in ihrer grafischen wie stilistischen Gestaltung oft von erstaunlicher Monotonie), ja sogar das Zeitunglesen – all das kann für geistig rege, fantasievolle Menschen fürchterlich langweilig sein. Es lohnt sich deshalb, angenehmere Lektüre aus dem unmittelbaren Gesichtskreis zu verbannen, weil es sonst schwer fällt, der Versuchung zu widerstehen. Aus demselben Grund sollten Schüler ihre Schularbeiten natürlich nicht vor laufendem Fernsehgerät machen.

Je größer nun der Kontrast zwischen dem ist, worauf man sich konzentrieren soll oder will, und dem, wovon sich unsere abgelenkte Aufmerksamkeit fesseln lässt, desto schwieriger wird es, gedanklich wirklich bei der eigentlichen Aufgabe zu bleiben.

Deshalb empfiehlt es sich, dafür zu sorgen, dass die Aufmerksamkeit, wenn sie abschweift – was sie natürlicherweise nach einer gewissen Zeit der Konzentration tut – sich wenigstens nicht in aller Ferne verliert. Viele Menschen hängen ein schönes Bild, Bilder von Menschen, die ihnen viel bedeuten, die Vorbilder sind, in ihr Blickfeld. Sie zünden zu Hause eine Kerze an, haben für auswärts einen Talisman bei sich oder ein Foto und sammeln ihre Aufmerksamkeit auf dieses eine Objekt. Nur so ist nämlich sichergestellt, dass sie nicht gegen folgendes Prinzip verstoßen:

Reize lenken umso stärker ab, je intensiver man sie erlebt.

Wer Kinder nicht mag, wird oft durch das kleinste Geräusch, das ein Kind beim Spielen macht, total aus seiner Gemütsruhe gebracht. Geschwister, die zerstritten sind, werden allein schon durch die Anwesenheit des anderen in solch eine Habt-acht-Stellung versetzt, dass sie sich wohl kaum mehr richtig konzentrieren können. Überzeugte Umweltschützer werden Verkehrslärm intensiver wahrnehmen als andere, weil sie bei jedem Motorengeräusch sofort an die Luftverschmutzung denken. Menschen, die sich das Rauchen abgewöhnt haben, fühlen sich durch Raucher oft gestört.

Was folgt aus dieser Aufzählung für das Konzentrationstraining? Jeder Mensch sollte diejenigen Störreize, auf die er geradezu fliegt, kennen (in der Regel kennt man sie nicht, weil man seine eigene Reaktion nicht als überstark, sondern als angemessen empfindet) und versuchen, solche Störquellen auszuschalten. Wenn Sie sich dabei ertappen, dass Ihre Gedanken abschweifen, kehren Sie nicht sofort zur Arbeit zurück, sondern überlegen Sie, wodurch Ihre Aufmerksamkeit abgelenkt wurde. Wenn Sie immer wieder auf die gleiche Ursache stoßen, müssen Sie dort als Erstes ansetzen.

Gestalten Sie Ihre Umgebung so, dass Sie nicht zu leicht abgelenkt werden.

Einfach Anfangen

Welches sind die fünf Tätigkeiten, durch die Sie sich am häufigsten davon abhalten lassen, überhaupt an die Arbeit zu gehen? Zeitung lesen, essen, aufräumen, jemanden anrufen oder etwas anderes?

Wenn Sie solche ständig wiederkehrenden Verhaltensweisen erkennen, haben Sie einen wesentlichen Schritt zur Behebung Ihrer Konzentrationsprobleme getan – vorausgesetzt, Sie vermeiden einen folgenschweren Fehler. Nämlich sich etwa zu sagen: »Statt mich an die Arbeit zu machen, gehe ich regelmäßig in die Küche, um etwas zu essen. Da ich mich auf diese Weise verzettele, muss ich mir diese Art zu essen abgewöhnen – und damit habe ich auch mein Konzentrationsproblem gelöst.« Das klingt logisch – aber in Wirklichkeit machen Sie aus einem Problem zwei. Denn statt zu üben, wie Sie ohne langes Hin und Her anfangen können zu arbeiten und so das eigentliche Problem zu lösen, bürden Sie sich als weiteres Problem auf, wie Sie Ihre Essgewohnheiten verändern können.

Es ist abzusehen, dass Ihnen beides nicht gelingen wird.

Das kann man sich durch eine einfache Überlegung verdeutlichen. Stellen Sie sich einmal vor, dass man zu jeder Arbeit, die man verrichtet, ein bestimmtes Maß an Energie braucht. Dass man weiter umso mehr Energie braucht, je größer die zu der Arbeit nötige Willensanstrengung ist. Und dass das Energiereservoir, das einem zur Verfügung steht, in einer bestimmten Zeiteinheit (also etwa an einem Nachmittag) nicht unbegrenzt ist. Daraus folgt, dass alle Energie, die man – wie in unserem Beispiel – zur Veränderung der Essgewohnheit einsetzt, für die geistige Arbeit nicht mehr zur Verfügung steht. Deshalb:

1. Gewöhnen Sie sich an, alles, was Sie tun, um ja nicht mit der Arbeit zu beginnen, mit Freude und ohne Gewissensbisse zu tun. Sicher ist es schlecht, wenn Sie dadurch Arbeitszeit verlieren, dass Sie sich in der Küche etwas

zu essen machen. Noch schlechter aber ist es, wenn Sie durch Selbstvorwürfe, Selbstbeschuldigungen usw. noch mehr Zeit und Motivation verlieren.

2. Wenn Sie sich schon nicht dazu durchringen können, sich an die Arbeit zu machen, dann konzentrieren Sie sich wenigstens auf die Dinge, die Sie stattdessen tun. Das mag paradox klingen, aber das ist es nicht. Immer wenn man etwas konzentriert tut, tut man auch etwas, um seine Konzentrationsfähigkeit zu verbessern. Wenn Sie hingegen nicht einmal bei den Tätigkeiten, die Sie spontan beginnen bei der Sache sind, wie können Sie das bei unangenehmen Tätigkeiten von sich verlangen?

3. Beginnen Sie jede Arbeit mit einer Entspannungsübung. Verlangen Sie nicht von sich, dass Sie sich von einem Augenblick auf den anderen in die Arbeit stürzen können. Nehmen Sie sich stattdessen Zeit (es genügen wenige Minuten), in denen Sie sich sammeln. In diesen Minuten werden Ihnen eine Menge Einfälle kommen, was Sie alles noch machen können (oder sollten), bevor Sie an die Arbeit gehen. Verdrängen Sie diese Einfälle nicht. Holen Sie sie vielmehr ans Licht. Schreiben Sie sie auf, und entscheiden Sie dann, ob Sie sie sofort (und dann ohne Gewissensbisse, sondern konzentriert) erledigen wollen, oder ob Sie das später tun sollten.

4. Wenn Sie schon nicht anfangen können, verlangen Sie wenigstens nicht von sich, dass Sie die Arbeit auch noch durchhalten müssen. Nehmen Sie sich stattdessen vor, nur eine ganz geringe Zeit zu arbeiten und dann all Ihren Gewohnheiten zu frönen. Im Extremfall: Nehmen Sie sich vor, an den Schreibtisch zu gehen und die Seite des Buches aufzuschlagen, die Sie lesen wollen. Machen Sie dann sofort eine Pause. Laufen Sie weg, wenn Sie ein übergroßes Unlustgefühl überkommt. Setzen Sie sich irgendwo hin, wo Sie Ruhe finden, sammeln Sie sich erneut, und nehmen Sie dann einen neuen Anlauf. Beschließen Sie zum Beispiel, die erste Seite zu lesen.

Wenn Sie Probleme mit dem Anfangen haben, senken Sie die Schwelle. Beginnen Sie mit leichten Aufgaben.

Nur diese Seite! Tun Sie es, und brechen Sie dann ab, auch wenn Sie noch weiterlesen könnten. Üben Sie dieses Anfangen, und steigern Sie dann vorsichtig die Zeitperioden, die Sie arbeitenderweise verbringen. Sie können sich zum Beispiel einen Küchenwecker stellen und sich vornehmen, vielleicht fünf Minuten durchzuhalten, um dann abzubrechen. Das ist auf jeden Fall vernünftiger, als im Extremfall stundenlang am Schreibtisch zu sitzen und gar nichts zu tun.

5. Wenn Sie schon Schwierigkeiten haben anzufangen, nehmen Sie sich nicht die unangenehmsten Dinge zuerst vor. Tasten Sie sich langsam heran. Lesen Sie, bevor Sie mit einem schweren neuen Kapitel in einem Buch beginnen, zuerst einige Seiten, die Sie schon verstanden haben.

6. Erwarten Sie nicht von sich, dass Sie immer sehr gute Leistungen erbringen. Gewöhnen Sie sich stattdessen eine gewisse Wurstigkeit den eigenen Aufgaben gegenüber an. Lesen Sie einfach drauflos, rechnen Sie drauflos, schreiben Sie drauflos, denken Sie drauflos. Machen Sie danach eine Pause, und versuchen Sie dann die eigene Arbeit zu bewerten. Sehen Sie, wo Fehler sind, wo man etwas besser machen könnte.

7. Versuchen Sie, bei allem, was Sie außerhalb der Arbeit tun, schnell anzufangen. Der Grund dafür wurde schon genannt: Man kann Konzentrationsfähigkeit üben, man kann auch das Anfangen üben und sollte deshalb jede Gelegenheit dazu nutzen.

8. Oft kommen die »Anfangsschwierigkeiten« daher, dass man nicht genau weiß, was man eigentlich tun will. Deshalb lohnt es sich, die Arbeit so genau zu planen, dass man weiß, worauf man sich einzustellen hat. Ein guter Trick ist, sich jeweils am Abend zurechtzulegen, was man am nächsten Tag in Angriff nehmen will.

9. Manchmal hilft es, wenn man einen Menschen bittet, sich einfach nur so lange im Zimmer aufzuhalten, bis man »den Dreh« gefunden hat. Man kann diesen Menschen auch bitten, einen zur Arbeit zu ermahnen. Das

ist allerdings ein Freundschaftsdienst, der nicht immer auf Begeisterung stößt.

Strategien, um angefangene Arbeit durchzuhalten

Wenn die ersten Hürden überwunden sind, Ihnen der Anfang immer leichter gelingt, gilt es als Nächstes, eine begonnene Arbeit immer besser durchzuhalten.

1. Überlegen Sie sich vor Beginn jeder Arbeit so genau wie möglich, was Sie tun wollen. Schreiben Sie sich das auf einen Zettel und hängen ihn so vor sich an die Wand, dass Ihr Blick leicht darauf fällt. Dies ist eine gute Gedächtnisstütze, denn man kann beim Arbeiten (genauso wie beim Geschichtenerzählen) leicht vom Hundertsten ins Tausendste kommen. Das lässt sich durch einen genauen Arbeitsplan vermeiden.

2. Versuchen Sie nicht, ablenkende Gedanken zu verdrängen. Sie werden es kaum schaffen. Machen Sie genau das Gegenteil. Folgen Sie jeder ablenkenden Idee. Schreiben Sie auf, was Sie denken. Sprechen Sie es auf Tonband. Überzeugen Sie sich selbst davon, ob der betreffende Gedanke wirklich interessanter oder wichtiger für Sie ist als das, was Sie eigentlich tun (wollen). Wenn Sie diese Übung einige Tage lang gemacht haben, werden Sie möglicherweise eine gewisse Regelmäßigkeit in Ihren ablenkenden Gedanken oder Tagträumen feststellen. Wenn Sie solche »Standard-Ablenkungsthemen« bei sich entdeckt haben, nehmen Sie sich einmal die Zeit, sie besonders intensiv und sorgfältig bis zu einem Ende weiterzuspinnen. Irgendwann fällt einem ja nichts Neues mehr ein. Wenn dann die entsprechenden Gedanken bei der Arbeit wieder auftauchen, können Sie sie sehr schnell zu Ende denken.

3. Versuchen Sie herauszufinden, ob das Auftauchen störender Einfälle dadurch eingeschränkt werden kann, dass Sie den Arbeitsplatz wechseln oder verändern.

4. Wechseln Sie, wenn nicht den Arbeitsplatz, so doch den

Arbeitsstil. Gehen Sie beim Lesen herum, lernen Sie laut, brüllen Sie die neu zu lernenden Vokabeln. Wechseln Sie die Arbeitskleidung (manchmal hilft es, wenn man beim Studieren statt Räuberzivil Kleidung trägt, in der man sich selbst chic findet).

5. Machen Sie regelmäßig Pausen. Vielleicht denken Sie, Pausen zu machen sei das Einzige, was Sie gut können. Das muss nicht unbedingt richtig sein. Viele Menschen arbeiten nämlich so lange ohne Pause, bis sie wirklich nicht mehr können. Das ist unvernünftig. Sie sind dadurch übermäßig erschöpft und brauchen eine lange Erholungszeit. In einer solchen längeren Periode ist es aber eher möglich, dass man sich einer völlig sachfremden Tätigkeit zuwendet und an ihr »hängen bleibt«, als wenn man etwa alle halbe Stunde bewusst für fünf Minuten eine »schöpferische Pause« einlegt. Zudem entwickelt man leicht Aversionen gegen eine Tätigkeit, bei der man sich zu konzentriertem Vorgehen zwingen muss.

> **Machen Sie regelmäßig Pausen. Wer sich überfordert, entwickelt Aversionen, die beständige Konzentration verhindern.**

6. Es gibt eine Reihe von Möglichkeiten, Konzentration spielerisch zu üben: Geduldsspiele, Kartenspiele und alle Kampf- oder Gedächtnisspiele wie Schach, Halma, Mühle oder Memory sind dafür geeignet. Auch die meisten Sportarten erfordern Konzentration und Durchhaltevermögen. Eine hervorragende Aufmerksamkeitsschulung gerade für jüngere Schulkinder sind Konstruktionsbaukästen, Puzzlespiele oder Modellbau. Sie erfordern Konzentration, bieten aber zugleich die Möglichkeit, selbst mitzugestalten. Dies unterscheidet sie so wohltuend von der Freizeitbeschäftigung Nummer eins, dem Fernsehen.

Was will ich erreichen – und warum?

Konzentrationsfähigkeit steht in einem engen Zusammenhang mit Motivation. Wenn ich ein Seminar vorbereite, überlege ich als Erstes, was ich darin erreichen will, und wie die Teilnehmer nach Hause gehen sollen. Das kann wie folgt aussehen:

Die Teilnehmer sind offen und aufnahmebereit. Wir haben eine konstruktive Interaktion miteinander. Die geplanten Übungen werden mit viel Spaß und Begeisterung umgesetzt. Es entwickelt sich innerhalb der gesamten Gruppe ein dynamischer Teamgeist, der alle Teilnehmer anregt und mitreißt. Sie gehen gestärkt nach Hause und haben alle Werkzeuge erhalten, die sie für eine gute Kommunikation brauchen.

Dann frage ich mich, warum ich dieses Ergebnis erreichen will.

Ich möchte, dass mein Seminar so verläuft,

- damit die Teilnehmer nach diesem Seminar ihre Aufgaben besser und leichter erfüllen können, mehr Mut und mehr Gelassenheit besitzen sowie neue Tatkraft;
- weil es mir Spaß macht und ich mit ihnen zusammen etliche neue Erfahrung mache, weil ich wachse, wenn auch sie wachsen;
- weil jede neue Gruppe eine spannende Herausforderung für mich ist und
- weil ich mein Bestes geben will und die Zufriedenheit der Teilnehmer für mich Erfolg bedeutet.

Erst wenn ich diese beiden Bereiche – das Ergebnis und das Warum – formuliert habe, beginne ich damit, die einzelnen Aktivitäten zu erarbeiten. Denn jetzt kann ich mich auf die Dinge konzentrieren, die geeignet sind, das Ergebnis zu erzielen, und schweife nicht in Themen ab, die zwar interessant, aber für die Teilnehmer im Augenblick nicht von Bedeutung sind.

Außerdem kann ich meine Motivationsgründe auch nach positiven Erfahrungen abfragen. Alles, was ich mir an positiven Auswirkungen meines Ziels vor Augen führe, stärkt meine Motivation. Wenn ich sämtliche Fragen nach den geplanten Verbesserungen mit Ja beantworten kann, bin ich auf dem richtigen Weg.

Bei obigem Beispiel würde das heißen:

Wenn Sie nicht wissen, warum Sie etwas wollen, wie wollen Sie entscheiden, worauf Sie sich konzentrieren müssen?

- Es ist gut für mich, weil es die Qualität meiner Arbeit bestätigt.
- Es macht Spaß, mit den Teilnehmern zu arbeiten.
- Es ist gut für sie, denn sie können viel für ihr Leben mitnehmen.
- Es ist gut für mich, weil ich sehr viel dabei gelernt habe.
- Es dient einem höheren Zweck, denn wenn wir das Gelernte im Alltag umsetzen, fördert es das Zusammenleben und -arbeiten zwischen uns und den Menschen in unserer Umgebung.

Diese Vorbereitung vor den eigentlichen Aktivitäten mache ich vor wichtigen Gesprächen, vor Coachingterminen, vor Seminaren, vor Vorträgen, Meetings und Tagungen. Sogar die Moderation von Tagungen führe ich in dieser Form durch.

Durch diese Methode

- konzentriert man sich leichter auf das Wesentliche,
- verkürzt sich die Dauer von Tagungen,
- kommt man schneller zu Ergebnissen,
- steigt die Motivation der Teilnehmer, Gelerntes umzusetzen, da sie emotional durch das »Warum will ich das« eingebunden sind.

• •

Praktische Hilfen zum 10. Impuls

Weitere Möglichkeiten, die Konzentration zu trainieren, sind folgende Übungen:

1. Wasserglas

Füllen sie ein Glas mit Wasser bis zum Rand. Nehmen Sie das Glas in die rechte Hand und strecken Sie den Arm gerade nach

• •

vorne aus. Halten Sie nun den Arm eine Minute ruhig, ohne einen Tropfen zu verschütten. Danach wechseln Sie in die linke Hand. Steigern Sie täglich um eine Minute, bis es Ihnen gelingt, das Glas fünf Minuten lang ausgestreckt zu halten.

2. Das innere Auge

Betrachten Sie ein Bild eines Menschen, den Sie gut kennen oder eine Landschaft eine Minute lang. Dann schließen Sie die Augen. Versuchen Sie nun, das Bild vollkommen klar vor Ihrem inneren Auge zu reproduzieren – die Konturen, alle Inhalte, Farben etc.

Trainieren Sie Ihre Konzentration regelmäßig. Mit Ausdauer und Entschlossenheit sind Sie schon fast am Ziel.

Beobachten Sie, ob das Bild eher schwächer wird, während Sie es im Geiste wiedererstehen lassen, oder ob es Ihnen gelingt, die Feinheiten immer mehr herauszuarbeiten, bis es irgendwann total klar ist, als würden Sie es mit offenen Augen betrachten.

Dann probieren Sie diese Übung mit Bildern und Inhalten, die Ihnen nicht vertraut sind. Wichtig dabei ist, dass Sie das Bild immer nur ganz kurz, also maximal eine Minute ansehen, bevor Sie die Augen schließen.

Diese Übung hilft, die Imagination sowie die geistigen Fähigkeiten zu stärken.

3. Zwerchfellatmung zur Gedankenkontrolle

Die bisherigen Überlegungen dienten dazu, das Problem des Konzentrationsmangels bei geistiger Arbeit zu beheben. Doch die Auswirkungen dieses Konzentrationstrainings bleiben natürlich nicht auf die Arbeit beschränkt. Gelingt es, was immer man tut, konzentriert zu tun, so wird sich dies unweigerlich positiv auf das gesamte Leben auswirken – und das nicht nur, weil man seine Aufgaben in kürzerer Zeit schafft.

Jede konzentriert ausgeführte Tätigkeit ist an sich befriedigend.

Aus diesem Grund soll hier eine Methode angeführt werden, wie man seine Gedanken besser unter Kontrolle halten und das Kreisen der Gedanken, das ziel- und oft auch sinnlose Assoziieren abstellen kann.

Bei dieser Übung hilft es, wenn Sie sich bewusst machen, dass auch das menschliche Gehirn ein Organ des Körpers ist, ebenso wie Magen, Leber oder Milz. Und es hilft, wenn man sich eingesteht, dass die natürliche Funktion dieses Körperorgans genauso wie die natürliche Funktion des Magens im übertragenen Sinn das Verdauen ist. So kann man ein wenig den Respekt vor den eigenen Gedanken abbauen. Denn: Nicht jeder Gedanke ist es wirklich wert, gedacht zu werden.

Konzentrieren Sie sich auf den fließenden Atem – atmen Sie im Fluss der Konzentration.

Während Sie die nun Zwerchfellatmung einüben, atmen Sie bitte nur durch die Nase ein und aus.

Es gilt die Faustregel, dass man immer dann das Zwerchfell richtig für die Atmung einsetzt, wenn sich die Schultern beim Einatmen nicht heben. Es ist dazu hilfreich, diese Atemtechnik im Sitzen einzuüben, wobei Sie die Unterarme auf die Oberschenkel stützen. Ob Sie es beherrschen, können Sie dann leicht überprüfen, indem Sie sich vor einen Spiegel stellen und beim Einatmen beobachten, ob sich die Schultern heben. (Im Stehen können Sie sich die Zwerchfellatmung dadurch angewöhnen, dass Sie die Schultern und Schulterblätter nach hinten pressen.)

Gewöhnen Sie sich außerdem einen ruhigen Atem an. Nur wer ruhig atmet und körperlich entspannt ist, kann sich konzentrieren.

Versuchen Sie nun, die Ein- und Ausatmung zu verlängern. Gewöhnlich macht man in einer Minute 15 Atemzüge – fürs Ein- und Ausatmen braucht man also je zwei Sekunden. Versuchen Sie diesen Zeitabschnitt auf je fünf Sekunden auszudehnen.

Setzen Sie sich dazu gerade, aber nicht verkrampft hin. Sie müssen sehr fest sitzen, sodass der Körper keine überflüssigen Bewegungen macht. Atmen Sie wieder in der Zwerchfellatmung, also ohne die Schultern zu heben.

Atmen Sie ruhig und langsam, und sehen Sie dabei eine Minute lang auf die Uhr, sodass Sie ungefähr abschätzen können, wie viele Sekunden Sie für jeden Atemzug brauchen. Üben Sie nicht länger als fünf Minuten; atmen Sie langsamer, nicht tiefer als gewöhnlich. Der Sinn dieser Übung liegt darin, dass Sie ein Gefühl für Rhythmus und Regelmäßigkeit beim Atmen bekommen.

Versuchen Sie, den Atem nicht mehr anzuhalten (auch nicht für Bruchteile einer Sekunde), sondern das Einatmen ohne Pause ins Ausatmen übergehen zu lassen. Diese Technik des »ununterbrochenen Atems«, verbunden mit einer Verlangsamung der Ein- und Ausatmung, hat eine deutlich die Konzentration steigernde Wirkung. Wird der Atemprozess sehr stark verlangsamt, kann man feststellen, dass es unmöglich ist, verschiedenen Gedanken gleichzeitig nachzuhängen. Zwangsläufig hat nur ein Gedanke, eine Vorstellung, ein Gefühl in uns Platz.

Der ununterbrochene Atem wird in Indien als eines der wirksamsten Hilfsmittel zur Stärkung der Konzentrationsfähigkeit betrachtet. Die Zeit allerdings, bis man diese Atemtechnik beherrscht, sollte man nicht in Wochen, sondern in Monaten bemessen.

11. Entscheidungskraft

Die Stärke unserer Entscheidungskraft steht im engen Zusammenhang mit Mut, Initiative und Willenskraft. Durch Mut und Initiative werden Veränderungen in Gang gesetzt; sie bewirken den Anstoß einer Aktivität, die dann mit Willenskraft durchgehalten wird. Entscheidungskraft hingegen brauchen wir, um eine Auswahl zwischen mehreren Alternativen zu treffen. Entscheidungen können die Auseinandersetzung um gegensätzliche Positionen beenden und dadurch den Weg für die weitere Entwicklung frei machen.

Es gibt keinen Weg ohne Weggabelungen

Ein Wanderer, der es mutig gewagt hat, sich auf den Weg zu machen, und der nun, angetrieben von der Energie seiner Initiative und Willenskraft, in Richtung des gewählten Zielortes marschiert, wird häufig vor einer Weggabelung oder Kreuzung stehen und entscheiden müssen, welcher Weg ihn am besten zum Ziel führt. Die Wahlmöglichkeiten können ganz unterschiedlich aussehen: von großen Kreuzungen, an denen die Wege in entgegengesetzte Richtungen führen bis zu kleineren Gabelungen, deren Pfade fast parallel laufen oder zu unscheinbaren Abzweigungen. Der Wanderer kann an jedem Punkt stehen bleiben und seine Karte befragen, den Kompass herausholen und komplizierte Berechnungen anstellen, welcher Weg der richtige ist. Er könnte sich an der Weggabelung hinsetzen, eine Pause machen, grübeln und hadern, um dann nach Stunden durch Münzwurf zu entscheiden, welchen Weg er letztlich nimmt. Genauso könnte er sich aber schon an der ersten Kreuzung entscheiden, umzukehren und nach Hause zurückzugehen.

Diese drei Möglichkeiten führen den Wanderer aber entweder gar nicht oder erst nach langer Zeit an sein Ziel.

Um einen Weg von A nach B zurückzulegen, bedarf es meistens einer Unzahl von kleineren und größeren Entscheidungen. Viele von ihnen treffen wir ganz unwillkürlich. Bewusst werden uns die meisten Entscheidungen nämlich erst dann, wenn sie für uns zum Problem werden.

Wer vor Entscheidungen zögert wie der Wanderer und entweder zu lange überlegt und vorgibt, weitere Informationen sammeln zu müssen, oder wer sich erst einmal hinsetzt und gar nichts tut, wird seinem Ziel keinen Schritt näher kommen.

Die Entscheidungen, die wir treffen, sind das Leben, das wir leben!

● ●

DER SELBSTERKENNTNIS-CHECK:
Sind Sie ein Aufschieber?

Gehören Sie zu den oben beschriebenen Zögerern und Aufschiebern? Dann sind Sie nicht allein. Viele Menschen leben nach der Devise »Erst wäg's, dann wag's«. Einige wägen so lange, dass sie sich zum Wagen überhaupt nicht mehr durchringen. Manche sind aber auch ganz schnelle Entscheider, die nicht lange nachdenken, welchen Weg sie einschlagen wollen. Finden Sie heraus, zu welchem Typus Sie gehören!

Bitte kreuzen Sie zu allen folgenden Fragen Ja oder Nein an.

Meist gibt es mehr als eine Sache, an die ich
zur selben Zeit denken muss.   Ja ☐ Nein ☐

Ich kann nur schwer Nein sagen.   Ja ☐ Nein ☐

Alles, was ich mache, muss perfekt sein.   Ja ☐ Nein ☐

Wenn ich Verpflichtungen habe, muss meine
Familie darauf absolute Rücksicht nehmen.   Ja ☐ Nein ☐

Ich bin oft überarbeitet, und ich bin
stolz darauf.   Ja ☐ Nein ☐

● ●

Oft bleiben wichtige Dinge bei mir liegen. Ja ☐ Nein ☐

Im Job komme ich meist früher und gehe später
als die Kollegen. Ja ☐ Nein ☐

Ich kann mir nur schwer helfen lassen, am
liebsten mache ich alles allein. Ja ☐ Nein ☐

Bei meiner Arbeit lasse ich mich viel zu oft
unterbrechen. Ja ☐ Nein ☐

In Gesprächen und Diskussionen schweife ich
öfter mal vom Thema ab. Ja ☐ Nein ☐

Am liebsten wäre ich Cäsar, weil der mehrere
Dinge gleichzeitig tun konnte. Ja ☐ Nein ☐

Ich habe Schwierigkeiten, Termine zu halten. Ja ☐ Nein ☐

Bei allem, was ich tue, kann ich mich nie
mit durchschnittlichen Leistungen
zufrieden geben. Ja ☐ Nein ☐

Ich kann sehr viel mehr, als ich zeige. Ja ☐ Nein ☐

Vor lauter Kleinkram komme ich oft nicht
zu den wichtigen Dingen. Ja ☐ Nein ☐

In meinem Leben treten häufiger als bei
anderen unvorhergesehene Krisen auf. Ja ☐ Nein ☐

Auswertung zum Check

Bitte geben Sie sich für jedes Ja einen Punkt.

Weniger als 8 Punkte: Sie haben wirklich den Blick fürs
Wesentliche. Sie können klar entscheiden zwischen »jetzt«
oder »später«. Sie setzen Prioritäten und erledigen die wich-

tigen Dinge sofort. Was dann liegen bleibt, kann warten – und es gibt auch keine Katastrophen, weil Sie im Blick haben, wann etwas erledigt werden muss. Mit dieser Einstellung zu Ihren Pflichten bringen Sie es weit, denn Sie vermeiden damit Pleiten, Pech und Pannen, die anderen Menschen – ansonsten vielleicht hochbegabt –, die sich nur nicht selbst organisieren können, das Leben so schwer machen.

8 bis 12 Punkte: Sie müssten klarer entscheiden, was Sie jetzt und was Sie später machen wollen. Sie sind ein sehr stark beanspruchter Mensch. Ihr Leben ist ausgefüllt mit Ehrgeiz und vielen verschiedenen Aktivitäten. Aber leider müssen Sie oft die Erfahrung machen: Andere Menschen, die weniger tun und weniger gewissenhaft sind als Sie, haben mehr Erfolg und bekommen mehr Anerkennung als Sie. Woran das liegt? Sie konzentrieren sich auf zu viele Dinge. Und deshalb lassen Sie wichtige Dinge liegen. Was man hinausschiebt, bleibt liegen und wird unter Umständen überhaupt nicht erledigt. Und bei Ihnen sind oft wichtige Dinge unter denen, die zu lange unerledigt bleiben.

Mehr als 12 Punkte: Sie haben einen großen Hang zur Perfektion. Sie verlangen von sich selbst grundsätzlich Meisterleistungen. Das führt dazu, dass Sie nicht richtig zwischen »jetzt« und »später« entscheiden. Stattdessen sagen Sie sich: jetzt und später. Sie »versinken« manchmal total in Ihren Aufgaben, arbeiten zu viel – denken zumindest ständig an Ihre Pflichten –, und das führt zu einer großen Überlastung. Die Folge: Es gibt immer wieder Momente, in denen die Last Ihrer Aufgaben zu schwer wird. Was da helfen kann, klingt einfach, ist aber nicht unbedingt leicht hinzubekommen: Weniger tun und klar auswählen, was Sie erledigen und was Sie delegieren.

Wer ist der bessere Ratgeber – Kopf oder Bauch?

Verzögerte
Entscheidungen sind
Diebe der Zeit.

Je mehr der Fragen im Selbst-Check Sie mit »Ja« beant-wortet haben, desto eher gehören Sie zu den Menschen, die Entscheidungen treffen können, wenn Sie darüber ganz in Ruhe nachdenken können. Wenn es darum geht, Infor-mationen zu sammeln, zu überlegen, zu überprüfen und nach logischen Gesichtspunkten zu entscheiden, fühlen Sie sich wohl. Aber diese Ruhe und Zeit für gründliche Abwä-gungen haben wir nicht immer – und bei manchen Ent-scheidungen führt zu langes Überlegen sogar eher zu fal-schen Ergebnissen. In vielen Situationen müssen wir spontan und schnell reagieren.

Unsere Vorfahren hatten noch weniger Zeit für ihre Reaktionen als wir. Wenn ein Höhlenmensch einen Schat-ten aus dem Augenwinkel erblickte, musste er innerhalb von Tausendstelsekunden entscheiden: Gibt es Beute? Oder bin ich die Beute?

Stärken Sie Ihre
intuitiven Kräfte, treffen
Sie Entscheidungen
spontan!

Es gibt viele Entscheidungen, die auf der Grundlage ungenauer Informationen getroffen werden müssen. Wenn der Höhlenmensch zu lange darüber nachdachte, ob er nun Beute findet oder selbst bedroht ist, setzte er sein Leben aufs Spiel. Zwar haben unsere Entscheidungen heute nicht mehr unbedingt solche existenziellen Konsequenzen, trotz-dem ist es oft nach wie vor ein strategischer Vorteil, in bestimmten Situationen schnelle Entscheidungen treffen zu können. Manchmal ist es sogar intelligenter, schnell eine eventuell falsche Entscheidung zu treffen, als lange über die richtige nachzugrübeln.

Um intuitiv schnelle Entscheidungen treffen zu können, prüfen wir ständig und unbewusst,

- ob der Ort, an dem wir uns aufhalten, bedrohlich ist oder nicht;
- ob die Menschen um uns herum freundlich oder bedroh-lich sind und
- welchen Eindruck ein Menschen auf den ersten Blick auf uns macht.

Auf diese Weise können wir reagieren, ohne alle Fakten erforscht oder alle Konsequenzen bedacht zu haben. Denn auch für uns heute gilt: »Schnell« ist oft effektiver als »hundertprozentig richtig«.

Überlegen Sie also, ob Sie Ihre Entscheidungskraft verbessern können, indem Sie sich von dem Anspruch verabschieden, jede Entscheidung müsse reiflich überlegt und dann auch ohne Zweifel richtig getroffen werden. Auch hier gilt: Zu langes Grübeln und Nachdenken kann unsere Aktivität lähmen. Treffen Sie einfach einmal die nächste Entscheidung aus dem Bauch heraus, und überprüfen Sie erst hinterher, ob sie vom Kopf aus beurteilt richtig war.

Wenn das Gleichgewicht von rationaler Abwägung und intuitiver Reaktion stimmt, fühlen wir uns sicher in unseren Entscheidungen, auch wenn uns manchmal noch ein paar Informationen fehlen.

Warum schieben wir Dinge auf?

Woran liegt es aber, dass einige von uns sich so schwer zu Entscheidungen durchringen können? Dass sie sich nicht nur mit solchen schwertun, die das ganze Leben verändern können, sondern auch die ganz alltäglichen kleinen Entscheidungen regelmäßig aufschieben?

Der Perfektionist und der Sorglose

Vordergründig scheint das Aufschieben von Entscheidungen ein Zeichen für schlechtes Zeitmanagement zu sein. Dem werden wahrscheinlich auch die Aufschieber beipflichten, nur um an sich selbst zu erleben, dass selbst die besten Tipps in dieser Beziehung bei ihnen nicht fruchten. Was ist also die eigentliche Ursache für ständiges Aufschieben?

Dem zugrunde liegt ein Problem, das für »Perfektionisten« und »sorglose Aufschieber« gleichermaßen gilt: hohe Erwartungen an die eigene Leistung und – damit zusammenhängend – eine hohe, aber brüchige Selbsteinschätzung. Dies erfordert, das Selbstwertgefühl ständig durch die eigene Leistung zu bestätigen.

Scheitern an der Unmöglichkeit, vollkommen zu sein

Der Perfektionist grübelt in pessimistischer, auf Fehler der Vergangenheit fixierter Weise über das Problem und treibt sich hart zu ständiger Leistung an. Wer sich aber abkämpft, um mit immer höherem Einsatz immer größere Leistungen zu vollbringen, wird irgendwann an seine Leistungsgrenzen stoßen. Überarbeitung, Burnoutsyndrom und Erschöpfung sind die Folge. So ist dann endgültig keine perfekte Leistung mehr zu erreichen. Und dann hagelt es Selbstvorwürfe. Perfektionisten sind ohnehin nie mit ihren Werken zufrieden und leiden, weil sie ihre ganze Person infrage stellen, wenn das Ergebnis nicht hundertprozentig ist. Darin kann die Ursache für fehlende Entscheidungskraft liegen:

Das Wesentliche bleibt unerledigt, weil die ganze Energie auf Nebensächlichkeiten verschwendet wird, die schließlich alle perfekt gelingen sollen.

Selbstzweifel gewinnen die Überhand, weil Perfektionisten nicht in der Lage sind, Halbheiten zu akzeptieren und Kompromisse zu schließen. So werden sie nie rechtzeitig mit ihrer Arbeit fertig.

Ganz oft wird die Latte der Erwartungen an die eigene Leistung sogar so hoch gehängt, dass der Perfektionist schon vor dem Beginn einer Aufgabe resigniert. Wenn es ja doch unmöglich ist, hundert Prozent zu realisieren, lässt der Perfektionist es lieber gleich. Man hat herausgefunden, dass viele äußerst unordentliche Menschen zum Beispiel im Grunde nicht besonders schlampig, sondern vielmehr besonders perfektionistisch sind. Sie verzweifeln an der Unmöglichkeit, die perfekte Ordnung herzustellen und sind dadurch so handlungsunfähig wie das sprichwörtliche Kaninchen vor der Schlange.

»Hätte ich mehr Zeit gehabt ...«

Die Verhaltensstrategie des »sorglosen Aufschiebers« ist verglichen mit der des Perfektionisten optimistischer. Es gibt bei ihm keine Erinnerungen an frühere Fehlleistungen, an früheres Versagen beim Einhalten von Terminen. Auch die für den Perfektionisten typischen Selbstzweifel fehlen ihm. In einer forsch-fröhlichen Art erlebt der Aufschieber, wie die Zeit bis zum entscheidenden Termin verstreicht, hängt zwar in Gedanken an der auszuführenden Arbeit, hat grandiose Einfälle, wie sie oft genug kein anderer hat, dann aber stellt sich ein Gefühl ein wie »Arbeiten kann ich nur, wenn ich in der richtigen Stimmung bin« oder: »Ich habe von vornherein zu wenig Zeit gehabt, die Super-Leistung, die ich in mir spüre, in die Praxis umzusetzen.«

Wird die Arbeit überhaupt erledigt, dann unter unendlichem Zeitdruck und allen Wirrnissen, zu denen ein kreativer Mensch fähig sein kann. Danach stellt sich das Gefühl ein: »Schade, dass ich nicht mehr Zeit gehabt habe, dann wäre es wirklich hundertfünfzigprozentig geworden.« Was dahinter steht ist: Der Aufschieber geht dem von sich selbst ständig geforderten Beweis seiner Außergewöhnlichkeit, seines hohen Selbstwertgefühls aus dem Wege. Was er abliefert, ist ja leider unter Zeitdruck zu Stande gekommen. Deshalb darf daran nicht der Wert seiner Ideen oder seiner Person oder seiner Fähigkeiten gemessen werden. Diesen Mechanismus gilt es zu durchschauen, wenn das Problem des Aufschiebens gelöst werden soll.

Lösen Sie Ihr Organisationsproblem

Nicht große Entscheidungen, sondern viele kleine Taten

Entkommen Sie der Perfektionismus- und der Aufschieberfalle, indem Sie ihre Vorhaben in viele kleine Einzelschritte unterteilen. Viele Menschen machen den Fehler, dass sie auf einen Quantensprung in Ihrer Entwicklung hoffen. Wer aber kontinuierlich kleine Schritte macht, wird eher außergewöhnliche Ziele erreichen, als jemand, der sich mit der Erwartung großer Sprünge ständig überfordert. Wenn Sie immer nur ein leicht zu bewältigendes Teilstück vor Augen haben, fallen die einzelnen Entscheidung leichter. Das ist besser, als wenn Sie von sich erwarten, alles umfassend im Blick zu haben und dann die eine ausschlaggebende Entscheidung zu treffen, mit der das ganze Projekt steht und fällt. Das Wichtigste ist auch hier, einfach anzufangen und dann locker und flexibel mit Fehlern umzugehen. In den seltensten Fällen gibt es überhaupt kein Zurück, meistens muss bei Fehlentscheidungen nur ein kleiner Umweg in Kauf genommen werden. Wer sich Fehler »leistet«, tut sich leichter bei den vielen kleinen Handlungen, die nun mal zu tun sind. Und genau die sind es, die viel mehr als die großen Entscheidungen unser Leben bestimmen.

Beschränken Sie sich auf das Wichtigste

Machen Sie einen Plan der kleinen Schritte. Schreiben Sie auf, welche Angelegenheiten Sie vorrangig entscheiden müssen. Aber denken Sie daran: Ein guter Plan wird nie wirklich fertig. Wir müssen lernen, flexibel mit ihm zu arbeiten und immer den Mut zu Veränderungen des ursprünglichen Planes haben. Das ist gerade im Hinblick auf den Faktor Stress wichtig. Denn wer sich stoisch an seinen einmal erarbeiteten Plan hält, der produziert auf diese Weise ungewollt neuen und noch mehr Stress.

Beobachten Sie darum ganz genau, ob die Maßnahmen und Aufgaben, die Sie sich vorgenommen haben, tatsächlich einzuhalten und zu erfüllen sind. Und wenn nicht, schrauben Sie den Druck herunter, indem Sie Ihren Plan an das Machbare anpassen. Ziel muss es sein, die wichtigsten Dinge anzugehen. Das verdeutlicht ein prominentes Beispiel:

Der legendäre US-Stahlbaron Andrew Carnegie (1835–1919) lud einen Unternehmensberater ein, sich seine Betriebe anzusehen, um danach Vorschläge zur Produktivitätssteigerung zu machen. Der Berater sah sich einige Zeit um und schrieb Carnegie danach einen einzigen Vorschlag auf einen Zettel. Der lautete: »Schreiben Sie sich für jeden Tag sieben Dinge auf einen Zettel, die Sie tun müssen – geordnet nach der Wichtigkeit. Arbeiten Sie diesen Zettel dann von oben nach unten ab. Ganz oft werden Sie es nicht schaffen, alle sieben Dinge zu erledigen – aber wenn Sie eine solche, nach Prioritäten geordnete Liste führen, stellen Sie sicher, dass zumindest die allerwichtigsten Dinge erledigt werden.«

Die Managementlegende besagt, dass Carnegie einige Wochen lang nichts von sich hören ließ und dem Berater dann einen Scheck über – nach heutigem Geldwert – ungefähr 100 000 Dollar schickte.

20 Prozent Einsatz erzielen 80 Prozent des Erfolgs

Wir sollten nicht einmal davor zurückschrecken, die nach Plan zu erfüllenden Aufgaben radikal zusammenzustreichen. Denn sogar dann, wenn wir unseren Plan auf ein Fünftel des ursprünglichen Umfangs abspecken, haben wir noch gute Aussichten auf Erfolg. In diesem Fall nämlich macht sich die im Zeitmanagement als »20/80-Regel« bekannte Vorgehensweise bemerkbar. Diese Regel beruht auf folgender Logik: »Wer ein Organisationsproblem lösen will, darf keine hundertprozentigen Lösungen anstreben.

Man kann allein durch die Erledigung von 20 Prozent der anstehenden Dinge schnell einen achtzigprozentigen Erfolg erzielen.«

Unsere Großeltern wussten schon, auch wenn es eine Binsenweisheit ist: Weniger ist mehr.

Wer zum Beispiel als Unternehmer unter finanziellen Problemen durch sehr viele Außenstände leidet, kann die Regel auf folgende Weise anwenden: Findet er unter den 100 säumigen Kunden die 20 größten Schuldner und nimmt sich nur diese vor, wird er innerhalb kurzer Zeit 80 Prozent der Außenstände eingetrieben haben. Ähnlichen Erfolg hätte ein Lehrer einer 30-köpfigen Schulklasse, bei der jede Unterrichtsstunde im Chaos der Disziplinlosigkeit endet. Gelingt es dem Lehrer, nur die sechs am meisten störenden Schüler (20 Prozent) zur Ruhe zu bringen, wird zumindest zu 80 Prozent der Zeit ein erfolgreicher Unterricht möglich sein.

Welche 80 Prozent der ursprünglich geplanten Aufgaben verzichtbar sind, lässt sich meistens relativ schnell erkennen, wenn man alle Kriterien der vergangenen und anstehenden Aufgaben oder Entscheidungen aufschreibt und eine Rangliste erstellt. Dadurch kann man sich das Verhältnis von Aufwand und Nutzen vor Augen führen und die Knackpunkte der bisherigen Bemühungen erkennen.

Nehmen wir noch einmal das Beispiel mit dem Unternehmer, der die Schulden seiner Kunden eintreiben will.

Würde er sich nicht auf die 20 größten Schuldner konzentrieren, sondern versuchen, bei allen auch noch die letzte Mark einzutreiben, würden mit Sicherheit folgende Effekte eintreten:

- Die betreffende Abteilung wäre mit dem Arbeitsaufwand maßlos überfordert und würde den Blick für das Wesentliche (schnelles Eintreiben großer Beträge) verlieren.
- Das Eintreiben von Kleinstbeträgen wäre womöglich nur mit zusätzlichen Arbeitskräften möglich – deren Beschäftigung würde aber vermutlich mehr kosten, als was an eingetriebenem Geld zurückflösse.
- Die Zersplitterung der Kräfte würde vermutlich die größ-

ten Schuldner durchs Netz schlüpfen lassen, zum Beispiel durch unbeachtete Fristabläufe für Klagen und Verjährungen.

Einer der Gründe, warum viele Versuche des Selbstmanagements scheitern und die wichtigen Entscheidungen nicht getroffen werden, wird durch die dargestellte 20/80-Regel deutlich: Wer zu viel verändern will, verpulvert seine Kräfte. Wer sich um alles und jedes kümmert, weil er mit einer Problemlösung zu sehr in die Breite geht, verzettelt sich mit seiner Aufmerksamkeit. Die Folge: Er kann sich nicht mehr auf die wichtigsten Dinge konzentrieren.

Entscheidungshindernisse – von Angst bis Ziellosigkeit

Wer dauerhaft wichtige Entscheidungen vor sich herschiebt, gefährdet seine Gesundheit. Schlechtes Gewissen, Stress, geringes Selbstwertgefühl und Überforderung machen sich schnell auch körperlich bemerkbar. Und dann wird es schwerer denn je, die richtigen Entscheidungen zu treffen. Neben der Perfektionismusfalle sind tief sitzende Angstgefühle der häufigste Grund für mangelnde Entscheidungskraft:

Das behindert unsere Entschlusskraft: Angst, Unentschlossenheit, Bequemlichkeit, Zweifel und falsche Rücksicht.

- Angst vor Fehlern,
- Angst vor Veränderung,
- Angst vor Verantwortung,
- Angst vor Kritik und Liebesentzug,
- Angst vor Auseinandersetzungen.

Von klein auf lernen wir, dass wir keine Fehler machen dürfen. Wer etwas falsch macht, wird gerügt und im schlimmsten Fall sogar mit Liebesentzug bestraft. Durch eine derartige Erziehung werden wir schon als Kinder darauf programmiert, unsere Möglichkeiten selbst einzuengen. Wir versuchen, Risiken zu vermeiden, haben Angst vor Veränderungen und wählen nur Aufgaben aus, die wir mit Sicherheit bewältigen können. Damit aber versagen wir uns viele neue Erfahrungen und verhindern persönlichen Fortschritt.

Auch die Angst vor der Verantwortung für unsere Entscheidungen, Angst vor Konflikten und Kritik lähmt und blockiert die Entscheidungsfähigkeit.

Erlauben Sie sich, falsche Entscheidungen zu treffen

Begegnen Sie der Angst vor Fehlern mit einer größeren Gelassenheit: Wenden Sie so oft wie möglich das Verfahren »Versuch und Irrtum« an. Planen Sie von Anfang an ein, dass Sie Fehler machen und daraus lernen können, dann treffen Sie Entscheidungen mit leichterer Hand. Ihr ganzes Leben ist im Grunde eine Kette von Entscheidungen. Sollten Sie Fehler machen, gibt es immer auch Korrekturmöglichkeiten. Um es noch einmal zu betonen: Lernen kann man nur aus Irrtümern. Mit dieser Haltung werden Sie wesentlich mehr aus Ihrem Leben machen, als wenn Sie kleinmütig versuchen, den einmal erreichten Status aufrechtzuerhalten, um ja keine Fehler zu begehen.

Kennen Sie die Wenn-dann-Ausrede?

Auf den ersten Blick nicht gleich zu erkennen, ist auch die Angst vor Verantwortung: Immer wenn Sie im Augenblick das, was Sie sich vorgenommen haben, nicht umsetzen, weil Sie gerade den Kopf mit anderen Dingen voll haben, weil Sie eine bessere Gelegenheit abwarten wollen, weil ..., dann tappen Sie in die Wenn-dann-Falle.

Jeder von uns tut das in der Regel häufig:

• Wenn das Wetter besser wird, dann fange ich mit dem Joggen an.

- Wenn ich in Rente bin, dann werde ich mir mehr Zeit für mich nehmen.
- Wenn ich dieses Projekt beendet habe, dann werde ich mein Englisch verbessern.
- Wenn mein Partner mitmacht, dann höre ich mit dem Rauchen auf.
- Wenn es Frühling wird, dann werde ich zehn Kilo abnehmen.

»Wenn-dann« ist eine fatale Strategie, sich selbst zu beruhigen, und Entscheidungen immer wieder aufzuschieben. Man muss keine Verantwortung für die Folgen einer Entscheidung übernehmen, weil ja angeblich die Voraussetzungen dafür noch gar nicht gegeben sind. Und wenn dann die erste Bedingung tatsächlich eintritt, findet man ganz schnell eine neue. Es gibt Entscheidungen, die man auf einen günstigeren Zeitpunkt verschieben sollte, aber manche Menschen neigen dazu, nahezu alle wichtigen Dinge auf den Sankt-Nimmerleins-Tag zu verschieben. Das Wesentliche an dieser Strategie ist: Nicht man selbst, sondern die Umstände sind schuld daran, dass man nicht aktiv wird.

Überprüfen Sie Ihre Einstellung, wenn Sie sich häufiger bei folgenden Formulierungen ertappen:

- In der heutigen Zeit ist das eben nicht mehr erwünscht.
- Hätte ich mehr Zeit gehabt, dann ...
- Dafür bin ich zu alt.
- Ich habe eben immer nur Pech.
- Dafür bin ich noch zu jung.
- Ja, wenn man das nötige Kleingeld hat, dann ...
- Ich bin eben so, das habe ich noch nie gekonnt.
- Mit Vitamin B hätte ich das auch geschafft.
- Ein Unglück kommt selten allein.
usw.

Das sind gefährliche Ausreden, die Ihnen eine billige Rechtfertigung verschaffen und die Verantwortung für Ihre

Unfähigkeit zu handeln auf die Umstände abschieben. Denn dafür können Sie schließlich nichts. Sie müssen sich nicht ändern, Sie können unter diesen Umständen ja keine Entscheidung treffen – und alles bleibt beim Alten.

Häufig resultiert diese Art von Passivität aus der Einstellung: Ich kann ja doch nichts gegen die schlechten Zustände in der Firma oder der Gesellschaft tun; die anderen sind schuld; alles Böse kommt von Außen. Wer immer nur andere oder die Umstände für »Pech« oder »Glück« verantwortlich macht, wird es schwer haben, die richtigen Entscheidungen – oder überhaupt welche – zu treffen.

Entkommen Sie der Bequemlichkeitsfalle

Aber wer positive Veränderungen bewirken will, kann sich damit nicht zufrieden geben. Jetzt, in diesem Augenblick kommt es auf Ihre Entscheidung an! Tun oder lassen?! Handeln Sie – ohne Wenn und Aber. Es geht manchmal um Bruchteile von Sekunden, in denen Sie den Impuls in die Tat umsetzen und Handlungen einfach ausführen, die Sie ihrem Ziel näher bringen – oder die Sie ungenutzt verstreichen lassen.

Geben Sie die augenblickliche Bequemlichkeit für das auf, was Sie wirklich wollen. Eine klare Ausrichtung und das Wissen darum, warum Sie etwas wirklich wollen, retten Sie aus der »Bequemlichkeitsfalle« und geben Ihnen den Willen und die Entscheidungskraft, Ihre vertraute Komfortzone zu verlassen.

Und noch eine Falle: Versprechen und geloben Sie auch nicht, dass Sie es versuchen werden. »Versuchen« trägt das Scheitern bereits in sich, es ist genauso indifferent wie »demnächst« oder »irgendwann«.

Unklare Ausdrücke blockieren Entscheidungen

»In ein paar Tagen/Wochen/Monaten«, »Irgendwann«, »demnächst« oder »bald« sind Worte, mit denen unser Unterbewusstsein keine Handlungsaufforderung verbindet. Handeln bedeutet: »jetzt« oder »sofort« oder einfach »ich mache …«. Stellen Sie sich vor, Sie hätten einen Butler. Wie würde er reagieren, wenn Sie ihm die Anweisung geben würden: »Bitte servieren Sie irgendwann den Tee.«? Wahrscheinlich wäre er irritiert ohne die Angabe, wann und wo Sie den Tee zu trinken wünschen. Vielleicht fragt er so lange nach, bis er eine konkrete Antwort erhält, wahrscheinlich aber wird er abwarten, bis Sie ihm weitere Anweisungen erteilen.

Genauso wird auch Ihr Unterbewusstsein eine undeutliche Angabe einfach ignorieren. Es reagiert nur auf klare Ansagen. Wenn Sie ihm in sprachlicher Ungenauigkeit mitteilen »Irgendwann möchte ich …«, wartet das Unterbewusstsein geduldig ab, bis es so weit ist: Es besteht ja kein Handlungsbedarf.

> »Genau genommen leben sehr wenige Menschen in der Gegenwart, die meisten bereiten sich vor, demnächst zu leben.«
> Jonathan Swift

Ihre Entscheidung ist gefragt!

Wenn ich meine Seminarteilnehmer zu Beginn frage, mit welchen Vorstellungen sie hier sind, und was sie am Ende nach Hause mitnehmen wollen, kommen oft Antworten wie:

»Eigentlich bin ich mit keiner Vorstellung hier. Ich will nur mal schauen. Ich will versuchen, ob ich das lernen kann. Bisher habe ich nie etwas länger durchgehalten, jetzt will ich mal sehen, ob es danach besser wird.«

Wie soll das funktionieren, wenn Sie mit einer solchen Absicht da sind? Sie werden noch bis ans Lebensende schauen und versuchen. Sie werden weiterhin von einem Seminar zum nächsten wandern, jedem neuen Trend nachlaufen und hinterher resigniert feststellen: Das hat mir nichts gebracht.

Na klar. Das kann auch nichts bringen. Es fehlt Ihre Entscheidung, die Dinge, die Sie lernen, hören und aufnehmen auch zu tun! Hier und jetzt.

Bei den täglichen Ereignissen kann man beginnen, seinen Anteil am Geschehen zu erkunden. Was haben Sie selbst verursacht? Warum ist dieses oder jenes so und nicht anderes passiert? Und vor allem: Was muss ich tun, damit das nicht noch einmal geschieht, damit ich das Problem beim nächsten Mal meistern kann?

Klare Prioritäten ergeben sich aus einem starken Lebensentwurf

Um herauszufinden, welche Entscheidungen für Sie Priorität haben, müssen Sie sich darüber klar werden, wie Sie leben wollen: Ihr eigenes Leben, zu Ihren Bedingungen.

Sie müssen aktiv entscheiden, dass Sie einen Fortschritt machen wollen, nicht eine Person zu sein, die durch den Fluss des Lebens, die Gesellschaft und deren Regeln einfach nur mitgezogen wird. Sie können aber natürlich auch nicht aus dem Fluss aussteigen und am Ufer sitzen bleiben.

Stattdessen: Steigen Sie bewusst in den Fluss und bestimmten Sie bewusst Ihren Kurs.

Verantwortlich ist man nicht nur für das, was man tut, sondern auch für das, was man nicht tut.
Laotse

Wenn Sie Ihren Job nicht lieben, entscheiden Sie, ihn zu verändern oder einen neuen zu finden! Schieben Sie alle Ablenkungen zur Seite, überlegen Sie, was Sie wirklich wollen. Entwerfen Sie Ihre Vision von einem idealen Arbeitsplatz. Beschreiben Sie, warum Sie unbedingt diesen Arbeitsplatz wollen. Und dann werden Sie aktiv. Lassen Sie nicht locker, bis Sie gefunden haben, was Sie suchen.

Wenn Sie Ihre Beziehung nicht glücklich macht, verändern Sie sie – oder verändern Sie sich selbst. Verändern Sie Ihre Art zu kommunizieren, wahrzunehmen, zu denken, zu sprechen.

Das Wort Entscheidung bedeutet: »Ich trenne mich von dem, was ich nicht mehr will, was ich als nicht gut für mich herausgefunden habe. Ich gehe in eine neue Richtung. In die Richtung, die ich neu definiert habe.«

Es ist der Moment der Entscheidung, der Sie in ein neues

Leben bringen kann. Wenn Sie eine absolut klare Entscheidung treffen, diese gut schriftlich formulieren, einen Aktionsplan zur Umsetzung entwerfen und dann genügend Disziplin aufbringen, ihn durchzuführen – auch wenn Ihnen zwischendurch mal nicht »danach ist« –, dann werden Sie sich absolut hervorragend fühlen.

● ●

Praktische Hilfen zum 11. Impuls

1. Üben Sie, rasche Entscheidungen zu treffen

Es gibt eine ganz einfache Übung, mit der Sie täglich trainieren können, schneller Entscheidungen zu treffen: Nehmen Sie sich jeden Tag zwei Dinge vor, die Sie ohne Zögern entscheiden wollen. Wenn Sie zum Beispiel bisher immer gründlich überlegt haben, welches Gericht Sie im Restaurant essen wollen, können Sie beschließen, heute nach ganz kurzem Überfliegen der Speisekarte sofort und intuitiv Ihre Wahl zu treffen. Das können Sie mit allen täglichen Entscheidungen machen, für die Sie sich bislang mehr Zeit genommen haben.

2. Stellen Sie die Weichen für anstehende Entscheidungen

Wichtig ist aber gleichzeitig, die tief sitzenden Gründe für den Aufschub von Entscheidungen herauszufinden. Nehmen Sie sich ein wenig Zeit, Papier und Stift und überlegen Sie: In welchen Bereichen Ihres Lebens wollen Sie ab sofort konstante Verbesserungen erzielen?

Dafür müssen Sie erst einmal herausfinden, wo Sie bisher die meisten Schwierigkeiten hatten und auch, in welchen Situationen Sie erfolgreich waren. Versuchen Sie, sich die Situationen in Erinnerung zu rufen, damit Sie daraus Rückschlüsse für künftiges Verhalten ableiten können.

● ●

»Ich kann freilich nicht sagen, ob es besser werden wird, wenn es anders wird; aber so viel kann ich sagen, es muss anders werden, wenn es gut werden soll.«
Georg Christoph Lichtenberg

Ihr Tag ist an jedem Morgen wie ein unbeschriebenes Blatt. Sie entscheiden, womit es beschrieben werden soll.

• •

Schreiben Sie auf, welche Entscheidungen in den jeweiligen Lebensbereichen

1. Ihnen leicht gefallen sind,
2. Ihnen schwer gefallen sind,
3. eigentlich (eventuell schon länger) gefällt werden müssen, die Sie aber aufschieben.

Danach schreiben Sie zu jeder einzelnen Entscheidung auf:

Zu 1. Warum sind sie mir leicht gefallen?
Zu 2. Warum sind sie mir schwer gefallen?
Zu 3. Warum schiebe ich sie auf, welche Ängste stecken zum Beispiel dahinter?

Als Nächstes überlegen Sie:

• Was brauche ich, um die anstehenden Entscheidungen treffen zu können?
• Was muss ich bei mir persönlich verändern, muss ich zum Beispiel versuchen, weniger perfekt oder harmoniesüchtig zu sein?
• Oder brauche ich einfach nur mehr Informationen, die ich mir bisher nicht verschafft habe?

Lesen Sie nicht gleich weiter! Nehmen Sie sich Zeit und entscheiden Sie, worauf Sie sich ab sofort mehr und regelmäßig konzentrieren wollen. Nehmen Sie die Bereiche mit hinein, die Sie auf Ihr Erfolgsrad (s. S. 41) geschrieben haben, und formulieren Sie detailliert. Danach erstellen Sie zu jedem Thema eine Liste mit konkreten Umsetzungsideen und beginnen!

• •

12. Ehrlichkeit

Mit diesem Impuls möchte ich Sie auffordern, innezuhalten bevor Sie weiterlesen, und das bisher aufgenommene noch einmal Revue passieren zu lassen. Auch wenn Sie nur die Impulse gelesen haben, die Sie am meisten interessieren, werden Sie möglicherweise einige Dinge entdeckt haben, denen Sie künftig mehr Beachtung schenken werden. Machen Sie deshalb jetzt eine Bestandsaufnahme: Versuchen Sie anhand der bisher gelesenen Punkte noch einmal ganz genau hinzuschauen, wo Ihre persönlichen »Problemzonen« liegen. Seien Sie ehrlich zu sich selbst, und gestehen Sie sich ein, in welchen Situationen Sie nicht nur sich, sondern auch Ihrer Umwelt regelmäßig etwas vormachen.

Zwei paar Schuhe: Ehrlichkeit gegenüber sich selbst und gegenüber anderen

Ehrlichkeit ist die Grundvoraussetzung, um wirksame Veränderungen einzuleiten. Wenn Sie nicht schonungslos ehrlich mit sich selbst sind, werden Sie nie wirklich das erreichen, was Sie wollen, wonach Sie sich sehnen und was Ihnen wichtig ist.

Sich selbst gegenüber ehrlich zu sein bedeutet, die Dinge so zu sehen, wie sie sind – sie nicht schlechter zu machen, aber auch nicht besser. Nicht zu übertreiben und nicht zu untertreiben. Nicht zu hoffen, dass es besser wird oder ständig zu denken, dass die Dinge besser sein sollten, als sie es im Augenblick sind. Seien Sie mit sich selbst unerbittlich. Aber fangen Sie jetzt nicht an, sich mit Selbstvorwürfen zu martern, das wäre genau das Gegenteil von dem, was mit schonungsloser Ehrlichkeit erreicht werden soll. Ein klarer Blick auf die eigenen Schwächen und Fehler mit dem festen Willen zur Besserung hat nichts zu tun mit destruktiver Selbstanklage.

Unehrlichkeit kann auch darin liegen, Dinge schlechter zu machen, als sie sind.

Der richtige Zeitpunkt für Ehrlichkeit

In Bezug auf unsere Mitmenschen gelten in puncto Ehrlichkeit etwas andere Regeln. Zwar müssen Sie in der Lage sein, Ihre Wahrheit klar zu äußern. Aber Schonungslosigkeit ist hier nicht immer angebracht. Es gibt durchaus Wahrheiten, die man dem anderen nicht direkt ins Gesicht sagen muss. In dieser Hinsicht den richtigen Ton zu treffen, ist häufig nicht leicht, denn zu große Zurückhaltung in wichtigen Dingen oder Notlügen schaden unseren Beziehungen genauso. Das Wichtigste in Bezug auf Ehrlichkeit ist aber, dass der andere die Wahrheit akzeptieren kann, die man ihm mitteilen möchte. Wird die richtige Wortwahl oder der passende Zeitpunkt verfehlt, kann man leicht sogar gute Freunde verlieren.

• •

DER SELBSTERKENNTNIS-CHECK:
Haben Sie in puncto Ehrlichkeit das richtige Maß?

Fair sein kann man am besten als Außenstehender.

Nicht immer schafft man es, alle Menschen nach gleichen und fairen Maßstäben zu behandeln. Menschen reagieren sehr unterschiedlich, wenn man Ihnen die Wahrheit sagt. Da fällt die Balance zwischen Einfühlungsvermögen, Höflichkeit und notwendiger Ehrlichkeit manchmal schwer. Wie gut kommen Sie dem Ideal eines ehrlichen aber nicht verletzenden Menschen nahe? Bitte kreuzen Sie jeweils die Antwortmöglichkeit an, die am besten auf Ihre Meinung zutrifft.

1. Sie haben fünf Freunde zum Essen eingeladen. Einer sagt eine Stunde vorher ab. Er müsse ins Krankenhaus fahren, da ein Verwandter plötzlich erkrankt sei. Was sagen Sie diesem Menschen?

• •

o »Schade, dass du nicht kommen kannst. Ich hoffe, deinem Verwandten geht es bald wieder besser.«

\# »Schade – wo ich doch alles so nett vorbereitet habe, damit du dich besonders wohl fühlst.«

\+ »Wir werden uns auch ohne dich gut amüsieren.«

2. Sie haben eine Verabredung vergessen, zu der Sie eigentlich sowieso keine Lust hatten. Wie entschuldigen Sie sich?

\+ Mit der Flucht nach vorn (»Du hast die Zeit ja sicher trotzdem gut nützen können.«)

o Mit der Wahrheit («Tut mir Leid, ich habe den Termin vergessen.«)

\# Mit einer Notlüge (»Sorry, aber ich habe einen Unfall gehabt.«)

3. Im Restaurant erhalten Sie eine überhöhte Rechnung. Wie sagen Sie dem Ober, dass er sich geirrt hat?

\+ »Ich will sofort den Geschäftsführer sprechen.«

\# »Wollten Sie mich betrügen?«

o »Bitte rechnen Sie noch einmal nach, ich glaube, Ihnen ist da ein Fehler unterlaufen.«

4. Eine Bekannte hat ein neues Kleid gekauft, das ihr wirklich schlecht steht. Wie sagen Sie es ihr?

o »Da bist du beim Kauf aber mutig gewesen.«

\# »War das ein Sonderangebot?«

\+ »Da hat man dir aber einen Ladenhüter angedreht.«

5. Sie selbst wollen in einem Geschäft etwas umtauschen. Die Verkäuferin will darauf nicht eingehen. Sie sagen ihr:

»Wenn Sie das nicht zurücknehmen, verlieren Sie einen Kunden.«
+ »Sie haben wohl Angst, dass Sie Ihre Prämie verlieren?«
o »Bitte sprechen Sie mit Ihrem Abteilungsleiter, ich habe mich beim Kauf leider getäuscht.«

6. Sie erfahren, dass Ihr Nachbar bei der Steuererklärung geschummelt hat – und dass er vom Finanzamt erwischt wurde. Was denken Sie?

o Er tut mir Leid, aber er hat selbst Schuld.
+ Pech gehabt. Beim nächsten Mal klappt es wieder.
# Wenn man so etwas macht, muss man cleverer sein.

7. Sie hören im Hausflur, dass ein Erwachsener in einer Nachbarwohnung brüllt und ein Kind weint und schreit. Offensichtlich wird das Kind geschlagen. Was tun Sie?

o Ich überlege mir einen Vorwand und klingele, um die Situation in der Wohnung erst einmal zu unterbrechen.
+ Ich höre weg. Was kann man in solch einer Situation schon ausrichten?
# Ich nehme mir vor, später einmal den Nachbarn zu sagen, dass man den Streit bis in den Hausflur hörte.

8. Eine Bekannte hat sich von Ihnen für ein Fest teure Gläser geliehen. Bei der Rückgabe fehlen zwei. Wie reagieren Sie?

+ Ich sage ihr, dass ich die Zahl der ausgeliehenen Gläser aufgeschrieben habe.
o Ich teile ihr mit, dass zwei Gläser fehlen und bitte sie, noch einmal nach ihnen zu suchen.
Ich vergesse die Sache. Nur keinen Streit ...

Man soll mit dem Licht
der Wahrheit leuchten,
ohne einem den Bart zu
sengen.
**Georg Christoph
Lichtenberg**

9. Sie werden mit einem Mann bekannt gemacht und
erinnern sich, dass er vor zehn Jahren einmal wegen
eines Bankraubes verurteilt worden ist. Ihre Reaktion?
o Ich bleibe völlig normal.
\# Das ist mir unheimlich. Bei diesem Menschen bin ich
vorsichtig.
+ Ich frage ihn über Details des Vorfalls von damals aus.

10. Ihr Partner beichtet, dass er Sie vor Jahren einmal betrogen hat. Sie fühlen sich

\# verletzt und sind traurig.
o traurig, aber Sie sehen die guten Jahre, die Sie seither
miteinander hatten.
+ so stark hintergangen, dass Sie an Trennung denken.

11. Sie sehen, dass ein Auto ein anderes beim Einparken
rammt. Der Fahrer will offensichtlich einfach weiterfah-
ren. Was tun Sie?

o Ich zeige dem Fahrer, dass ich den Unfall gesehen
habe.
\# Ich gehe weiter. Sich in so etwas einzumischen, macht
doch nur mehr Schwierigkeiten, als es irgendwem
hilft.
+ Ich notiere die Autonummer und zeige den Fahrer an.

12. Sie sollen einen Streit schlichten. Beide Parteien tragen
ihren Standpunkt vor. Was sagen Sie dann?

o Ich bitte beide, die Sache gründlich zu überdenken
und sich einen Kompromiss zu überlegen.
\# Ich sage ihnen: »Macht das am besten unter euch
aus.«

+ Ich gebe dem Recht, der meiner Meinung nach Recht hat.

13. Der Wirt Ihres Stammlokals beschäftigt illegal ausländische Arbeitnehmer. Mischen Sie sich in diese Sache ein?

»Nein, ich will mir doch mein Lieblingslokal nicht durch Streit vermiesen.«
+ »Nein. Das ist zwar ungesetzlich, aber das machen doch alle.«
o »Ich sage dem Wirt, dass man über die Sache redet und dass er damit rechnen muss, dass auch die Behörden davon erfahren.«

14. Ein Nachbarjunge ist bei der Rückkehr von einer Urlaubsreise vom Zoll mit Heroin erwischt worden. Wie begegnen Sie zukünftig dieser Familie?

Ich meide den Kontakt.
+ Ich fordere die Eltern auf, für Ordnung zu sorgen.
o Ich spreche die Eltern an und frage, ob Sie in dieser für sie schwierigen Situation Unterstützung brauchen können.

15. Nach einer Party will sich ein stark angetrunkener, sehr aggressiver Mann noch ans Steuer setzen. Mit welchem Argument raten Sie ihm ab?

o »Kann ich Sie vielleicht nach Hause fahren? Ich bin nüchtern.«
+ »Überlegen Sie sich, ob Ihr Führerschein nicht wertvoller ist als das Taxigeld.«
# »Ich habe gehört, dass jemand bereits die Polizei alarmiert hat. Sie wartet in der Nähe.«

Auswertung zum Check

Sie haben überwiegend + angekreuzt: Sie haben keine Probleme, anderen die Wahrheit zu sagen. Sie haben einen starken Gerechtigkeitssinn – und vertreten ihn unter Umständen mit aller Härte. Sie haben klare Prinzipien. Wer dagegen verstößt, bekommt Ihren Widerstand zu spüren und dies besonders dann, wenn ein Mensch Ihnen ein Unrecht getan hat. Sie versuchen immer, so objektiv zu urteilen, wie es die bekannte Darstellung der Gerechtigkeitsgöttin zeigt: Sie hat die Augen verbunden, urteilt also, ohne Position oder Ansehen der Person zu kennen. Es zählt, was ein Mensch getan hat, und die Gründe – oder gar mildernde Umstände – zählen nicht. Klarheit und Ehrlichkeit in dieser Form empfinden viele als unmenschlich. Der Vorteil aber ist: Jeder weiß, woran er bei Ihnen ist, und was ihn erwartet, wenn er gegen die Regeln verstößt.

Sie haben überwiegend # angekreuzt: Sie sind in Ihrem Denken durchaus ehrlich – allerdings sind Sie kein »Kämpfertyp«. Sie wissen, dass ein Eintreten für seine Überzeugungen immer auch mit Unbequemlichkeit verbunden ist. Deshalb halten Sie es mit dem Spruch »Ruhe ist mir wichtiger als Ordnung«. Sie glauben, dass die Menschen meist sowieso nicht auf Sie hören, aber Sie unterschätzen Ihre Möglichkeiten, durch etwas Courage für mehr Fairness sorgen zu können.

Sie haben überwiegend o angekreuzt: Sie sind ehrlich und treten für Ihre Grundsätze ein, auch wenn das manchmal von Ihren Mitmenschen nicht gern gesehen wird. Allerdings vertreten Sie Ihre Meinung etwas anders als die meisten anderen. Sie glauben grundsätzlich an das Gute im Menschen. Und wenn ein Mensch nicht gut gehandelt hat, ist das für Sie kein

Zeichen von einem schlechten oder gar unverbesserlichen Charakter. Im Gegenteil, Sie sehen hier die Herausforderung, einem Menschen die Chance zu geben, sich zu bewähren. Ehrlich sein, heißt für Sie nicht urteilen oder verurteilen, sondern durch behutsame Auseinandersetzung dem Guten im Menschen zum Durchbruch zu verhelfen.

Ehrlichkeit ist die Bedingung für Integrität

Ehrlichkeit und Wahrheit sind die entscheidenden Kriterien für Integrität. Ehrlichkeit sich selbst und anderen gegenüber ist auch im Betrieb eine unerlässliche Voraussetzung, um reibungslose Abläufe zu gewährleisten. Es erscheint vielleicht trivial, aber es ist tatsächlich nicht jedem gegenwärtig, wie wichtig ehrliches Verhalten für das Zusammenleben und auch für das Zusammenarbeiten von Menschen ist.

Wenn Sie aus tiefster, ehrlicher Überzeugung heraus Ihr Bestes geben, wissen die Kollegen nach kürzester Zeit, dass sie sich auf Sie verlassen können. Nur so kann Vertrauen entstehen. Und gerade das ist der Erfolgsfaktor für Firmen. Firmen sind im Prinzip große geschäftliche Familien. Unwahrheiten und Unehrlichkeit sind ein derartig großer Vertrauensbruch, dass er nicht nur sämtliche Abläufe blockiert, sondern in bestimmten Fällen sogar zur direkten Auflösung des Arbeitsverhältnisses führen kann. Hieran erkennen wir, wie enorm wichtig dieser Impuls ist.

Lieber gleich die Wahrheit sagen –
das spart Zeit und Nerven

Vor einiger Zeit hatte ich einen Seminarteilnehmer, der als Ingenieur in einem Landschaftsplanungsbüro tätig war. Till hatte sehr großen Spaß an seiner Tätigkeit und ging jedes neue Projekt mit viel Enthusiasmus an, von der Untersuchung der Bodenqualität bis hin zur Planung der Bepflanzung und dem Zeichnen der Pläne ging ihm alles leicht von der Hand. Nur wenn es dann an die Abfassung der Texte ging, quälte er sich jedes Mal. Die Ausarbeitung der Erläuterungstexte schob er immer bis ganz zuletzt auf, und da der Plan ohne sie nicht komplett war, überzog er viel zu oft nur dadurch die Abgabetermine. Obwohl Till ansonsten mit allem sehr gut zurecht kam, brachte er dadurch das ganze Büro in den Ruf, unzuverlässig zu sein. Er traute sich aber auch nicht, dem Chef zu berichten, dass er mittlerweile eine richtiggehende Aversion gegen das Schreiben entwickelt hatte, weil er schon von vornherein wusste, dass er damit Schwierigkeiten bekommen würde. Dann hätte er ja zugeben müssen, dass es ihm unendlich schwer fiel, seine kreativen Ideen schriftlich auszuformulieren. Diese Blöße wollte er sich nicht geben.

Als Till eines Tages wieder einmal an der Aufgabe verzweifelte, den Text für eine umfangreiche Planung zu verfassen, vertraute er sich abends bei einem Bier seinem Kollegen an. Diesen hatte er immer bewundert für seine Fähigkeit, ohne Probleme treffende und flüssige Formulierungen zu finden, in einem Bruchteil der Zeit, den er dafür aufwenden musste. Sein Kollege war über das Geständnis verblüfft und hätte nie vermutet, dass hinter den häufigen Terminverschiebungen derartige Probleme steckten. Er seinerseits schätzte seine Fähigkeiten wesentlich niedriger ein, weil er sich nur als einen mittelmäßigen Planer mit durchschnittlichen Ideen empfand. Er machte Till den Vorschlag, sich künftig besser zu ergänzen: Er würde bei den Texten behilflich sein und dafür andererseits bei der Gestaltung der Bepflanzungen ein paar Tipps von Till bekommen. Auch der Chef war damit einverstanden und froh, endlich die Ursache für die Verspätungen herausgefunden zu haben, denn er hatte seinen Mitarbeiter immer sehr hoch eingeschätzt und sich dieses Problem nicht erklären können. Das Einzige, was Till danach noch zu schaffen machte, war die Reue um die vertane Zeit: »Ich hätte schon viel früher die Wahrheit sagen sollen!«

Ehrlichkeit schafft Vertrauen

»Vertrauen ist das Gefühl, einem Menschen sogar dann glauben zu können, wenn man weiß, dass man an seiner Stelle lügen würde.«
H. L. Mencken

Das gleiche Prinzip gilt in Beziehungen und Freundschaften. Ein Freund zeichnet sich dadurch aus, dass er uns gegenüber ehrlich ist. Dass er auch dann (einfühlsam) die Wahrheit sagt, wenn es weder für ihn noch für uns selbst angenehm ist, wenn wir uns auf ihn verlassen können – gleichgültig was geschieht. Der wohl bekannte Ausdruck »Ich vertraue ihm blind« wird nicht umsonst so oft strapaziert.

Tiefere und beständige Beziehungen können nur gedeihen, wenn Ehrlichkeit und Vertrauen vorhanden sind. Theoretisch wissen wir das alles. Aber verhalten wir uns auch danach? Nein? Wir dürfen nicht vergessen: Solange wir nicht auch so handeln wie wir denken, bleibt eine Qualität wie Ehrlichkeit nicht mehr als ein abstrakter ethischer Wert.

Welche Dinge nehmen Sie nur aus Gewohnheit hin?

Ehrlichkeit sich selbst gegenüber wird viel zu oft überlagert von der Betriebsamkeit des Alltags. Wir lassen uns von unseren Tagesbeschäftigungen ablenken, um nicht nach innen zu gehen und in uns hineinzuhören. Es könnte ja etwas an die Oberfläche kommen, das wir nicht sehen wollen. Das würde Veränderung bedeuten; es müssten Entscheidungen getroffen werden. Und das wollen wir nicht. Also bezeichnen wir unsere Lebensumstände, unsere Ergebnisse, unsere Beziehungen und unseren Arbeitsplatz als »gar nicht so schlecht«, »eigentlich nicht übel« oder »auszuhalten« – und machen im alten Trott weiter.

Weil die Situation ja »gar nicht so übel«, der Veränderungsdruck oder der Veränderungswillen nicht groß genug ist, werden unbefriedigende Kompromisse mit einem Achselzucken – »was soll ich denn schon machen, ich kann ja sowieso nichts ändern« – und ohne Gegenwehr hingenommen. Ein, zwei, drei Bierchen am Abend getrunken, die dritte Schachtel Zigaretten angebrochen, noch einen Film vor der Flimmerkiste angesehen … Das sind unsere gesellschaftlich abgesegneten Drogen. Das ist in Ordnung. Das ist ja normal.

Ist das normal? Seien Sie ehrlich. Ist das Lebensqualität? Haben Sie es nicht wirklich besser verdient? Dann müssen Sie ehrlich zu sich selbst sein und eine Bestandsaufnahme machen.

Nur wenn Sie ehrlich zu sich selbst sind, können Sie Ihre Gedanken neu ausrichten. Und dann können Sie neue Entscheidungen treffen.

Nicht große Lügen, sondern die vielen kleinen Unwahrheiten gegenüber uns selbst stehen der Verbesserung im Weg.

● ●

Praktische Hilfen zum 12. Impuls

Erinnern Sie sich an das, was am Anfang dieses Kapitels stand, und stellen Sie sich die folgenden Fragen auf der Grundlage dessen, was Sie bisher gelesen haben. Denken Sie nicht daran, dass Sie jetzt unbedingt in allen Bereichen Ihres Lebens möglichst viele Kritikpunkte finden müssen. Es geht genauso darum herauszufinden, aus welchen Bereichen Sie Kraft und Energie schöpfen und wie Sie einen glücklichen und befriedigenden Zustand erreichen und erhalten können.

Sie werden wahrscheinlich nicht auf alle der Fragen ein-

Erkennen Sie, welche Faktoren persönliche Glücksmomente herbeiführen und verstärken Sie ihren Einfluss.

● ●

deutige Antworten geben können. Trotzdem werden Sie hinterher vielleicht einige Dinge anders sehen.

Ehrlichkeit schließt nicht nur ein, auf vorhandene Fragen ehrlich zu antworten. Oft genug im Leben werden entscheidende Fragen überhaupt nicht gestellt. Man muss erst einmal auf sie kommen. Deshalb liegt ein Schwerpunkt der 19 Impulse darin, möglichst viele Fragen zu stellen. Sie zu beantworten, ist nicht immer ganz einfach, aber es lohnt sich. Denn wer nicht gelernt hat, Probleme überhaupt zu erkennen, kann scheitern, ohne je zu wissen warum.

Nehmen Sie sich ein wenig Zeit und beantworten Sie ehrlich die folgenden Fragen:

Bin ich glücklich? Ja ☐ Nein ☐

Wenn ja, warum? _____
Wenn nein, was fehlt mir: _____

Macht mir meine Arbeit Spaß? Ja ☐ Nein ☐

Wenn ja, was ist es konkret,
das Spaß macht? _____
Wenn nein, was kann ich verändern? _____

Habe ich ein gutes Verhältnis
zu meinen Kollegen? Ja ☐ Nein ☐

Wenn ja, wie habe ich das geschafft? _____
Wenn nein, wie kann ich es verbessern? _____

Lebe ich in einer guten Beziehung? Ja ☐ Nein ☐

Wenn ja, wie kann ich sie
noch besser machen? _____
Wenn nein, wie kann ich sie verbessern? ____

● ●

Habe ich ausreichend Wissen, um beruflich
hervorragende Leistungen beruflich zu
vollbringen?　　　　　　　　　　Ja ☐ Nein ☐
Wenn ja, wie setze ich sie ein? _____
Wenn nein, was und worin konkret
muss ich verbessern? _____

Bin ich gesund und voller Energie?　　Ja ☐ Nein ☐

Wenn ja, wie kann ich sicher stellen, dass
dieser Zustand weiterhin anhält? _____
Wenn nein, was muss ich tun, um
gesund und fit zu werden? _____

Habe ich genügend freie Zeit für mich?　Ja ☐ Nein ☐

Wenn ja, wie kann ich sie noch
sinnvoller nutzen? _____
Wenn nein, was muss ich in meinem Tagesablauf
verändern, um täglich wenigstens eine Stunde
nur für mich allein zu haben? _____

● ●

13. Wahrnehmung

Eine gute und offene Verständigung ist einer der wichtigsten Faktoren, wenn wir uns positiv verändern wollen. Einfühlungsvermögen und die Fähigkeit, andere Menschen treffend zu beurteilen, sind entscheidend, um konstruktiv und erfolgreich zu kommunizieren. Als Erstes müssen wir dabei erkennen, was den Gesprächs-, Arbeits- oder Lebenspartner bewegt. Denn nur dann

- können wir uns selbst und unsere Vorstellungen überzeugend präsentieren,
- reden wir nicht aneinander vorbei,
- begeistern wir andere für neue Ziele und
- erreichen ein harmonisches Miteinander.

Es geht darum, dem anderen unser Produkt, unsere Ideen, ein Thema, das uns am Herzen liegt, oder unsere Gefühle so zu vermitteln, dass es ihn wirklich erreicht. Und dazu müssen wir herausfinden, wo er steht und was er denkt. Nur wer sich in sein Gegenüber hineinversetzen kann, wer weiß, wie er »funktioniert« und warum er auf eine bestimmte Art und Weise reagiert, kann entsprechend darauf eingehen.

Unsere Sinne – Agenten der Kommunikation

Machen Sie Augen und Ohren weit auf, schärfen Sie Ihre Sinne. Alles, was Sie dort hereinlassen, erweitert Ihr Weltbild.

Das Medium, über das wir den anderen erkennen und verstehen, ist unsere Wahrnehmung, mit der wir die Signale aufnehmen, die er aussendet. Und die können sehr vielfältig und manchmal widersprüchlich und verwirrend sein. Deshalb ist eine gute Wahrnehmungsfähigkeit so wichtig: Unsere Sinne liefern die einzigen Informationen, die wir haben, um daraus das Bild der Welt zusammenzusetzen.

Menschenkenntnis und Kommunikationsfähigkeit aber

238

sind nicht angeboren – wir haben sie im Laufe unseres Lebens erlernt. Wir haben gelernt, die empfangenen Signale auf eine bestimmte Art und Weise zu deuten. Eine gute Wahrnehmung zu entwickeln, heißt deshalb nicht nur, besser hinzuschauen oder hinzuhören. Viele Dinge können wir erst dann überhaupt registrieren, wenn wir unsere Einstellung, unseren Blickwinkel darauf verändern und erweitern.

Wahrnehmung steht immer in engem Zusammenhang mit den seit der Kindheit erlernten und entwickelten Sprach- und Denkmustern. So können zum Beispiel die in arktischen Regionen lebenden Inuit unglaublich viele Nuancen von Weißtönen erkennen und bezeichnen, während wir kaum zwischen Lilienweiß, Schneeweiß und Kreideweiß unterscheiden können. Das Überleben der Inuit hängt unter anderem davon ab, anhand geringer Farbunterschiede zu erkennen, ob die Schneeschicht zum Beispiel einen Hohlraum enthält oder ob sie gefahrlos betreten werden kann. Hingegen sind deutlich weniger Worte für die Bezeichnung anderer Farben in ihrer Sprache vorhanden.

Was wir denken, bestimmt, was wir sehen

Alle Kinder erlernen das Beschreiben der wahrgenommenen Welt durch die Erklärungen der Menschen in ihrem Umfeld. Und je nach individuellen und kulturellen Voraussetzungen wird die Wahrnehmung entsprechend weiterentwickelt. Wenn ein Inuit verreist und anfängt, andere Sprachen zu lernen, dann wird sich seine Wahrnehmung erweitern, und er wird zum Beispiel lernen, verschiedene Rottöne voneinander zu unterscheiden. Auch wird ein Maler vermutlich mehr Farbtöne unterscheiden können als ein Finanzbeamter. Indem wir Sprache und Wahrnehmung immer mehr ergänzen, erweitern und verfeinern, lernen wir gleichzeitig immer mehr Dinge zu sehen, die unserem Weltbild neue Aspekte eröffnen.

Wer mehr sieht, kann
besser verstehen. Wer
mehr versteht, kann
besser sehen.

Je mehr Signale und Phänomene in Ihrer Umwelt Sie wahrnehmen und erkennen können, desto komplexer werden Ihre Gedanken, desto reicher wird Ihr Erfahrungsschatz.

Wenn wir die Signale interpretieren, die unsere Mitmenschen aussenden, können wir im Wesentlichen zwei Ebenen unterscheiden, auf denen Kommunikation stattfindet: die Inhalts- und die Beziehungsebene.

Inhalts- und Beziehungsebene

Die Inhaltsebene bezeichnet die Verständigung über Inhalte, die überwiegend mit Worten ausgedrückt werden. Diese Informationen sind durch die Sprache sozusagen »verschlüsselt«, man kann sie nur verstehen, wenn man die gleiche Sprache spricht und die Bedeutung der Begriffe erlernt hat. Sie sind nicht ohne weiteres zugänglich, meistens sind sie abstrakter und komplizierter als die Informationen, die auf der Beziehungsebene übermittelt werden. Diese in der Sprachforschung »digital« genannten Signale werden als spezifisch menschlich angesehen.

Neben den Inhalten, über die wir uns meist sprachlich verständigen, werden gleichzeitig nonverbale Signale gesendet, durch Tonfall oder Körpersprache. Dieses Signale sind direkter und spiegeln das Gesagte unmittelbar wider. Sie sind meistens bildhaft und stehen immer in einem analogen Verhältnis zu dem, was gemeint ist. Während beispielsweise die Zahl »Drei« nur verstanden werden kann, wenn man die gleiche Sprache spricht, wird eine mit drei ausgestreckten Fingern empor gehaltene Hand überall auf der Welt verstanden. Das Wesentliche daran ist: Diese immer mitgesendeten Signale enthalten unverzichtbare Zusatzinformationen darüber, welches Verhältnis der Sprecher zu seinem Zuhörer hat. Nonverbale Signale sind oft unsere einzigen Anhaltspunkte, wie es um unsere Beziehung zum jeweiligen Gesprächspartner bestellt ist. Störungen auf der Beziehungsebene können wir sofort an

Untertönen oder abwehrender Körperhaltung erkennen, selbst wenn der ausgesprochene Satz ausschließlich sachliche Zusammenhänge enthält.

Sprache und Körpersprache bilden eine Einheit

Der Mensch ist also in der Lage, sowohl »digital« als auch »analog« zu kommunizieren. Über die Sprache sendet er verschlüsselte Botschaften an sein Gegenüber, und gleichzeitig – über Körperbewegungen oder Tonfall – gibt er direkte Signale. Dabei ist keine der Kommunikationsformen besser als die andere. Viele Dinge kann man nur digital ausdrücken, andere nur analog. Oft enthält die nonverbale Kommunikation wichtige Zusatzinformationen für das Verständnis des Gesagten.

Ein Computer zum Beispiel würde den Satz »Lass die Klebstofftube immer offen, dann wirst du viel Freude daran haben.« wahrscheinlich wörtlich nehmen. Doch in Verbindung mit nonverbalen Signalen könnten unterschiedliche Bedeutungen damit verbunden werden: Der gleiche Inhalt kann auf der Beziehungsebene in diesem Fall einen freundschaftlichen Rat, aber auch harsche Kritik bedeuten.

In jedem Fall liefern nonverbale Signale wichtige Informationen darüber, wie der Satz gemeint ist – und dass er auf keinen Fall im Wortsinn ernst genommen werden sollte. Gerade bei ironischen Bemerkungen erkennen wir nur durch die Körpersprache, dass der andere das Gegenteil von dem meint, was er sagt.

Nonverbale Signale gehen immer mit dem gesprochenen Wort einher, sie werden aber nicht in jedem Fall so deutlich registriert wie in unserem Beispiel. Ohne Störungen auf der Beziehungsebene oder widersprüchliche Inhalte werden die mitgesendeten Signale der Sympathie von den meisten kaum bewusst wahrgenommen.

Grundsätzlich können wir uns nicht nur beider Ausdrucksformen bedienen, sondern auch wählen, auf welche

Kommunikationsform wir den Schwerpunkt legen wollen: Ob wir mehr auf das gesprochene Wort oder auf Gestik, Mimik, Tonfall etc. achten.

Wir legen den Fokus zu sehr auf das Wort und achten zu wenig auf die vielfältigen Signale der Körpersprache.

In unserem Kulturkreis aber konzentrieren wir uns zu sehr auf die Inhaltsebene, auf das gesprochene Wort. Dadurch haben wir nie richtig gelernt, die Körpersprache richtig zu verstehen und die Signale rechtzeitig zu deuten. Häufig nehmen wir die Signale der Beziehungsebene erst dann wahr, wenn massive Widersprüche und Störungen auftreten, wenn negative Signale uns aufhorchen lassen. Viele erreicht die emotionale Botschaft erst dann, wenn der Gesprächspartner mit hochrotem Kopf vor ihnen steht. Dann ist aber die Hürde oft schon zu groß, um die Störungen auf der Beziehungsebene anzusprechen – lieber wird so getan, als ob es lediglich um inhaltliche Standpunkte ginge.

Aber gerade weil wir negative Signale oft dauerhaft ignorieren, wird nach und nach die gesamte Wahrnehmung von der Unklarheit und dem Ärger blockiert, der sich auf diese Weise anstaut. So kann auch die Aussage der Worte nicht mehr uneingeschränkt verstanden werden. Denn durch den Konflikt wird die Denkfähigkeit von den Gefühlen überlagert und die Inhalte im »psychologischen Nebel« verschleiert.

Was meinen Sie, wie viele Leute in einer solchen Situation trotzdem weiterhin krampfhaft versuchen, auf der inhaltlichen Ebene zu reagieren? Die blockierende schlechte Beziehung wird hartnäckig ignoriert und weiter argumentiert, was das Zeug hält.

Um nonverbale Alarmzeichen schon früh zu erkennen, kann jeder etwas dafür tun, seine Wahrnehmungsfähigkeit zu erweitern. Dazu müssen Sie als Erstes wissen, wie Sie selbst auf die Welt zugehen, wie Sie die Dinge deuten, die Sie wahrnehmen.

Schauen Sie eher nach den »objektiven« Fakten, oder lassen Sie sich mehr von Ihrem Gefühl leiten und leisten sich auch mal ein paar kleine Illusionen, die das Leben bunter machen? Versuchen Sie eine Selbsteinschätzung Ihrer Wahrnehmungsgewohnheiten.

Der Selbsterkenntnis-Check:
Wie nehmen Sie Ihre Umwelt wahr?

Finden Sie, dass Beschönigungen eine Zeichen von Unreife sind? Oder erlauben Sie sich ab und zu einen kleinen Selbstbetrug? Beantworten Sie einfach, ob die folgenden Aussagen auf Sie zutreffen oder nicht.

1. Ein kranker Mensch sollte jederzeit
   schonungslos über jedes Risiko aufgeklärt
   werden.   Ja ☐ Nein ☐

2. Manchmal öffne ich die Briefe mit meinen
   Kontoauszügen von der Bank nicht.   Ja ☐ Nein ☐

3. Ich sehe mir jeden Tag genau die Fernsehbilder
   aus Kriegsgebieten an.   Ja ☐ Nein ☐

4. Die Bettler und Obdachlosen, die man auf
   der Straße sieht, belasten mich seelisch.   Ja ☐ Nein ☐

5. Wenn Menschen sich lieben, sollten sie
   das allen zeigen und auch auf offener Straße
   schmusen und sich küssen.   Ja ☐ Nein ☐

6. Jeder Raucher sollte sich jeden Tag ein
   Bild einer krebskranken Lunge ansehen.   Ja ☐ Nein ☐

7. Wenn das Fernsehen jeden Tag Bilder von
   hungernden Kindern zeigte, würde für die
   Kinder mehr getan.   Ja ☐ Nein ☐

8. Waren und Dienstleistungen, die mit Sex
   verkauft werden, boykottiere ich.   Ja ☐ Nein ☐

9. Wenn Menschen Ringe tragen, die zeigen,
   dass sie aus einer adligen Familie stammen,
   finde ich das heute eher peinlich.   Ja ☐ Nein ☐

10. Nur wer jeden Schmerz an sich heranlässt,
kann das Leben meistern.　　　　　　Ja ☐ Nein ☐

11. Ich achte immer genau darauf, ob Menschen
korrekt gekleidet sind.　　　　　　Ja ☐ Nein ☐

12. Ein erwachsener Mensch muss auch bei
einem Unfall mit Schwerverletzten
hinschauen können.　　　　　　　　Ja ☐ Nein ☐

13. Werbespots mit Kindern sollten eigentlich
verboten werden.　　　　　　　　Ja ☐ Nein ☐

14. Sich Schminken und Pflegen ist – genau
betrachtet – eine Form der Unehrlichkeit.
Man sollte den Menschen ein ehrliches
Gesicht und keine Fassade zeigen.　　Ja ☐ Nein ☐

15. Es ist ein positives Zeichen, wenn Menschen sich schöner finden als sie sind.　Ja ☐ Nein ☐

Auswertung zum Check

Bitte geben Sie sich jeweils einen Punkt, wenn Sie bei Aussage 2, 4, 8, 9, 13, 15 Ja und bei 1, 3, 5, 6, 7, 10, 11, 12, 14 Nein
angekreuzt haben

Weniger als 8 Punkte: Sie sind durch und durch Realist. Für
Sie gelten Tatsachen, und von einem Mensch, der sich seinen
Hoffnungen und Fantasien hingibt, haben Sie keine sehr gute
Meinung. Sie halten Illusionen für kindisch. Wer erwachsen
sein und im Leben Erfolg haben will, der darf Ihrer Meinung
nach vor keiner Tatsache die Augen verschließen. Meist kommen Sie mit dieser Einstellung gut zurecht. Aber es würde
Ihnen noch besser gehen, wenn Sie Ihre Wünsche und Träume besser kennen und ernster nehmen würden. Lassen Sie

auch bei anderen etwas mehr Gefühl zu. Denn nicht nur der Verstand sagt einem, wo es im Leben wirklich »langgeht«.

8–12 Punkte: Sie gehen mit wachen Augen und klarem Verstand durchs Leben. Sie sehen allen Tatsachen ins Auge, machen sich selbst nichts vor, und man kann Ihnen auch nichts vormachen. Aber eigentlich sind Sie so etwas wie ein Realist wider Willen. Mehr Freude finden Sie, wenn Sie die Welt nicht nur so sehen, wie sie wirklich ist, sondern sich eine bessere Welt ausmalen können, in der es alle Menschen leichter und schöner haben. Und weil Sie daran glauben, dass solch eine Welt nicht von Realisten, sondern eher von Träumern geschaffen wird, schlägt Ihr Herz sehr stark für die Menschen, die am Bösen vorbeisehen, weil sie sonst den Blick für das Gute verlieren.

Mehr als 12 Punkte: Sie sind ein Mensch, der viel Sympathie und Mitgefühl mit anderen hat. Deshalb schauen Sie im Leben öfter weg als hin, weil das viele Leid, das uns ja alle umgibt, für Sie schwerer zu ertragen ist als für die meisten Menschen. In Ihrer Fantasie sind Sie genauso gut zu Hause wie in der Realität. Lassen Sie sich von keinem Menschen von dieser Haltung abbringen. Lebensmut und Lebenskraft kommen ja nicht aus dem Verstand, sondern von »tiefer drinnen«, von den Stellen, an die die Gedanken nicht immer hinreichen, wohl aber Gefühl und Fantasie. Achten Sie nur darauf, dass Sie sich nicht völlig von der Realität abkapseln.

Verschieben Sie den Fokus

Der Schwerpunkt unserer Wahrnehmungsmuster, die von Generation zu Generation weitergegeben werden, liegt in unserem westlichen Kulturkreis auf dem Verstand und dem gesprochenen Wort. Deshalb entgehen uns viele nicht sprachliche Signale, die uns wesentlich mehr Aufschluss über die vielschichtigen Botschaften des Sprechenden geben könnten.

Jeder spricht die Körpersprache – aber kaum einer kann sie wirklich deuten. Die Reaktion auf diejenigen analogen Signale, die wir überhaupt erkennen können, geschieht deshalb meistens unbewusst.

Wer seine Sinne schärft und seine Aufmerksamkeit bewusst auf die Körpersprache lenkt,
- versteht seinen Gesprächspartner besser,
- vermeidet Fehlinterpretationen (zum Beispiel können Tränen sowohl Freude als auch Trauer bedeuten),
- erkennt wesentlich früher Störungen auf der Beziehungsebene,
- kann selbst differenzierter auf die unterschiedlichen Signale reagieren, die er empfängt.

Sprachliche Informationen nützen wenig ohne nicht sprachliche Zusatzinformationen.

Der Schlüssel für eine bessere Kommunikation ist eine bessere Wahrnehmung der nicht sprachlichen Signale. Wer schon früh Störungen auf der Beziehungsebene erkennt und richtig deutet, kann darauf eingehen, bevor es zum ernsten Konflikt kommt.

Weil wir meistens nur in einem sehr groben Raster wahrnehmen, spüren wir zwar, ob der Kontakt funktioniert oder nicht, wir wissen aber nicht, warum das so ist. Wenn »die Chemie« stimmt, geht alles leicht. Wenn es aber nicht so gut läuft, wird oftmals pauschal abgewinkt und schnelle Urteile werden gefällt: »An den ist eben einfach nicht ranzukommen«, »das ist ein absolut überheblicher Typ«, oder »die ist langsam wie eine Schlaftablette« usw. Wer aber kleine Hinweise frühzeitig erkennt, der durchschaut die Hintergründe bestimmter Verhaltensweisen und kann Unstimmigkeiten leicht aus dem Weg räumen. Und dann läuft auch die Verständigung auf der Inhaltsebene reibungslos.

Inhalt und Körpersprache müssen übereinstimmen

Wichtig für Ihren eigenen Ausdruck und dafür, von anderen als glaubwürdig wahrgenommen zu werden, ist vor allem die Übereinstimmung von verbalen und körper-

246

sprachlichen Signalen. Redner können noch so brillante Formulierungen benutzen – werden die Worte nicht angemessen durch Körpersprache unterstützt, wird er nicht einen seiner Zuhörer überzeugen können. Natürlich ist nicht der Umfang von Mimik und Gestik entscheidend, sondern die Übereinstimmung mit den Inhalten und das energetische Potenzial. Wer von seinen Ideen überzeugt ist und es schafft, diese Begeisterung auch sichtbar zu machen, hat wesentliche Vorteile gegenüber dem Introvertierten, der extrem zurückhaltend auftritt.

Wenn jemand zwar sagt, »Ich freue mich, Sie kennen zu lernen«, aber die Körpersprache zeigt keinerlei Freudensignale, dann werden Sie ihm nicht glauben. Vielleicht werden Sie ihn trotz des Gesagten als unhöflich und desinteressiert empfinden. Aber eventuell ist dieser Mensch schüchtern und gehemmt. Unsicherheit ist die häufigste Ursache von Missverständnissen, weil schüchterne Menschen meistens eine sehr zurückhaltende und abwehrende Körpersprache haben. Das führt auch oft zu dem Fehlurteil, sie seien arrogant. Wenn man dann auf diese vermeintlich negativen Signale selbst feindselig reagiert, wird die Unsicherheit verstärkt und dadurch wiederum unser negativer Eindruck usw. Wir formen unser Gegenüber nach unserem Bild und können dann am Ende sagen, wir hätten es ja gleich gewusst: Dieser Mensch ist einfach arrogant!

Misstrauen Sie deshalb immer dem ersten Eindruck, wenn es ein negativer ist! Versuchen Sie immer, eine Erklärung zu finden, warum er so schlecht ausgefallen ist: Ein arroganter Mensch kann unsicher sein, ein schweigsamer vielleicht müde, und ein schlecht gelaunter kann aus Gründen gereizt sein, die Sie nicht kennen. Denken Sie nie, Sie hätten einen Menschen durchschaut, versuchen Sie vielmehr, sich immer wieder in seine Situation zu versetzen – ob Sie ihn mögen, oder nicht. Geben Sie jedem Menschen eine Chance, bevor negative Urteile zur sich selbst erfüllenden Prophezeiung werden!

»You never get a second chance to make a first impression.«
Werbespruch

Sehen Sie Andersartigkeit als Chance

Natürlich sollen Sie bei einer Begegnung nicht nur auf die Körpersprache achten. Wichtig ist, dass Sie die Körpersignale wahrnehmen, sich aber gleichzeitig darauf konzentrieren, *wie* jemand etwas sagt, und außerdem genau hinhören, *was* er sagt. All das ist wichtig, um deutlich wahrzunehmen, was mein Gegenüber wirklich meint.

Bei manchen Menschen fällt es uns allerdings schwer, zuzuhören. Wir haben einfach nicht die gleiche »Wellenlänge«. Auch wenn wir theoretisch wissen, dass es so viele Unterschiede wie Menschen gibt und dass diese Unterschiede an sich weder gut noch schlecht sind – es gibt es immer wieder Typen, mit denen wir einfach nicht zurechtkommen. Sie »ticken« aus unserer Sicht so extrem anders, dass es schwer fällt, Nähe aufzubauen.

Durch Reden lernen Sie nichts, durch Zuhören sind Ihre Möglichkeiten unbegrenzt.

Doch im Prinzip könnten wir mit jedem auskommen, und nicht nur das, Gegensätze können sich sogar wunderbar ergänzen, wenn es gelingt, die anders gelagerte Stärke des Kollegen oder Partners als Kompetenz anzuerkennen, anstatt sich von seiner Andersartigkeit auf die Palme bringen zu lassen. Denn dass dieser Mensch weniger umgänglich sei, ist meistens ein Irrtum. Und dieser Irrtum kostet uns immer wieder Kraft und Nerven, vor allem wenn es zum Beispiel ein Kollege ist, mit dem wir nun mal auskommen müssen. Außerdem entgeht uns ein wahres Geschenk. Durch die Andersartigkeit dieses Menschen könnten wir eine Menge lernen und sie dadurch als echte Bereicherung erfahren.

Bessere Menschenkenntnis durch genauere Wahrnehmung

Um unsere Menschenkenntnis zu verbessern und damit die Möglichkeiten der Kommunikation tiefer ausschöpfen zu können, müssen wir lernen, die wahrgenommenen Körpersignale entsprechend zu interpretieren. Manchmal können (fast) gleiche Verhaltensweisen ganz unterschiedliche Dinge bedeuten, je nach Veranlagung und Grundstruktur eines Menschen.

Erkennen Sie, mit welchem Typ Sie es zu tun haben

Die folgende Beschreibung verschiedener Grundcharaktere ist zur besseren Orientierung stark typisiert. Jeder Mensch ist natürlich anders, aber um bestimmte Verhaltensweisen und einige gruppendynamische Prozesse besser zu verstehen, ist es hilfreich, erst einmal die typischen Grundmuster eines Menschen zu erkennen.

Die Einteilung der vielfältigen menschlichen Charaktere in unterschiedliche Grundformen taucht bereits in der Lehre von Hippokrates auf, der 500 v. Chr. anhand der Körpersäfte unterschiedliche Verhaltensmuster und Typen charakterisierte – Choleriker, Sanguiniker, Phlegmatiker und Melancholiker. C. G. Jung arbeitete mit einem ähnlichen Modell, wobei er acht verschiedene Typen unterschied. Die Methode der INSIGHTS® Management-Development-Instruments, mit welcher ich intensiv arbeite, integriert dieses Wissen ebenso, wie das hier verwendete so genannte Vierquadrantenmodell, welches auf den amerikanischen Psychologen Dr. William Marston zurückgeht.

Handeln Sie entgegen Ihrer Veranlagung?

Trotz der starken Typisierung ist die Treffgenauigkeit dieser Methode erstaunlich. Sie ermöglicht Erkenntnisse zum Beispiel darüber, für welche Position in einem Unternehmen ein Mitarbeiter besonders geeignet ist, und in welchem beruflichen Umfeld die persönlichen Stärken und Neigungen am besten gefördert werden. Viele quälen sich unnötig, weil sie ihre Zeit die Arbeit nicht so organisieren, wie es ihrem Typ entsprechen würde. Dabei könnte häufig eine unwesentlich veränderte Teamstruktur einen wesentlich reibungsloseren Ablauf bewirken. Auch für die zwischenmenschliche Kommunikation außerhalb des Berufslebens ermöglichen die folgenden Typisierungen wertvolle Einsichten.

Wir können vier Grundeigenschaften unterscheiden: introvertiert, extrovertiert, bzw. sachorientiert, menschenorientiert. Sie bilden zwei Paare entgegengesetzter Eigenschaften und bezeichnen die Hauptachsen, die das Typenmodell in vier Quadranten unterteilen (siehe Abbildung unten).

Um festzustellen, wie Sie sich selbst einschätzen, zeichnen Sie wie im Beispiel unten sowohl auf der horizontalen als auch auf der vertikalen Achse jeweils ein Kreuz an, je nachdem zu welchem Verhalten – introvertiert/extrovertiert sowie sach-/menschenorientiert – Sie Ihrer Ansicht nach mehr tendieren. Verbinden Sie dann die Punkte wie im Beispiel, sodass Sie sich in einem bestimmten Quadranten wiederfinden.

Jetzt können Sie nachsehen, in welchem Quadranten Sie

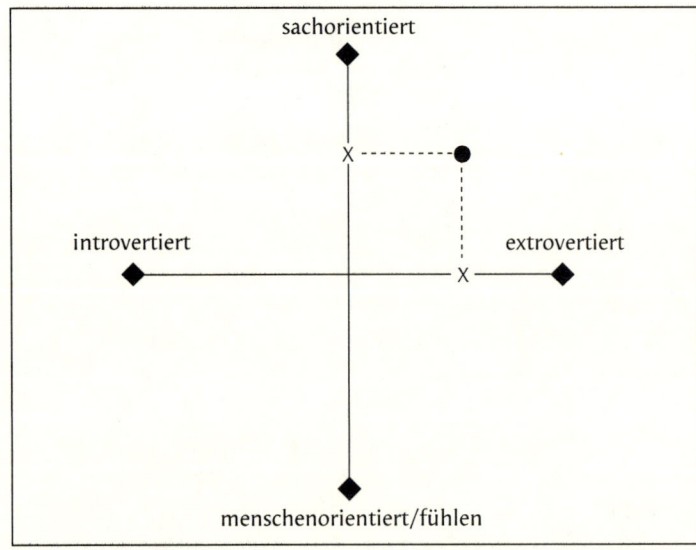

Beispiel für Selbsteinschätzung

sich befinden. Die Quadranten sind aufgeteilt in gewissenhaft, dominant, stetig und initiativ, die jeweils zentralen Eigenschaften der vier Grundtypen. Zusätzlich sind den einzelnen Quadranten Farben zugeordnet, welche den genannten Eigenschaften entsprechen.

Jede Farbe hat ihre individuelle Wirkung und setzt ein ganz bestimmtes Signal. Mit Farben wollen und können wir eindeutige Aussagen machen. Will eine Firma am Markt dynamisch und aktiv auftreten, wird sie in ihrem Logo oder Schriftzug höchstwahrscheinlich Rot verwenden. Gelb wird in der Regel für Leichtigkeit und Offenheit gewählt, Grün für Vertrauen und Sicherheit, Blau für Kompetenz und Weitblick.

In folgender Grafik sehen Sie, welche Farben und welches Verhalten den einzelnen Quadranten zugeordnet ist.

Stimmt Ihre persönliche Selbsteinschätzung mit den aufgeführten Eigenschaften »Ihres« Farbquadranten überein?

Dann lesen Sie, was »Ihre« Farbe über Sie aussagt:

Wie Sie sich selbst sehen

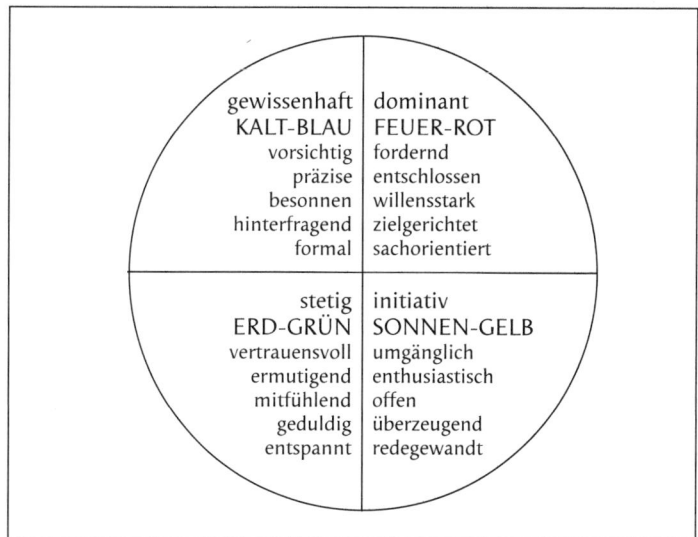

INSIGHTS® Farb-Typen-Rad 1

Rot: Der dominante Typ

»Rote« entscheiden und handeln. Sie sind zielstrebig, reagieren schnell, kümmern sich um das nahe Liegende und Vordringliche. Sie sind meistens sehr direkt und äußern sich oft fast schon autoritär. Am liebsten erledigt ein Roter alle Sachen sofort – und alle anderen sollten das seiner Ansicht nach am besten auch tun. Rote stehen gern im Konkurrenzkampf und wollen gewinnen. Wenn Hindernisse auftreten, denken sie innerlich oft: jetzt erst recht! In ihrem Denken sind sie meist unabhängig, legen jedoch großen Wert darauf, was bekannte oder hoch stehende Persönlichkeiten sagen oder von ihnen halten. Wo Rote sind, da wird etwas bewegt, und die Dinge werden erledigt.

Als Roter brauchen Sie
• Anerkennung für Ihre Leistungen, am besten öffentlich,
• Respekt,
• Komplimente,
• Teilnahme an Entscheidungen.

Sie könnten Aussagen machen wie
• »Zeit ist Geld.«
• »Lasst uns loslegen, und am besten so, wie ich mir das vorstelle.«
• »Sie haben Recht, aber das Wichtigste kommt jetzt erst.«
• »Wir machen es entweder jetzt oder gar nicht.«
• »Sind Sie sicher, wovon Sie reden?«

Gestik, Körperhaltung und Ausdrucksweise des roten Typus: bestimmt, energievoll, wenig, aber kräftig; kurz und knapp und auf den Punkt kommend.

Gelb: Der initiative Typ

»Gelbe« sind optimistisch und fröhlich. Sie lieben es, neue Menschen kennen zu lernen. Sie sind kreativ und haben das Bedürfnis, ihre Träume auch zu verwirklichen. Sie entscheiden spontan und engagieren sich gern in den unterschiedlichsten Projekten. Sie haben eine natürliche Art, sich zu begeistern und stecken andere damit an. Sie reden meistens mehr als sie zuhören und haben die Tendenz, von einer Sache in die andere zu springen. Wo Gelbe sind, da hat man Spaß, und es geht sehr angeregt zu.

Als Gelber brauchen Sie
- soziale Akzeptanz,
- Lob für gut gemachte Arbeit,
- möglichst häufige Gespräche mit dem Vorgesetzten,
- persönliche Aufmerksamkeit,
- Freiheit von »Kleinkram« und Routine.

Sie könnten Aussagen machen wie
- »Lasst uns was Neues machen!«
- »Ich will Spaß haben.«
- »Lasst uns einen Kreativitätszirkel gründen und Ideen spinnen.«
- »Trinken wir einen Kaffee zusammen und reden wir darüber.«
- »Kann ich das meinen Nachbarn erzählen?«

Gestik, Körperhaltung und Ausdrucksweise des gelben Typus: aktiv, lebhaft, agil und schnell.

Grün: Der stetige Typ

»Grüne« sind beständig und brauchen Sicherheit. Für die Grünen sind die Beziehungen zu Menschen wichtig und die Qualität der Beziehungsebene. Sie können sich sehr gut auf Menschen einstellen, einfühlsame Fragen stellen und herausfinden, was ihr Gesprächspartner will. Der Grüne strahlt Wärme aus und ist sehr zuverlässig. Ebenso ist er hervorragend in der Nachbereitung von Gesprächen. Er hat eine ruhige, geduldige Art und führt ihm übertragene Aufgaben gewissenhaft aus. Daher sind ihm ungeduldige Menschen unangenehm, weil diese ihn aus seinem gewohnten Rhythmus herausreißen. Er ist meist sehr loyal seinen Vorgesetzten oder dem Unternehmen gegenüber; Verbindungen löste er nur schwer.

Als Grüner brauchen Sie
• in erster Linie Sicherheit,
• Freiheit von Druck,
• Unterstützung,
• Geduld und Beruhigung,
• Lob für Ihre Arbeit.

Sie könnten Aussagen machen wie
• »Lasst uns gut miteinander umgehen.«
• »Wir wollen ein Team bilden und gemeinsam über die Sache beraten.«
• »Ich gebe dir gern meine Unterstützung.«
• »Wieso kommt schon wieder eine Änderung? Ich habe mich gerade daran gewöhnt.«
• »Du bist mein Freund, welche Empfehlung gibst du mir?«

Gestik, Körperhaltung und Ausdrucksweise des grünen Typus: langsam, ruhig, wohl überlegt, bedächtig.

Blau: Der gewissenhafte Typ

Bevor »Blaue« sich ein Urteil bilden, analysieren sie alle Aspekte genau. Sie handeln aufgrund von Daten, Fakten und Zahlen und haben meist eine durchgeplante Strategie. Sie sind sehr diszipliniert im Umgang mit der Zeit. Ihre Arbeit erledigen sie in gemessenem, eher vorsichtigem Tempo. Für den Blauen ist persönliche Nähe nicht so wichtig. Qualität, Ordnung und Struktur haben den Vorrang. Als Problemlöser ist er ein guter Partner und er verhält sich meist sehr diplomatisch anderen gegenüber.

Als Blauer brauchen Sie
• Stabilität und Unabhängigkeit,

- Freiheit von Druck,
- ein strukturiertes Umfeld,
- Ermutigung und Lob.

Sie könnten Aussagen machen wie
- »Nennen Sie mir Daten und Fakten.«
- »Das muss ich erst selbst sehen und prüfen.«
- »Wie sind Sie zu dieser Schlussfolgerung gekommen?«
- »Mit welchen Systemen lässt sich das verknüpfen?«
- »Bevor wir das tun können, müssen erst noch die Spezifikationen ausgearbeitet werden.«

Gestik, Körperhaltung und Ausdrucksweise des blauen Typus: zurückgelehnt, fast unbewegt, abwartend; sachlich, kühl.

Die Umwelt als Kontrollinstanz

Erkennen Sie sich in den Beschreibungen wieder? Und wie nehmen andere Sie wahr? Unsere Umwelt neigt manchmal mehr als wir selbst dazu, die Kehrseite der Eigenschaften zu betonen und sie negativ zu beschreiben. Die gleichen oben positiv beschriebenen Eigenschaften können von Mitmenschen mit negativen Vorzeichen versehen und entgegengesetzt wahrgenommen oder wir selber nehmen unsere Mitmenschen auf diese Weise wahr. Machen Sie die Gegenprobe, haben Sie diese Kritikpunkte schon des Öfteren zu hören bekommen.

Jede Einschätzung ist immer abhängig vom Standpunkt des Betrachters. Ein zurückhaltender, ruhiger »Grüner« wird vermutlich die Aktivität eines »Roten« eher als aggressiv empfinden.

Nehmen Sie Kritik als Anregung, aber berücksichtigen Sie den Standpunkt, von dem aus kritisiert wird.

Was aber allen Typen gemeinsam ist: Wenn sie in Stress kommen, dann kippt das sonst aktive, positive Verhalten, die grundlegend positiven Eigenschaften in die negative Variante.

So werden die Roten tatsächlich aggressiv, herrsch-

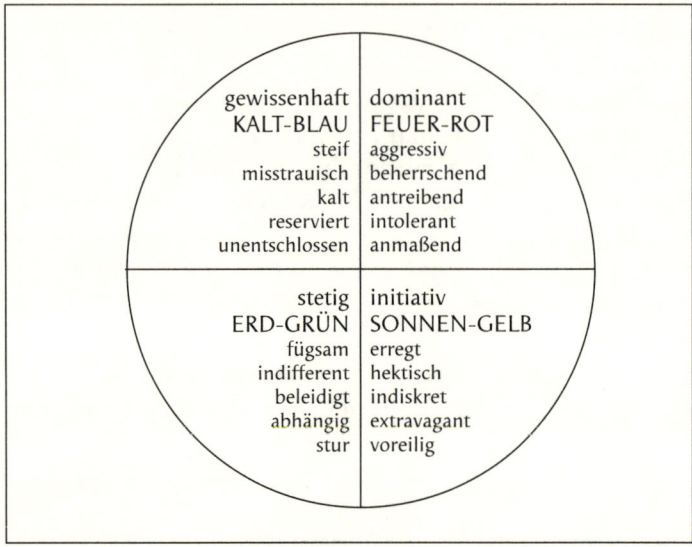

INSIGHTS® Farb-Typen-Rad 2

süchtig und ungerecht, oder betonen ihre Autorität zu stark.

Die Gelben werden hektisch, laut und ungeduldig. Sie vergessen, auf die Details zu achten und schätzen Situationen unrealistisch ein.

Die Grünen sind dann schnell beleidigt und nachtragend, halten sich an den Status quo und lehnen jedwede Veränderung oder Aktivität ab.

Die Blauen gehen kein Risiko mehr ein, ohne schriftliche Bestätigung, halten sich strikt an die Regeln der Vorgesetzen, arbeiten vor sich hin, ohne andere zu informieren, ziehen sich total zurück.

Haben Sie beim Lesen Muster entdeckt, die Sie im Verhalten von Kollegen, Freunden oder Partner wahrgenommen haben? Nun geht es darum, diese Verhaltensweisen einfach so zu nehmen wie sie sind – und auch selbst nicht das Gefühl zu haben, dass Sie sich jetzt total wandeln müssen, um allen und allem gerecht zu werden. Wichtig ist nur die Erkenntnis, die Sie aus dieser kurzen Einführung ziehen können:

Jeder hat seine ganz persönlichen Stärken und Schwächen. In einem guten Team werden die Stärken von allen richtig eingesetzt und die Auswirkungen der Schwächen dadurch minimiert. Wichtig ist, dass Sie selbst die jeweiligen Eigenschaften bei anderen erkennen, die Stärken fördern und nutzen, und gleichzeitig die Schwächen tolerieren. Sprechen Sie die Menschen so an, wie sie selbst angesprochen werden möchten.

Berücksichtigt man die Unterschiedlichkeit der einzelnen Typen, so ist jedoch das bekannte Sprichwort: »Behandle andere so, wie du selbst behandelt werden willst« nicht mehr ausreichend. Die genauso wichtige Regel, die Brian Tracy verkündet, lautet nämlich: Behandle andere so, wie sie behandelt werden wollen!

Und dafür muss ich natürlich genau wahrnehmen, wie der andere behandelt werden will.

Wenn Sie sich beispielsweise selbst als »rot« eingestuft haben, dann ist es fast selbstverständlich, dass ein »Grüner« für Sie viel zu langsam ist. Sie möchten ihn dann am liebsten anschieben und stehen ständig hinter ihm, damit er schneller wird. Dadurch wird er allerdings eher noch langsamer, weil er diesen Druck einfach nicht aushalten kann. Wenn Sie also aus diesem Kapitel die richtige Erkenntnis gezogen haben, dann werden Sie in Zukunft versuchen, auf einen »Grünen« ruhiger und gelassener zuzugehen und ihm gegenüber mehr Freundlichkeit aufzubringen. Sie werden sich wundern, wie gewissenhaft er darauf all Ihre Wünsche erledigt!

> **Hektisch oder einfach schneller? Langsam oder gründlicher? Es gibt immer zwei Betrachtungsweisen.**

Und das gilt analog natürlich auch für die anderen Typen.

Natürlich geht es aber nicht allein darum herauszufinden, welchen Grundtyp jemand verkörpert, sondern vielmehr, welche Anteile in welcher Kombination vorherrschen. Dadurch wird diese Methode weit komplexer, als es zunächst den Anschein hat. Wer sich selbst und andere anhand dieser Einteilung gründlich analysiert, erfasst damit sowohl den Persönlichkeitstyp, den man zum Beispiel im Berufsfeld nach außen zeigt, als auch den innen liegenden, nicht immer präsenten Teil. Der kann unter Umständen gleich oder ähnlich sein, aber in einigen Fällen unterscheiden sie sich auch deutlicher.

Selbst ohne weitere Details können Ihnen die dargestellten Zusammenhänge sicher schon ein Stückchen weiter helfen. Wenn Sie Ihre Wahrnehmung trainieren und künftig verstärkt auf die beschriebenen Wechselwirkungen achten, sind Sie bereits einen großen Schritt weiter auf dem Weg des positiven Veränderers.

● ●

Praktische Hilfen zum 12. Impuls

1. Üben Sie die genaue Interpretation der Signale

Beobachten Sie Ihre Körpersprache! Wer sich seiner Signale nicht bewusst ist, erkennt auch die der anderen nicht.

1. Achten Sie auf die Worte und die Körpersprache der Menschen, mit denen Sie zusammenkommen. Analysieren Sie auch Ihre eigenen körperlichen Äußerungen im Gespräch mit anderen.

2. Versuchen Sie die Signale der Körpersprache anhand von Bildern möglichst exakt zu beschreiben. Sie können sowohl Familienbilder oder Fotos von Freunden als auch ganz normale Abbildungen in Illustrierten, Zeitungen oder auch bewegte Bilder in Film und Fernsehen verwenden. Letzteres hat den Vorteil, dass Sie die Sprache als weiteres Beobachtungskriterium mit einbeziehen können.

Wichtig ist, dass Sie die Beschreibung und Interpretation dessen, was Sie sehen und hören, laut aussprechen und nicht nur denken. Durch die Verbalisierung wird Ihr Denken präziser.

Beschreiben Sie zuerst zum Beispiel: Die Frau hat den linken Arm um die Hüfte des Mannes gelegt und lächelt in die Kamera, der Mann wendet den Kopf leicht nach links und blickt in die Ferne. Jetzt können Sie interpretieren: Der

● ●

Mann hat keine Lust, fotografiert zu werden oder er sieht etwas, das seine Aufmerksamkeit ablenkt. Die Frau möchte das Bild eines harmonischen Paares darstellen und versucht, die schlechte Laune des Mannes wettzumachen. Vielleicht hat sie auch einfach nicht gemerkt, dass der Mann gerade mit seinen Gedanken woanders ist.

Versuchen Sie die Bilder nach folgenden Kriterien zu analysieren:

- Haltung: Körperhaltung, Verlagerung des Körpergewichts, Bewegungen, welche die gesamte Körperhaltung verändern.
- Mimik: alle Regungen, die wir im Gesicht eines Menschen beobachten, Erröten eingeschlossen.
- Gestik: alle Gebärden, die mit den Armen ausgeführt werden.
- Abstand: der Abstand zu anderen Personen sowie Bewegungen, die dazu dienen, die Distanz zu verringern oder zu vergrößern. Hier kann es Überschneidungen mit der Haltung geben.
- Tonfall: Sprachmelodie, Lautstärke, Pausen, Rhythmus etc. Zum Tonfall zählen auch Lautäußerungen wie Stöhnen oder Seufzen.

Suchen Sie nach Kontrollmöglichkeiten, ob Ihre Interpretationen stimmig sind. Optimal wäre es, diese Übung zu zweit oder mit mehreren durchzuführen, die andere Aspekte oder Interpretationen anregen können.

3. Die gleiche Übung können Sie danach an »lebenden Objekten« vornehmen. Versuchen Sie verstärkt, körpersprachliche Signale von anderen zu registrieren und zu interpretieren. Am wirksamsten ist die Übung, wenn Sie die Möglichkeit haben, denjenigen hinterher zu fragen, was ihm in der Situation durch den Kopf gegangen ist. So können Sie Ihre Interpretationen überprüfen. Das können Sie natürlich nur bei vertrauten Personen oder in bestimmten Situationen erfragen. Brüskieren Sie niemanden, indem Sie ihn ungewollte zum Versuchskaninchen machen!

2. Wenden Sie das Vierquadrantenmodell an

1. Sie wollen eine Idee oder ein Produkt verkaufen. Überlegen Sie, wie der Nutzen, den Sie bieten, sowohl einem Roten, Gelben, Grünen und Blauen überzeugend angeboten werden kann.

2. Achten Sie zum Beispiel auf Tagungen, wo meist die unterschiedlichsten Teilnehmer versammelt sind, auf die Art und Weise, wie Fragen gestellt werden. Versuchen Sie herauszufinden, mit welcher Person Sie es zu tun haben, und wie die Ausgangssituation dieser Person ist, damit Sie auf ihre Bedürfnisse eingehen können.

3. Finden Sie in Ihrem beruflichen und privaten Umfeld heraus:

- Welche Stärken hat eine Person, wie würde ich sie typisieren?
- Welche Schwächen hat eine Person?
- Wie reagiere ich auf typische Stärken und Schwächen?
- Welchen Arbeitsstil bevorzugt die Person?
- Welchen Arbeitsstil halte ich dagegen für optimal?
- Welches Umfeld braucht die Person, um sich entfalten zu können?
- Welche Konfliktpotenziale gibt es und wie lassen sich diese schon im Vorfeld erkennen und reduzieren?
- Welche typbedingten Verhaltensweisen sollten an dieser Person einfach akzeptiert werden?
- Was sollten Kollegen/was sollte ich tun, um mit dieser Person gut auszukommen?

14. Disziplin

Was fällt Ihnen spontan ein, wenn Sie diesen Impuls lesen, Disziplin? Denken Sie auch – wie wahrscheinlich die meisten – an Härte gegen sich selbst, Zucht, Anstrengung, Überwindung, Selbstbeherrschung, Geißelung, Zwang, Verzicht und täglichen Kampf? Das alles klingt, als wenn Disziplin eine Eigenschaft wäre, die das Leben ungeheuer freudlos und schwer macht. Dabei ist das Gegenteil der Fall: Mit Disziplin wird Ihr Leben schöner und leichter!

Die ursprüngliche Bedeutung des lateinischen Wortes »disciplina« stand in einem viel engeren Zusammenhang mit dem Verb »discere« (lernen). Disciplina bezog sich auf die Form des Lernens – zum Beispiel in einer Schule oder in der Wissenschaft. Das Lernen sollte durch Disziplin in eine organisierte Struktur gebracht werden. Noch heute werden Wissenschaftszweige oder Sportarten als »Disziplinen« bezeichnet. Erst später wurde diese Bedeutung von einer neuen überlagert: Disziplin wurde verbunden mit dem Bild des passiven und gehorsamen Schülers und dadurch mit der Aufrechterhaltung von Zucht und Ordnung.

Es geht auch ohne Druck

Heute wird Disziplin im Wesentlichen als Selbstdisziplin, als Selbstbeherrschung aus eigener Einsicht heraus verstanden. In diesem Sinne ist Disziplin eine Leistung, die das Individuum durch eigene beharrliche Anstrengung erbringt – aber eben durch Anstrengung und indem alles, was mit Lust, Spaß und den eigenen Wünschen zu tun hat, unterdrückt wird. Der Unterschied ist nur, dass der (Leistungs-)Druck nicht mehr vom Lehrer mit dem Rohrstock ausgeht, sondern jetzt von uns selbst erwartet wird.

Die schöne Vorstellung, dass uns alles ohne Anstrengung in den Schoß fällt, ist unrealistisch, das dürfte wohl jedem klar sein. Aber der enorme Druck, der fast immer mit der

> »Kinder und Uhren dürfen nicht beständig aufgezogen werden; man muss sie auch gehen lassen.« Jean Paul

Forderung nach mehr Disziplin verbunden ist, ist ein so krasses Gegenprogramm, das uns ebenso wenig weiterhilft. Wer von sich selbst mehr Disziplin fordert, denkt meistens gleichzeitig: »Ich muss härter zu mir selbst sein.« Aber genau damit wird ein immenser Stress erzeugt, der es einem schwer macht, wirklich dauerhaft die nötige Disziplin aufzubringen.

Entwickeln Sie Ihre persönliche Routine

Betrachten Sie deshalb Disziplin nicht als Zwang oder Verzicht, sondern vielmehr als eine Art Routine. Diese Routine bringt das, was Sie ändern oder lernen wollen, in eine geregelte Ordnung. Zwar durchaus mit Konsequenz und Zuverlässigkeit, aber ohne Quälerei. Die meisten Menschen, die nicht genügend Disziplin aufbringen, um ihre Vorsätze auch zu verwirklichen, scheitern daran, dass sie entweder zu viel auf einmal ändern wollen oder zu große Erwartungen an sich selbst haben bzw. zu große Projekte angehen.

Disziplin ist lernbar. Einen Vorsatz durchzuhalten, kann man durchaus üben. Hat es nämlich erst einmal geklappt, wächst das Selbstvertrauen und die Hürden zu überwinden, fällt immer leichter. Außerdem entwickelt sich im Laufe der Zeit eine Art »Routine der Routine«: Wer anfängt, bestimmte Dinge regelmäßig zu tun (oder zu unterlassen) entwickelt Vertrauen in konsequente Regelmäßigkeit. Und beim nächsten Mal ist die Schwelle dann noch niedriger, der Berg, der überwunden werden muss, wirkt wieder ein Stückchen kleiner. Und dann können Sie langsam damit beginnen, die Latte höher zu legen.

Wissen Sie, wie es um Ihre Disziplin bestellt ist? Schaffen Sie es immer oder meistens, bis zum Ende durchzuhalten, was Sie sich vorgenommen haben?

Beantworten Sie die folgenden Fragen. Dieser Check gibt Ihnen Anhaltspunkte dafür, wie gut Ihre Chancen sind, dass die Sache mit den Vorsätzen auch klappt.

DER SELBSTERKENNTNIS-CHECK:
Testen Sie Ihr Durchhaltevermögen

1. Wie viele gute Vorsätze fallen Ihnen ein, wenn Sie drei Minuten darüber nachdenken?

☐ a. 1
☐ b. 2
☐ c. 3
☐ d. 4
☐ e. mehr als 4

2. Ist Ihnen klar, welcher Ihrer guten Vorsätze der wichtigste ist?　　　　　　　Ja ☐ Nein ☐

3. Kommt Vorfreude in Ihnen auf, wenn Sie daran denken, dass Sie Ihren wichtigsten guten Vorsatz demnächst verwirklicht haben werden?　　Ja ☐ Nein ☐

4. Was für ein Gefühl hätten Sie dann? Womit wäre es vergleichbar?

☐ a. »Als ob ich endlich einen schweren Koffer abstelle.«
☐ b. »Ich wäre stolz wie ein Kind, das zum ersten Mal seinen Namen schreibt.«

5. Haben Sie das Gefühl: »Ich werde ein anderer Mensch sein, wenn ich mein Ziel erreicht habe«?　　Ja ☐ Nein ☐

6. Entsteht bei Ihnen Vorfreude, wenn Sie daran denken, wie Sie Ihren wichtigsten guten Vorsatz in die Tat umsetzen?　　　　　　　　Ja ☐ Nein ☐

7. Wissen Sie genau, wie Sie Ihren wichtigsten guten Vorsatz Schritt für Schritt in die Tat umsetzen wollen?　　　　　　Ja ☐ Nein ☐

. . . .

Mit guten Vorsätzen ist der Weg zur Hölle gepflastert.

8. Mit welchen Worten beginnt Ihr wichtigster guter Vorsatz?

☐ a. »Ich will ...«
☐ b. »Ich würde gern ...«

9. Von welcher Art ist Ihr wichtigster guter Vorsatz?

☐ a. »Ich will in Zukunft dies und das tun.«
☐ b. »Ich will in Zukunft dies und das nicht mehr tun.«

10. Haben Sie schon einmal versucht, diesen allerwichtigsten guten Vorsatz in die Tat umzusetzen?   Ja ☐ Nein ☐

11. Hat ein anderer Mensch Interesse daran, dass Sie Ihre guten Vorsatz verwirklichen? Ja ☐ Nein ☐

12. Würde dieser andere Mensch Ihnen dabei helfen?   Ja ☐ Nein ☐

13. Was wäre dieser Mensch dabei?

☐ a. So etwas wie Ihr Chefkontrolleur.
☐ b. So etwas wie Ihr Butler.

14. Haben Sie Schuldgefühle, weil Sie Ihren allerwichtigsten Vorsatz noch nicht verwirklich haben?   Ja ☐ Nein ☐

15. Haben Sie deswegen anderen Menschen gegenüber ein schlechtes Gewissen?   Ja ☐ Nein ☐

16. Nimmt Ihnen der Mensch, der Ihnen bei der Verwirklichung Ihrer guten Vorsätze helfen könnte, Ihr schlechtes Gewissen?   Ja ☐ Nein ☐

. . . .

17. Macht dieser Mensch Ihnen ein
schlechtes Gewissen? Ja ☐ Nein ☐

Konsequenz ist manch-
mal schwerer als der
erste Schritt.

18. Nimmt er selbst sich öfter auch einmal
etwas vor und schafft es dann nicht? Ja ☐ Nein ☐

19. Schafft er alles, was er sich vornimmt? Ja ☐ Nein ☐

20. Ist er so perfekt, dass er nichts an sich
zu ändern braucht? Ja ☐ Nein ☐

21. Glaubt er, so perfekt zu sein, dass er
nichts an sich zu ändern braucht? Ja ☐ Nein ☐

22. Kann dieser Mensch Ihnen Mut machen? Ja ☐ Nein ☐

23. Kann er Sie zum Lachen bringen, auch
wenn Ihnen gar nicht danach zumute ist? Ja ☐ Nein ☐

24. Kann er Stress von Ihnen fernhalten? Ja ☐ Nein ☐

25. Fängt dieser Mensch Sie auf, wenn es
einmal einen Rückschlag gibt? Ja ☐ Nein ☐

26. Spüren Sie eine Art Damoklesschwert über sich,
wenn Sie es nicht schaffen, in Zukunft Ihre
guten Vorsätze in die Tat umzusetzen? Ja ☐ Nein ☐

Auswertung zum Check

So viele Punkte dürfen Sie sich anschreiben: Bitte geben Sie
sich jeweils einen Punkt für jedes Ja bei den Fragen 2, 3, 6, 7,
11, 12, 16, 22, 23, 24, 25 und ebenfalls einen Punkt für jedes
Nein bei den Fragen 5, 10, 14, 15, 17, 18, 19, 20, 21, 26.

Je zwei Punkte bekommen Sie, wenn Sie angekreuzt haben: 4b, 8a, 9b, 13b. Aber ziehen Sie sich je zwei Punkte wieder ab für jeden weiteren guten Vorsatz, der Ihnen bei Frage 1 zusätzlich zu Ihrem allerwichtigsten Vorsatz für die Zukunft eingefallen ist.

Weniger als 10 Punkte: Sie werden zu kämpfen haben, damit Ihre guten Vorsätze in Erfüllung gehen. Ob das klappt, was man sich vornimmt, hängt ja nicht nur vom guten Willen ab – den haben Sie! Noch wichtiger ist die Einstellung, mit der Sie die Dinge angehen: Wer sich unter Druck gesetzt fühlt, spürt zwar einen starken Willen, etwas am eigenen Leben zu ändern. Aber der Druck nimmt uns zugleich auch Kraft – genau jene Kraft, die wir brauchen, um uns zu ändern. Deshalb ist Druck meist keine gute Voraussetzung für den Versuch, das eigene Leben diszipliniert in den Griff zu bekommen.

Unproduktiver und hindernder Druck entsteht aus den folgenden vier Gründen:

1. aus Schuldgefühlen,
2. wenn andere Menschen etwas von uns fordern, uns dabei aber nicht helfen,
3. wenn man sich zu viel vornimmt oder
4. wenn man sich Ziele setzt, aber keine Klarheit über die Wege hat, auf denen diese zu erreichen sind. Dann weiß man nicht, was man bei Rückschlägen, Engpässen oder schlechten Wegstrecken tun kann.

Erinnern Sie sich einmal, ob nicht einer dieser Gründe bei früheren Versuchen, etwas in Ihrem Leben zu ändern, eine Rolle gespielt hat. Und bauen Sie für die Zukunft Druck ab, in dem Sie Ihre Vorsätze reduzieren. Weniger ist nämlich wirklich oft mehr. So werden Sie leichter die nötige Disziplin aufbringen können.

10 bis 18 Punkte: Sie haben gute Chancen, Ihren wichtigsten Vorsätze in die Tat umzusetzen. Sie wünschen sich etwas von sich selbst und wollen sich diesen Wunsch erfüllen. Sie wissen, dass das nicht leicht ist, denn jede Änderung im Leben – auch eine Änderung zum Guten – bringt erst einmal Stress mit sich. Aber die Umstände sind günstig. Sie stellen sich unter keinen so starken Druck, dass ihre Kräfte darunter leiden. Und die Menschen, mit denen Sie leben, unterstützen Sie bei Ihren guten Vorsätzen. Nehmen Sie sich aber nicht zu viel vor. Jedes kleine Ziel, das man erreicht, ist ein kleiner Sieg. Wer aber den ganz großen Erfolg – die Lösung aller Probleme – sucht, der steht schnell mit völlig leeren Händen da.

Ansporn oder Kontrolle? Beides kann helfen, Disziplin aufzubringen.

Mehr als 18 Punkte: Eigentlich müsste es jetzt mit Ihren guten Vorsätzen klappen, denn Sie haben sich nicht mehr vorgenommen, als Sie auch bewältigen können, Sie kennen den Weg, auf dem Sie Ihre Ziele erreichen können, sehr genau, Sie gehen die Umsetzung Ihrer guten Vorsätze mit Freude und einem Gefühl der inneren Leichtigkeit an, und Sie haben Unterstützung und Rückhalt bei anderen Menschen. Wenn es dennoch eine »Gefahr« für Ihre guten Vorsätze gibt, liegt sie bei den Menschen, mit denen Sie leben. Seien Sie vorsichtig. Manche Menschen verführen einen regelrecht wieder zum Rückfall in alte Gewohnheiten – und sei es nur aus Neid, weil sie selbst es nicht schaffen, ihre Ziele zu verfolgen. Korrigieren Sie Ihren Plan dahin gehend, dass Sie überwiegend auf sich selbst vertrauen, und überprüfen Sie sehr genau, wo Ihnen Gefahr durch falsche Freunde droht und wie sie dieser begegnen können. Suchen Sie Kontakt zu Menschen, die Sie in Ihren Vorhaben bestärken.

Disziplin erfordert Stetigkeit

Wenn Sie die für Sie wichtigsten Ziele herausgefunden haben und in Angriff nehmen, können Sie mit dem Wissen um die Bedeutung von Disziplin einen »Selbstentwicklungsplan« aufstellen. Ohne Disziplin bleiben alle Vorhaben leere Absichtserklärungen. Um Erfolge einzuleiten, müssen Sie diszipliniert vorgehen. Und nichts erfordert mehr Disziplin, als einmal angefangene Projekte auch zu Ende zu bringen. Das bedeutet, dass Sie sich selbst gegenüber zuverlässig sind, dass Sie den selbst erstellten Plan auch erfüllen.

Machen Sie daher realistische Pläne, die Sie auch einhalten können. Vielen hilft es beispielsweise, für bestimmte Dinge einen Zeitplan aufzustellen. Ein berühmtes Beispiel für Disziplin – Joschka Fischers »Lauf zu sich selbst« – ist oft beschrieben worden. Wenn Sie sich also wie er vorgenommen haben, regelmäßig Joggen zu gehen, legen Sie im Voraus fest, wann und wie lange Sie jeweils laufen wollen. Nehmen Sie sich auch hier für den Einstieg nicht zu viel vor, Fischer ist am Anfang nur zehn Minuten gelaufen und noch dazu ganz langsam, das allerdings täglich.

Halten Sie sich an die festgelegten Zeiten, egal ob es regnet oder andere Dinge Sie scheinbar davon abhalten. Wenn Sie arbeiten gehen müssen, gelten auch nur wenige Gründe für die Befreiung von dieser Pflicht.

Irgendwann wird Ihnen das Joggen – oder was immer Sie sich vorgenommen haben – dann so zur Gewohnheit, dass Sie überhaupt nicht mehr darüber nachdenken, ob Sie nun gehen oder nicht. Genau das ist der Sinn einer stetigen Disziplin. Wenn Sie erst kleine und dann immer größere Aufgaben regelmäßig und in kleinen Schritten angehen, statt alles auf einmal und sofort schaffen zu wollen, entwickeln Sie fast »nebenbei« ein viel besseres Selbstmanagement.

»Die Gewohnheit ist ein Seil. Wir weben jeden Tag einen Faden und schließlich können wir es nicht mehr zerreißen.« Horace Mann

Flucht vor der Arbeit:
Die fünf berühmtesten Gründe

Zwei Hürden sind zu überwinden auf dem Weg zu beständiger Disziplin: die Hürde des Anfangs und die Hürde des Weitermachens. Wir alle neigen dazu, etliche Schleifen zu drehen, bevor wir uns an die Arbeit machen – und das nach jeder Pause erneut. Gegen einige der beliebtesten »Fluchtgründe« lässt sich aber durchaus etwas tun. Lassen Sie nicht zu, dass Sie sich selbst blockieren:

1. Über den Sinn der Arbeit nachdenken

Typisches Beispiel: Gerade in dem Moment, in dem Sie sich an den Schreibtisch setzen wollen, kommt Ihnen Ihre ganzes Tun sinnlos vor. Eigentlich haben Sie gar nicht den richtigen Posten, wollten im Grunde immer mehr mit Menschen zu tun haben, als Anträge zu formulieren.

Gegenmittel: Nehmen Sie sich fest vor (am besten Sie machen dafür einen Termin mit sich selbst aus, den Sie dann in Ihren Terminkalender eintragen) über den Sinn der Arbeit und Ihres gesamten Tuns nachzudenken, wenn Sie das gegenwärtige Projekt, das Sie unter Druck gebracht hat, abgeschlossen haben.

2. Ganz schnell etwas Kleines, aber Wichtiges erledigen

Typisches Beispiel: Gerade wollen Sie anfangen, den überfälligen Bericht zu schreiben. Innerlich sind Sie darauf eingestellt, jetzt wirklich bis in die Nachtstunden »am Stück« zu arbeiten. Da fällt Ihnen ein, dass Sie, um wach zu bleiben, vorsichtshalber doch noch Kaffee kaufen sollten, weil Ihr Vorrat zur Neige geht.

Gegenmittel: Nehmen Sie es mit Humor. Aber notieren Sie alle »wichtigen Dinge«, die Ihnen jetzt einfallen, auf einen Zettel, und erledigen Sie sie nach einer festgelegten Zeit, in der Sie erst einmal mit der Arbeit anfangen. Und: Trinken Sie Tee.

Wenn eine Idee erfolg-
reich verwirklicht wer-
den soll, ist das »Dran-
bleiben« der
entscheidende Faktor.

3. Gefühlsschwankungen

Typisches Beispiel: Konzentrierte Arbeit ist ein intensiver
Reiz für das Nervenkostüm. Dabei können alle möglichen
Gefühle aktiviert werden, die Ihre Aufmerksamkeit for-
dern.

Gegenmittel: Schreiben Sie Stichworte zu den Gefühlen
und Themen auf, die in Ihnen laut werden, und vereinba-
ren Sie wieder einen verbindlichen Termin mit sich selbst,
um ihnen später in aller Ruhe Ihre Aufmerksamkeit zu
schenken – oder sogar mit einem Therapeuten darüber zu
sprechen.

4. Ideen für ein besseres Leben

Typisches Beispiel: Gedanken an Urlaub, an bessere
Arbeitsorganisation, bessere Planung und sonstige Ideen
für ein besseres Leben.

Gegenmittel: Erneut – aufschreiben, und den Zettel an
einen für Ideen fest eingerichteten Platz legen. (Im Zwei-
felsfalle stehen die selben Ideen bereits auf einem der Zettel, die auf dem Stapel liegen.)

5. Grandiose Ideen zu Ihrem Arbeitsprojekt

Typisches Beispiel: Ein kleines Problem macht Sie nervös.
Just dann fällt Ihnen ein, dass Sie die ganze Sache
umschmeißen müssten, weil sie grundsätzlich falsch ange-
legt ist. Solche Anfälle von Kreativität können höchst sinnvoll sein. Kreativität bedeutet aber immer: harte Arbeit mit
ungewissem Ausgang. Dazu haben Sie jetzt nicht die Zeit.
Auch hier: Zettel schreiben und später verbindlich darauf
zurückkommen.

Disziplin hilft nicht bei falschen Zielen

Alle bisherigen Tipps werden Ihnen allerdings nichts helfen, wenn Sie beispielsweise grundsätzlich den falschen Job haben oder sich eine Aufgabe vorgenommen haben, die Sie im Grunde Ihres Herzens nicht für sinnvoll halten. In solchen Fällen werden vermutlich immer weitere Hinderungsgründe auftauchen, die Sie von Ihren Aufgaben abhalten.

In den allermeisten Fällen werden Sie Vorhaben nur dann verwirklichen, wenn Sie von der Energie der Begeisterung für Ihr Ziel durchdrungen sind. Es klappt nur dann, wenn Sie von dem, was Sie machen, überzeugt sind und wenn Sie es gern tun. Dann werden Sie auch mit größerer Leichtigkeit die Disziplin aufbringen, selbst ungeliebte Arbeiten anzugehen. Oder auch an Tagen aufzustehen, an denen Ihnen eher nach undiszipliniertem Aufschieben zumute wäre.

Überprüfen Sie daher sehr genau, ob Sie Ihre Energie nicht vielleicht schon viel zu lange an der falschen Stelle investieren. Es gibt zwar auch notorische Nörgler, deren gesamte Haltung selbst zur schönsten Arbeit negativ ist. Aber oftmals liegt der Grund für mangelnde Disziplin genauso darin, dass einer sich mit Arbeiten herumquält, die ihm nicht liegen. Disziplinieren Sie sich zu dem, was Sie wirklich für sich selbst erreichen wollen. Denken Sie nicht: »Disziplin muss ich aufbringen, weil ich schließlich nicht zum Vergnügen arbeite.«

In dir muss brennen, was du in anderen entfachen willst.

Verantwortung fördert Disziplin

Wenn Sie die Ziele, an denen Sie (mit-)arbeiten, zu Ihrem ureigenen Anliegen machen, bleibt Ihre körperliche und geistige Energie wesentlich länger erhalten. Je freudiger man an der positiven Veränderung einer Sache beteiligt ist, desto weniger spielen gelegentliche Überstunden oder Zusatzmeetings eine Rolle.

Das Wichtigste ist daher immer: Wenn Sie sich für etwas engagieren, wenn Sie eine Aufgabe übernehmen, wenn Sie ein Ziel erfolgreich verwirklichen wollen, dann formulieren Sie den optimalen zu erreichenden Zustand. Und finden Sie wenigstens fünf Gründe dafür – fünf Gründe, die Sie davon überzeugen, warum Sie dieses Ziel erreichen wollen.

In dem Moment, in dem Sie dieses Warum gefunden haben, das Sie antreibt, das Ihnen Spaß macht, das Ihnen Lebensqualität verspricht, in dem Moment fällt es Ihnen nicht mehr schwer, die nötige Disziplin aufzubringen und für sich selbst und andere zuverlässig zu sein.

Ein gutes Beispiel dafür gab mir gerade einer meiner Klienten. Als Direktor eines Unternehmens hatte er ein Projekt an seinen Prokuristen delegiert. Zum Projektteam gehörten sein persönlicher Assistent, weitere interne Mitarbeiter und ein externer Berater.

Nach einigen Wochen erkundigte er sich, wie der Stand der Dinge sei. Er musste mit Entsetzen feststellen, dass nichts passiert war. Begründung: Ja, der Externe habe nicht die richtigen Ideen geliefert, und da habe sich das Team dann nicht mehr regelmäßig zusammengesetzt. Zwar hatten alle Beteiligten noch viel Arbeit außer der Projektgruppe zu bewältigen und deshalb nicht viel Zeit für die Treffen. Aber die Ursache für das Scheitern lag darin, dass keiner die Verantwortung für die Aufgabe übernommen hatte, keiner war von der Idee und ihrer Umsetzung begeistert. Deshalb hatte auch keiner die Initiative und Disziplin entwickelt, dafür zu sorgen, dass das Projekt umgesetzt wurde.

Gewinnen Sie eine höhere Selbstachtung

Die Konsequenzen sind sowohl im Berufsleben als auch im Privaten fatal: Disziplinlosigkeit wird mit Unzuverlässigkeit gleichgesetzt. Beim nächsten Projekt wird der Direktor stärker kontrollieren und bestimmen, was zu tun ist.

Auch private Unzuverlässigkeit wird mit Vertrauensverlust bestraft. Dass dies letztlich nicht zu einem guten Klima beiträgt, dürfte klar sein.

Betrachten Sie aber diesen Zusammenhang aus einem anderen Blickwinkel, liegt genau darin eine Chance für positive Veränderer: Durch Disziplin und Zuverlässigkeit entsteht automatisch eine weitere Komponente: Selbstachtung. Denn je mehr Disziplin Sie aufwenden, um das umzusetzen, wofür Sie sich einmal entschieden haben, desto mehr mögen und achten Sie sich.

Und umgekehrt wirkt das genauso. Je mehr Sie sich mögen und selbst schätzen, desto mehr Disziplin bringen Sie auf, desto zuverlässiger werden Sie. Sie erkennen, dass Sie die Kraft haben, dass Sie genügend Ideen entwickeln, sie mit kontinuierlicher Energie durchsetzen und im Laufe der Zeit selbst schwierige Aufgaben bewältigen können. Je mehr Sie so in Bewegung bringen, desto erfolgreicher werden Sie sich fühlen. Und schließlich gewinnen Sie eine innere Sicherheit und Unabhängigkeit, die enorm anziehend auf andere wirkt.

• •

Praktische Hilfen zum 14. Impuls

Auf vielen Gebieten des Lebens erscheint es nur logisch, dass alles Wertvolle in einer Art Mittelzone stattfindet. Zu wenig Fleiß taugt nicht viel, zu wenig Moral ebenfalls nicht. Überall gibt es aber auch eine sinnvolle Markierung der Obergrenzen, um nicht über das Ziel hinauszuschießen. Zu viel Moral ist menschenfeindlich, zu viel Fleiß lenkt von den genussvollen Seiten des Lebens ab.

Das Gleiche gilt für das Maß an Disziplin, mit dem wir unsere Ziele verfolgen: Ein Übermaß macht uns zu lustfeindlichen Fanatikern, ein Defizit zu Versagern. Genau hier aber liegt der Ansatzpunkt für die wichtigen Aspekte dieses Impul-

• •

ses: Verschaffen Sie sich zuallererst den Überblick, den Sie brauchen, um das richtige Maß zu finden.

- Definieren Sie klare Ziele,
- setzen Sie Prioritäten,
- wägen Sie Maßnahmen ab, überprüfen Sie den Aufwand,
- gehen Sie fröhlich und erwartungsvoll an die Aufgaben heran.

Wachstum braucht Beständigkeit. Wenn Sie das richtige Maß an Disziplin aufbringen wollen, müssen Sie sich genau überlegen, wie viele Vorsätze Sie realistisch ohne übermenschliche Anstrengung durchhalten können. Das ist der Schlüssel zum Erfolg: Er hilft uns, nicht das Maximum anzustreben, sondern ein Optimum, das nicht auf Kosten von Energie und guter Laune geht.

1. Stellen Sie eine Liste der Angewohnheiten, die Sie verändern wollen bzw. der Aktivitäten, die Sie in Angriff nehmen möchten, auf. Sie können dafür die unten stehende Liste als Grundlage verwenden.

Welche Verhaltensweisen will ich ändern, welche neuen Aktivitäten starten?

Angewohnheiten

Alkoholkonsum einschränken ☐
Essgewohnheiten ändern ☐
Mehr Freizeitaktivitäten mit Familie/Freunden ☐
Mehr Sport treiben ☐
Mehr interessante Bücher lesen ☐
Nicht ständig vor dem Fernseher sitzen ☐

Attraktivität

Ansprechende Kleidung ☐
In langjährige Beziehung neuen Schwung bringen ☐
Auf Körperpflege achten ☐
Öfter zum Friseur gehen ☐
Auch zu Hause gute Tischmanieren zeigen ☐

Finanzen

Geld zurücklegen für die Zukunft ☐
Mehr Anschaffungen von Wert machen ☐
Mehr auf Ausgaben achten, sparen ☐

Zuhause

Mehr Hausarbeit machen ☐
Mehr mit den Kindern unternehmen ☐
Die Wohnung gemütlicher gestalten ☐

Kommunikation

Positivere Worte verwenden/denken ☐
Beleidigungen und Beschimpfungen vermeiden ☐
Anderen besser zuhören ☐
Anderen nicht ins Wort fallen ☐
Andere akzeptieren, wie sie sind ☐
Ehrlich sein, auch wenn es weh tut ☐
Im Streit auch auf die Gefühle des anderen eingehen ☐
Kritik annehmen lernen ☐
Mehr miteinander reden ☐
Mehr Respekt vor dem anderen zeigen ☐

Nähe

Anderen mehr vertrauen ☐
Freundschaften pflegen ☐

Andere mehr unterstützen, zum Beispiel bei
Problemen mit der Arbeit ☐
Mehr gemeinsam mit dem Partner machen ☐
Mehr Interesse am Partner zeigen ☐
Mehr Geborgenheit geben ☐
Öfter gemeinsam lachen ☐
Öfter Wünsche »von den Augen ablesen« ☐
Weniger »zusammenkleben« ☐

2. Was ist das Wichtigste, das Sie sich für die nächste Zeit vorgenommen haben? Bitte schreiben Sie es noch einmal auf
einem Extrablatt auf. Nur so haben Sie den richtigen Überblick über Ihre Prioritätenliste. Achten Sie darauf, dass Sie
jetzt positiv formulieren, worin Sie ab sofort Disziplin üben
wollen, zum Beispiel:
»Ich drücke mich ab sofort nur noch mit positiven Worten

Gute Vorsätze können
nur gelingen, wenn Sie
optimistisch und mit
Freude an die Sache
herangehen.

aus.«
»Ich mache täglich zehn Minuten Gymnastik, wenn ich
nach Hause komme.«
»Ich lese täglich ein Kapitel in einem interessanten Buch
über meinen Beruf oder andere interessante Themen.«

3. Ergänzen Sie nun die obige Liste, indem Sie unter jedem
Punkt notieren, welche Vorteile es Ihnen bringt, wenn Sie
das tun – also *warum* Sie es machen. Zum Beispiel:

»Ich bilde mich weiter und bekomme neue Impulse. Ich
kann mein Wissen für die bessere Bewältigung meiner
beruflichen Aufgaben nutzen. Ich kann in Gesprächen
wichtige Inhalte beitragen.«
»Ich aktiviere durch die Übungen meine Energie und bleibe länger fit.«

Wenn Sie ein Ziel haben und es erreichen wollen, werden Sie keine weitere Zeit mit dem Warten auf optimale Umstände vertrödeln. Sie werden alle Disziplin aufbringen, die Sie brauchen – von innen heraus und ohne eiserne Härte.

15. Klare Sprache

Sprechen und Denken stehen in engem Zusammenhang. Deshalb gilt für diesen Impuls das Gleiche wie für die Kraft der Gedanken: Sprache bestimmt Ihr Leben. Sprache hat große Macht. Wie Sie sich sprachlich darstellen, beeinflusst die Meinung, die andere über Sie haben; ein einziger unbedachter Satz kann in Bruchteilen von Sekunden eine langjährige Freundschaft zerstören; eine unpassende Bemerkung entzieht manchmal wichtigen Geschäftsbeziehungen vom einen Moment auf den anderen die Vertrauensgrundlage.

Unsere Sprache formt unser Denken

Viel wesentlicher ist aber, dass Ihre Ausdrucksweise Ihre eigenen Gedanken beeinflusst. Die Art und Weise, wie ein Gedanke gedacht wird, ist immer auch an konkrete sprachliche Wendungen gebunden. Ausgesprochene oder im inneren Monolog formulierte Sätze prägen sich als Gedanken in unser Gedächtnis ein. Deshalb können wir – genauso wie das Denken die Sprache beeinflusst –, andersherum unser Denken mit der Auswahl der Worte verändern.

Worte haben die Kraft, bestimmte Gedanken oder Gefühle zu verstärken oder ihnen entgegenzuwirken. Was Sie sagen, welche Worte Sie wählen, überträgt sich auf Ihre Gedanken- und Gefühlswelt. Wenn Sie zum Beispiel frisch verliebt und glücklich sind, drücken Ihr Gefühl aber mit den Worten aus: »Es ist wirklich ganz schön mit XY« wird das mit Sicherheit weniger Wirkung haben als: »Es ist fantastisch, ich schwebe im siebten Himmel!«

Die Worte, die wir wählen, ob laut ausgesprochen oder gedacht, haben also einen immens großen Einfluss auf unser Befinden. Und damit bestimmen sie nicht nur unsere persönliche Erfahrungs- und Gefühlswelt, sondern beeinflussen ebenso die Menschen in unserem unmittelbaren Umfeld.

Die Falle destruktiver Formulierungen

Es macht einen riesigen Unterschied, ob Sie zum Beispiel in einer Teamsitzung von »einem großen Problem« oder von einer »interessanten Aufgabe« sprechen. Täglich laufen wir in die Falle destruktiver Formulierungen. Wenn ich zum Beispiel eine Diät beginnen möchte und immer nur Zweifel, Ärger und Schwierigkeiten mit dem Einhalten des Diätplans betone, nehme ich das Scheitern sprachlich schon vorweg. Wer ständig sagt: »So eine elende Quälerei, ich kann an nichts anderes denken als ans Essen« wird selbst nicht viel von der Diät haben und zudem noch Kollegen und Freunden auf die Nerven gehen. Viel besser ist es zu betonen, wie gut einem die Diät bekommt. Und sofort strahlt man eine ganz andere Energie aus.

Was Sie sagen, denken Sie auch. Und was Sie denken, erschaffen Sie.

Zu den wichtigsten sprachlichen Ausdrucksformen, die wir kritisch betrachten müssen, zählen

- die Beschreibung von Dingen oder Menschen,
- Vergleiche, die wir anstellen,
- Metaphern, die wir benutzen, oder
- Sprachformeln, die wir ständig wiederholen.

Eingefahrene Sprachformeln werden oft nicht bemerkt

Die meisten merken überhaupt nicht, wie häufig sie bestimmte zerstörerische Formulierungen wiederholen.

Ich selbst verwendete lange Zeit etliche Formeln, die schlecht für mich waren. Ich konnte es beispielsweise überhaupt nicht leiden, jemanden anzurufen, den ich noch nicht kannte. Somit war das für mich »immer dieses Scheiß-Telefon!« Mit welcher Energie ich an diese Arbeit heranging, können Sie sich sicher vorstellen.

Doch ich habe meine Wortwahl – und damit auch meine Einstellung – verändert. Heute ist mein Telefon mein »Connection-Guide«, und es macht mir jetzt richtig Spaß auszuprobieren, wie ich eine gute Verbindung mit meinem – (unbekannten) Gesprächspartner herstellen kann.

Die Wahl der Worte beeinflusst also auch in hohem Maß unser Energiepotenzial. Vermeiden Sie Formulierungen, die herunterziehen und demotivieren. Verwenden Sie stattdessen Sprachformeln, die Ihre Energie verstärken. Kontrollieren Sie Ihre Sprache, und Sie werden sehen, dass Sie wie mit Zauberhand positiven Einfluss auf Ihr Leben und Ihre Umgebung gewinnen.

Kantinenklatsch vergiftet das Betriebsklima

Stellen Sie sich einmal die täglichen Minuten des zufälligen oder bewussten Zusammenkommens in der Kantine oder Kaffeeküche vor. Oft kann ich in Firmen feststellen, dass diese »Treffs« die Austauschplattform von negativen Nachrichten, Gerüchten und Beschwerden darstellen:

»Hast du schon gehört …?«

»Jetzt muss ich wieder in dieses sinnlose Meeting …«

»Wenn XY etwas anfängt, dann kommt sicher nichts Gescheites dabei heraus …«

»Wenn XY den Job bekommt, dann müssen wir uns warm anziehen …«

»Der hat mal wieder nicht begriffen, wo's langgeht …«

»Wenn der auch nur einen Satz zu mir sagt, dann mache ich ab sofort Dienst nach Vorschrift …«

Kennen Sie diese Sätze? Es gibt Hunderte davon. Sicher, werden Sie sagen, das ist auch eine klare Sprache. Ja, die Frage ist nur: Nutzt es Ihnen, ist es gut für Sie selbst, hilft es anderen weiter, stärkt es die Gemeinschaft? Keinesfalls. Das sind Sätze, die Ihre eigene Motivation zerstören und die der anderen gleich mit.

Wie geht es Ihnen nach einem solchen Austausch? Manchem geht es sicher gut. Er hat Dampf abgelassen, denn er hat dem anderen gesagt, was er denkt. Er fühlt sich vielleicht einen Moment lang stark und groß. Aber weil er überhaupt nichts an der Ursache seines Ärgers geändert hat, wird er bei der nächsten Gelegenheit wieder das Betriebsklima durch seine Meckerei vergiften. Steht er vor seinem Vorgesetzten oder der vermeintlichen Quelle seines Unmuts, wird er dagegen wahrscheinlich keinen Mucks sagen.

So verändern Sie nichts. Oder doch: Sie verändern sich in negativer Weise. Sie werden mürrisch oder launisch und schreiben innerlich schon mal die Kündigung. Und Sie verderben das Miteinander auch für andere, indem Sie dazu beitragen, dass das Betriebsklima schlechter wird, dass der Unfrieden sich ausdehnt. Das kann ganz gravierende Folgen haben – für das Unternehmen, für die Kollegen und für Sie selbst sowieso.

Deine Sprache zeigt, was du heute bist, und sie bestimmt, was du morgen sein wirst.

Veränderte Ausdrucksweise – veränderte Einstellung

Was Sie dagegen tun können, ist offensichtlich: Programmieren Sie Ihre Sprache um! Ihr Übungsfeld für eine konstruktive Sprache ist der Alltag. Richten Sie Ihre Aufmerksamkeit verstärkt darauf, welche Formulierungen Sie verwenden. Wie viele fallen Ihnen auf, die negativer sind, als sie sein müssten?

Nachdem Sie einen neuen Blickwinkel gewonnen haben, können Sie täglich auf die Suche nach den selbst produzierten Fallen gehen. Achten Sie darauf, wo Ihre Sprache mit negativen Formulierungen belastet ist, und ob Sie die Sachverhalte nicht auch in eine positive Herausforderung für sich und die anderen verwandeln können. Das gilt für

»Die Sprache ist äußeres Denken, das Denken ist innere Sprache.« Antoine de Rivarol

- Fragen an sich selbst und an andere,
- Beurteilungen des eigenen und fremden Verhaltens,
- Einschätzung Ihrer eigenen und der Gefühle anderer sowie
- Formulierungen von Problemen und Kritik.

Wenn Sie die negativen Sprachformeln aufgespürt haben, können sie in positive verwandelt oder abgeschwächt werden, zum Beispiel:

Destruktive Formulierungen	Unterstützende Formulierungen
Allgemeine Aussagen	
Ich irre mich ständig.	Ich lerne täglich dazu.
Das ist doch Quatsch.	Ich vertraue meiner Wahrnehmung.
Jetzt gibt der auch noch seinen Senf dazu!	Das ist eine wertvolle Anregung.
Fragen	
Warum muss das immer mir passieren?	Wieso hatte ich solches Glück?
Warum kann ich das nicht?	Wie kann ich das lernen?
Warum bin ich ein solcher Versager?	Wie könnte mir diese Erfahrung weiterhelfen?
Warum bringe ich nie etwas zustande?	Was kann ich mit diesem Resultat anfangen?
Metaphern	
Meine Kinder sind ein Ballast.	Meine Kinder sind eine Wucht.
Mein Schreibtisch ist das reinste Schlachtfeld.	Mein Büro ist ein Kreativgarten.
Diese Tagungen sind wie Kaugummi.	Diese Tagungen sind ein riesiger Ideenpool.
Der Tag heute war die Hölle.	Heute Abend verdiene ich es, wie eine Königin behandelt zu werden!

»Die anderen machen immer alles falsch«

Nicht nur die ausgesprochenen Sätze haben diese gewaltige Wirkung auf Sie und Ihre Umgebung, sogar nur gedachte negative Einstellungen erzeugen eine negative Resonanz.

Ein erfolgreicher Unternehmer in der Baubranche – nennen wir ihn Paul – hatte es sich zur Aufgabe gemacht, jeden Neubau, jede Sanierung oder Renovierung persönlich abzunehmen. Paul ging mit folgenden inneren Sätzen an seinen obligatorischen Rundgang: »Welchen Mist werde ich wohl jetzt wieder entdecken? Mal sehen, was sie wieder alles verbockt haben.«

Die Vorarbeiter wurden nervös, die Arbeiter verdrückten sich, wenn er kam. Paul war also alles andere als gern gesehen. Und Sie wissen bereits jetzt, wie diese Geschichte weitergeht. Er fand natürlich »Mist« – und wenn er noch so klein war. Und dann drückte er seine Entdeckung auch laut und vehement aus.

Auch privat hatte Paul diese Neigung. Bei allem und jedem in seiner Familie schaute er auf die Fehler. Das ging so weit, dass ihn seine Kinder zu meiden begannen. Kaum hörten sie das vorfahrende Auto, zogen sie sich in ihre Zimmer zurück und zeigten sich nicht mehr. Seine Ehefrau verstummte fast gänzlich.

Durch seine Angewohnheit, diese negativen Sätze permanent im Kopf zu haben, wurde er für sein Umfeld ungenießbar und isolierte sich selbst immer mehr. Bis der Leidensdruck groß genug wurde und Paul sich die Frage stellte: »Was um alles in der Welt mache ich falsch?«

Jetzt erst war er auf dem Weg, seinen Fehler zu erkennen. Er entdeckte die Hauptfrage in seinem Leben: »Welchen Mist werde ich wieder entdecken?« – und war überrascht, wie häufig er diesen Satz dachte. So beschloss er, sich von seiner bisherigen Frage zu verabschieden und eine neue Formulierung zu finden, auf die er sich ab sofort konzentrierte. Sie lautete: »Mal sehen, was gut gelaufen ist und wo noch meine Unterstützung gebraucht wird.«

Vielleicht werden Sie es nicht glauben, doch diese neue Formulierung und damit neue innere Ausrichtung haben Pauls Leben verändert. Er wandelte sich und konnte nun auch seinem Umfeld ganz anders begegnen. Er wirkte plötzlich zugänglicher und war es auch. Die Mitarbeiter registrierten dankbar die Kommentare über die gut vollbrachte Arbeit und konnten sich plötzlich öffnen, um Rat fragen und seine Verbesserungsvorstellungen auch annehmen.

Auch die Familie atmete auf. Und Paul bedauerte es sehr, dass er seine tägliche innere Frage nicht schon viel früher entdeckt und durch eine konstruktive ersetzt hatte.

Finden Sie die richtigen Worte

Zu einer klaren Sprache gehört die Ausgewogenheit von Zuhören, Denken und Reden. Manchmal ist es deshalb besser, sich zurückzuhalten und erst einmal zuzuhören. Übertriebenes Reden verhindert eine gute Kommunikation, weil auch der geduldigste Mensch nicht immer nur zuhören mag. Außerdem fehlt Ihnen so die Zeit, Ihre Formulierungen zu überprüfen. Wenn Sie zu viel reden, ziehen Sie die Konzentration von Ihrem Gesprächspartner ab, erschöpfen unnötig Ihre Energie und bereichern weder sich selbst noch Ihr Gegenüber. Er oder sie schaltet wahrscheinlich irgendwann ab, wenn er/sie nur noch als Stichwortgeber fungiert. Zu wenig sprachliche Beteiligung allerdings lässt den Verdacht aufkommen, Sie seien an dem, was der andere mitzuteilen hat, nicht interessiert.

Überprüfen Sie sich, sind Denken und Reden bei Ihnen im Gleichgewicht?

● ●

DER SELBSTERKENNTNIS-CHECK: Reden Sie zu viel? Denken Sie zu viel?

Wir leben im Kommunikationszeitalter. Jeder weiß es. Und jeder merkt es: Es wird ungeheuer viel geredet, geschrieben, telefoniert, gefaxt, konferiert, mitgeteilt, diskutiert und »getalkt«. Die einen genießen es, für die anderen ist es akus-

● ●

tische Umweltverschmutzung. Zu welcher Gruppe gehören
Sie? Entscheiden Sie bei den folgenden Aussagen, ob sie auf
Sie zutreffen oder nicht.

Wenn ich mit anderen zusammenkomme,
gehöre ich zu den Menschen, die gleich
als Erste losreden. Ja ☐ Nein ☐

Ich finde, wo nicht herzhaft gelacht wird,
ist die Gesellschaft langweilig, spießig
oder verkrampft. Ja ☐ Nein ☐

Wenn Menschen langsam reden, darf man
sie unterbrechen. Ja ☐ Nein ☐

Menschen zu sehen, ist zeitraubend.
Das Meiste klärt sich am Telefon besser. Ja ☐ Nein ☐

Zurückhaltende Menschen sind keine
gute Gesellschaft. Ja ☐ Nein ☐

Ich rede nie um den heißen Brei herum,
sondern sage meine Meinung klar
und deutlich. Ja ☐ Nein ☐

Themen müssen immer ausdiskutiert werden,
bis alle gleicher Meinung sind. Ja ☐ Nein ☐

Menschen, die sich am Gespräch nicht
beteiligen, sollte man dazu intensiv
auffordern. Ja ☐ Nein ☐

Ich besitze ein Mobiltelefon. Ja ☐ Nein ☐

Ich war in meinem Bekanntenkreis
einer der Ersten, der solch ein Telefon
(oder den Wunsch danach) hatte. Ja ☐ Nein ☐

Ich möchte immer und überall erreichbar sein. Ja ☐ Nein ☐

Ich möchte mich per Handy aus dem Auto
oder aus der Bahn jederzeit melden können. Ja ☐ Nein ☐

Ob ein Mensch Charakter hat, merkt man
daran, dass er sich im Gespräch durchsetzt. Ja ☐ Nein ☐

Auswertung zum Check

Bitte zählen Sie alle Ja-Antworten zusammen.

Weniger als fünf Ja-Antworten: Sie sind ein zurückhaltender, nachdenklicher Mensch. Sie wissen, dass Unterhaltung
keine Selbstdarstellung sein soll, sondern ihr Ziel darin hat,
den anderen möglichst oft zu Wort kommen zu lassen und
interessante Dinge von ihm zu erfahren. Das entspricht aber
nicht der Ansicht weniger sensibler Menschen. Sie denken von
Ihnen, dass Sie vielleicht nur wenig zu sagen haben. Sie sollten diesen »Frechheit-siegt«-Typen ab und an zeigen, dass Sie
ihnen geistig und charakterlich überlegen sind.

Fünf bis zehn Ja-Antworten: Bei Ihnen halten sich Mittei-
lungsbedürfnis und die bei vielen aus der Mode gekommene
Kunst des Zuhörens wunderbar die Waage. Sie sprechen
zumeist aus Freude und hören mit Begeisterung zu. Sie sind
anregend – eben weil Sie andere zum Denken und Reden ani-
mieren. Wenn es mehr Menschen gäbe wie Sie, wäre es in der
Welt weniger laut – dafür aber gelöster und fröhlicher.

Mehr als zehn Ja-Antworten: Zu reden, sich mitzuteilen ist
Ihnen ein großes Bedürfnis. Seien Sie ehrlich: Sie merken gar
nicht immer, ob man Ihnen eigentlich zuhört. Denn aus den
Redebeiträgen der anderen entnehmen Sie im Wesentlichen
Stichworte für Ihre eigenen Texte. Sie gelten als guter Unter-

halter – aber viele Kommunikationsstars können oder wollen nicht zuhören und deshalb reden sie selbst so viel. Amüsant sein ist gut. Aber die Kommunikationstalente nehmen den Stilleren im Lande oft die Möglichkeit, etwas zu sagen. Und ob die Stilleren etwas zu sagen haben, weiß kein lauter Mensch. Er lässt sie ja nicht zu Wort kommen.

Hüten Sie Ihre Zunge

Schweigen ist für impulsive Menschen manchmal schwer zu erlernen. Inwieweit Sie sich zurücknehmen müssen, können nur Sie selbst beurteilen. Aber oft haben wir hinterher selbst das Gefühl, uns in sinnlosen Gesprächen verausgabt zu haben. Nehmen Sie sich einfach vor, in typischen Situationen, zum Beispiel auf Partys oder Treffen mit Freunden einfach mal über eine bestimmte Zeit hinweg Ihre Zunge im Zaum zu halten. Hören Sie stattdessen den anderen zu. Auch wenn es ihnen auffällt, Sie werden dadurch mit Sicherheit keine Freunde verlieren! Und Sie werden so auf alle Fälle mehr Zeit zum Nachdenken haben. Finden Sie heraus, ob Sie dadurch vielleicht bereichert und entspannt statt erschöpft aus einem Gesprächskreis herausgehen, in dem Sie sonst Wortführer gewesen wären.

»Zuhören können ist der beste Erfolg.«
Calvin Coolidge

Auch in Verhandlungen und beruflicher Kommunikation werden Sie eine bessere Position einnehmen können, wenn Sie öfter mal schweigen oder Ihrem Gesprächspartner Fragen stellen.

Stellen Sie die richtigen Fragen

Möchte ich jemanden dazu bringen, dass er etwas für mich tut, besser im Team arbeitet, eine Aufgabe erledigt, einen Vertrag unterschreibt etc., dann liegt es immer an mir, ihm das so mitzuteilen, dass er auch versteht, was ich ihm sagen will. Dazu gehört:

1. Die Ausgangssituation, das Thema, das Ziel klar zu bestimmen, damit man miteinander und nicht aneinander vorbeiredet.
2. Um Missverständnisse zu vermeiden, von Zeit zu Zeit entweder nachzufragen, wie mein Gegenüber mich verstanden hat, oder selbst einen kleinen Stopp einlegen, um zu rekapitulieren und nachzufragen, ob ich das Ganze richtig aufgenommen habe.

Wiederholen Sie, fragen Sie nach!

»Klug fragen können ist die halbe Wahrheit.«
Francis Bacon

Viele Menschen scheuen sich, während des Gesprächs die Fakten zu wiederholen, weil sie glauben, dass sie sich eine Blöße geben und den Eindruck vermitteln, sie hätten nicht richtig zugehört. Aber man wird Sie wahrscheinlich eher für interessiert als für dumm halten. Die Wahrheit ist nämlich, dass das Wiederholen der Inhalte dem »Sender« der Nachricht eher eine Bestätigung und ein gutes Gefühl vermittelt. Er bekommt dadurch die Sicherheit, dass der andere wirklich zugehört und ihn auch verstanden hat. Außerdem können so im Vorfeld Unklarheiten aus dem Weg geräumt werden.

Viele Mitarbeiter dominanter Vorgesetzter haben speziell auf diesem Gebiet Probleme. Sie nehmen Anweisungen entgegen, sagen »ja«, weil Ihr Chef ihnen kaum das Gefühl vermittelt, einfach nachfragen zu können. Sie versuchen, so gut wie möglich zu verstehen, was ihnen aufgetragen wird. Wenn die Aufgabe dann erledigt oder fast erledigt ist und ein Gespräch über den Stand des Projekts stattfindet, ist oft zu beobachten, dass nun ein riesiges Donnerwetter heraufzieht, weil alles nicht so gelaufen ist, wie sich der Boss das gedacht hat.

Hier werden sprachliche Kommunikationsfehler gemacht, die unnötig viel Zeit, emotionalen Frust und oft auch noch Geld kosten. Der Chef hat nicht nachgefragt, ob er richtig verstanden wurde, der Mitarbeiter hat nicht nachgefragt, ob er richtig kapiert hat.

Und schon fühlt sich der Mitarbeiter wieder ein Stückchen kleiner, schlechter oder wütender. Gedanken wie: »Soll er doch seinen Mist das nächste Mal selbst machen« sind keine Seltenheit. Dabei muss das alles nicht sein.

Nehmen Sie sich vor, mehr Fragen zu stellen und weniger zu argumentieren! Immer wieder stelle ich in meinen Seminaren fest, dass in den Rollenspielen permanent argumentiert wird.

Wir wollen überzeugen, gewinnen. Das ist sehr einseitig. Wenn Sie Ihren Kollegen und auch Ihrem Chef öfters Fragen stellen, dann tragen Sie entscheidend dazu bei, das Leben für alle Beteiligten leichter zu machen. Das gilt natürlich auch und gerade dann, wenn Sie selbst der Chef sind. Wichtig ist es zudem, zwei Arten von Fragen zu unterscheiden.

Geschlossene Fragen

Geschlossene Fragen sind Fragen, auf die man im Grunde nur mit Ja oder Nein oder einer Auswahl von angebotenen Möglichkeiten antworten kann. Diese Art der Fragestellung ist angebracht, wenn man genau weiß, was noch zu erfragen ist oder wenn man den Inhalt des Gesagten noch einmal wiederholt und nun nur noch die Bestätigung einholen möchte. Zum Beispiel können Sie fragen: »Habe ich Sie richtig verstanden: Ich soll den Bericht morgen an XY abschicken?«

Geschlossene Fragen kann man auch verwenden, um beispielsweise eine wahrgenommene Verärgerung anzusprechen. »Ich habe den Eindruck, dass dir irgendetwas nicht passt, stimmt das?« Dabei müssen Sie aber vorsichtig sein, denn das geht nur, wenn Sie mit demjenigen einen sehr guten Kontakt haben, sonst wird eine solche Frage leicht als Einbruch in die Intimsphäre empfunden. Vor allem Hobbypsychologen ziehen manchmal den Zorn ihrer Umwelt auf sich, indem sie häufig Fragen dieser Art stellen.

Offene Fragen

Meistens empfiehlt es sich deshalb, die Form der offenen Frage zu wählen, um möglichst viel zu erfahren. Mit offenen Fragen geben Sie Ihrem Gesprächspartner die Möglichkeit der freien Meinungsäußerung. Offene Fragen motivieren dazu, dass der andere ausführlich seine Position darstellt und nicht nur mit einem kurzen Ja oder Nein antworten kann. Offene Fragen wären zum Beispiel: »Was meinen Sie dazu?«, »Wie stellt sich die Sache aus Ihrer Sicht dar?« oder »Wie meinen Sie das?«

Überlegen Sie, welche Informationen Sie brauchen, um Ihre Arbeit optimal auszuführen. Stellen Sie lieber mehr Fragen als zu wenig. Die Reaktion Ihres Vorgesetzten wird wahrscheinlich eher Freude über Ihr Engagement und Interesse sein als Gereiztheit durch die Fragerei.

Trauen Sie sich daher, genaue Informationen einzufordern:

- Bis zu welchem Termin soll das fertig sein?
- Was genau ist das Ziel?
- Wen sollte ich noch in das Projekt einbinden?
- Wie oft ist eine Besprechung geplant?
- Wie gefällt Ihnen der Vorschlag von XY?
- Was genau gefällt Ihnen daran (nicht)?
- Was können wir besser machen?
- Wie haben Sie das geschafft?
- Was fehlt Ihnen, um ...?
- Was müssen wir unseren Kunden als Nutzen bieten?
- Was brauchen wir, um mehr Kunden für uns zu gewinnen?
- Was können wir tun, um Hindernisse aus dem Weg zu räumen?

Bemühen Sie sich auch, Kritik nicht persönlich zu nehmen. Fragen Sie nach den Hintergründen, dann werden die Bedürfnisse, Wünsche und auch Ängste der anderen klar, und Sie können ganz gezielt und meist auch neutral darauf reagieren.

Stellen Sie sich selbst nur Fragen, die Sie weiterbringen

Das Gleiche gilt für die innere Kommunikation mit sich selbst: Je nachdem, welche Fragen wir uns stellen, beeinflussen wir unsere eigenen Antworten und unser emotionales Befinden. Schlechte Fragen – schlechte Antworten.

Es gilt also, bessere Fragen zu stellen, um bessere und neue Antworten und damit ein besseres Lebensgefühl zu bekommen.

Hier eine Liste von Fragen, die Sie unbedingt um Ihre eigenen Ideen ergänzen sollten:

Evtl. nach einem Problemfall oder einem Ärger:

- Wie kann ich das nutzen?
- Was kann ich daraus lernen?
- Was kann ich besser machen?
- Wie kann ich mich selbst mehr fördern?
- Wie kann ich andere für mich gewinnen?
- Was habe ich heute gut gemacht?

Wenn Sie eine ganz große Enttäuschung erlebt haben, fragen Sie sich:

- Was läuft gut?
- Was funktioniert noch?
- Wird das in zehn Jahren noch eine Bedeutung für mich haben?
- Wie kann ich noch mehr Freude in mein Leben bringen?
- Was macht mir wirklich Spaß in meinem Leben?

»Sprache: die Musik, mit der wir die Schlangen beschwören, die einen fremden Schatz bewachen.«
Ambrose Bierce

Oder generell und besonders morgens, wenn Sie in den Tag starten, fragen Sie sich:

- Wie bringe ich täglich mehr Freude in meine Welt?
- Wem könnte ich heute eine Freude bereiten?
- Worüber bin ich besonders glücklich?
- Wen liebe ich?
- Wer liebt mich?

Egal, mit welcher Laune Sie morgens aufstehen. Wenn Sie den Fokus als Erstes auf folgende Frage legen, werden Ihnen viele erfreuliche Dinge einfallen, und Sie können den Tag gleich mit positiver Energie beginnen:

- Wofür bin ich dankbar in meinem Leben?

• •

Praktische Hilfen zum 15. Impuls

Fragen Sie sich zuerst: Welche Formeln, welche Fragen benutze ich, die mir die Energie rauben? Wie spreche und denke ich über mich selbst und meine Familie, meine Kollegen, mein Zuhause? Welche Vergleiche, welche Metaphern benutze ich, um Situationen zu beschreiben?

Unsere täglichen Formulierungen sind machtvolle Auslöser von Emotionen. Wenn ein Mensch beispielsweise seine Reaktion auf eine schmerzhafte Erfahrung mit »wütend« oder »zornig« umschreibt, löst er natürlich viel intensivere Gefühle aus als jemand, der seinen emotionalen Zustand als »verärgert« beschreiben würde.

Dasselbe trifft natürlich auch auf positive Empfindungen zu. Ausdrücke wie »leidenschaftlich«, »exzellent«, »spitzenmäßig« rufen sehr viel mächtigere innere Erfahrungen hervor als »okay« oder »in Ordnung«.

Es gilt also, eine Art »Transformationsvokabular« zu fin-

• •

den und zu benutzen, um sich und andere in gute Gefühls-
zustände zu versetzen.

1. Das Transformationsvokabular

Erstellen Sie eine Liste sämtlicher negativer Begriffe oder Aus-
drucksweisen, die Sie derzeit verwenden, und finden Sie
Ersatz, der diese Negativität entschärft oder ganz auflöst.

Beispiele:

zornig	desillusioniert
gescheitert	im Lernprozess begriffen
ich hasse	ich ziehe es vor
überwältigt	gefordert
mal sehen	neugierig auf
Idiot	ich weiß noch nicht, was ich von diesem Typen halten soll
Rindvieh	interessante Person

Und finden Sie Begriffe, die bereits positiv sind, aber noch
verstärkt werden können.

Beispiele:

angenehm	super
schnell	blitzschnell
interessiert	fasziniert
klug	brillant
gut	fantastisch

Verfassen Sie jetzt Ihre eigene Liste. Verwenden Sie ab sofort
nur noch die positiven Ausdrücke, und beobachten Sie, wie es
Ihnen damit geht.

»Eine Sprache mit Geschick handhaben heißt eine Art Beschwörungszauber treiben.«
Charles Baudelaire

2. Finden Sie Ihre Hauptfrage

Erinnern Sie sich an das Beispiel von Paul? Finden Sie heraus, was Sie sich oft innerlich fragen, welches die zentrale negative Frage in Ihrem Leben ist. Denn diese Frage ist maßgebend für Ihre Gefühle und Ihr Verhalten. Wenn sie beispielsweise lautet: »Warum finde ich nicht den richtigen Partner?« oder »Wie finde ich jemanden, der mich liebt?«, dann wird Ihr Unterbewusstsein ständig auf diesen Mangel fixiert sein, den Sie selbst aber nicht ändern können. So machen Sie sich von anderen abhängig, werden aber wenig Motivation verspüren, etwas in Ihrem Leben konstruktiv zu verändern.

Schreiben Sie Ihre alte Frage auf.

Danach wählen Sie bewusst eine neue Frage, die Ihnen die Freiheit gibt, sich das Leben zu schaffen, das Sie sich wünschen – unabhängig davon, ob Ihr Traummann oder Ihre Traumfrau demnächst auftaucht oder nicht.

Im vorgenannten Beispiel könnte das sein: »Wie kann ich meine Liebe zu anderen besser ausdrücken und mein Leben noch mehr genießen?«

Mit dieser Fragestellung richten Sie die Konzentration auf Ihre eigenen Aktivitäten: selbst liebevoll zu sein und sich ein gesundes Maß an Genuss zu gönnen. Das macht Sie frei und liebenswert.

Nur ein Dummkopf redet über das Loch im Teppich. Der Kluge stellt seinen Fuß darauf.

Jetzt zerstören Sie Ihre alte Frage: Um wirklich aus dem alten Muster herauszukommen, müssen wir in unserem Gehirn ein wenig Verwirrung stiften. Bisher haben wir ja an diese Frage geglaubt und sie ernst genommen. Nun soll in Zukunft, wenn diese Frage auch nur im Ansatz an die Oberfläche kommt, ein Grinsen auf Ihrem Gesicht erscheinen, während Sie stattdessen bewusst die neue Frage einsetzen.

•••••••••••••••••••••••••••••••••••

Auch wenn Sie zuerst Hemmungen haben – versuchen Sie es, Sie zerstören die alte Frage so am wirksamsten:

- Sprechen Sie den alten Satz laut und ganz schnell mit einem Tonfall wie Mickymaus mindestens zehnmal aus.
- Danach sagen Sie den Satz komplett rückwärts – laut, mit Mickymaus-Stimme und während Sie sich die Nase zuhalten – mindestens zehnmal.
- Danach singen Sie diesen alten Satz rückwärts, indem Sie dabei lustig herumtanzen, wiederum mindestens zehnmal.

Glauben Sie jetzt noch an diesen Satz?

Nun gelingt es gleich viel leichter, sich die neue Frage einzuprägen und genauso zu verinnerlichen wie vorher die alte.
Beantworten Sie zunächst folgende Fragen schriftlich:

a. Welchen Nutzen werden Sie aus dieser neuen stärkenden Frage ziehen?
b. Gibt es negative Seiten, die aus dieser Frage entstehen könnten? Wenn ja, müssen Sie die Frage umformulieren.
c. Wie fühlen Sie sich, wenn Sie sich die neue Frage stellen?

Wiederholen Sie nun zehn Tage lang dreimal täglich für mindestens fünf Minuten Ihren neuen Satz. Singen Sie ihn. Haben Sie Spaß dabei. Rufen Sie ihn laut, wenn Sie beispielsweise joggen oder spazieren gehen. Finden Sie Ihren persönlichen Weg, diese neue Frage vollkommen zu verinnerlichen und mit Leben zu erfüllen.

Wenn Sie die Grundsätze konstruktiver Formulierungen konsequent berücksichtigen, werden Sie feststellen, wie sehr sich Ihr Leben und Ihr Energiehaushalt verändern. Dadurch machen Sie einen gewaltigen Schritt auf dem Weg zum positiven Veränderer!

•••••••••••••••••••••••••••••••••••

16. Energie

Sie werden vermutlich festgestellt haben, dass sich das Thema Energie wie ein roter Faden durch alle Kapitel zieht. Viele Wege wurden beschrieben, wie Energie durch die Kraft des jeweiligen Impulses gewonnen werden kann. Auf der anderen Seite hängt der Erfolg jedes einzelnen Impulses davon ab, welche Energie dafür aufgewendet wird, destruktive Verhaltensweisen zu verändern und neue Wege zu gehen. Deshalb ist der sorgsame Umgang mit unserem Energiehaushalt das alles entscheidende Kriterium für jegliche Aktivität.

Ohne Energie geht nichts

Alles gelingt mühelos, wenn unsere »Lebensbatterie« aufgeladen ist, wenn wir voller Spannkraft und Tatendrang sind. Je mehr Energie ich aktivieren kann, desto gesünder, aktiver, kreativer, leistungsfähiger und lustvoller ist das gesamte Leben.

Unsere Energie ist einzigartig. Sie ist die Quelle aller Tätigkeit, jedes Gefühls und jeder positiven Veränderung.

Das merken auch die Menschen um uns herum. Energie spüren wir nicht nur in uns selbst, sondern wir strahlen sie auch für andere deutlich fühlbar aus. Damit ist natürlich nicht die oft damit verwechselte Hektik und Betriebsamkeit gemeint, sondern eine beständige und kraftvolle Energie, die tief aus dem Innern kommt.

Wir wissen alle, wie es sich anfühlt, energielos zu sein. Nach einem arbeitsreichen Tag haben die meisten Menschen erst einmal das Bedürfnis nach Ruhe oder Entspannung. Oftmals möchte man eigentlich noch ausgehen, etwas mit der Familie oder dem Partner unternehmen. Doch wie oft sind wir dann zu müde und abgespannt und müssen erst einmal Pause machen. Und für viele besteht die Pause darin, den Fernseher anzuschalten und die Füße hochzulegen. Doch wer kommt dann noch energiegeladen von seinem Sessel hoch?

Unser Energiehaushalt ist äußerst komplex

Sicher kennen Sie aber auch das Gefühl, voller Energie zu sein, wenn Sie genügend Kraft besitzen, Ideen schnell umzusetzen oder Aufgaben besonders gut und effektiv zu erledigen. Wenn Sie erfüllt sind von dem guten Gefühl, erfolgreiche Arbeit geleistet zu haben, und trotzdem noch genügend Elan besitzen, um ein erfülltes Privatleben zu führen.

Unser Energiehaushalt ist so komplex und umfangreich, dass es für jeden Menschen ganz verschiedene Wege gibt, seine Energie zu bewahren und zu aktivieren. Die Gründe für ein zu niedriges Energieniveau und den verschwenderischen Umgang mit unseren Kräften sind so unterschiedlich, wie die Menschen sind. Trotzdem gibt es ein paar grundsätzliche Dinge, die für alle gleich gelten, zum Beispiel: In dem Augenblick, in dem wir eine Arbeit ausführen und uns intensiv damit auseinander setzen, verbraucht der menschliche Körper Energie.

In langjährigen Studien hat Professor Dr. R. M. Kaplan – international anerkannte Kapazität auf dem Gebiet des Sehtrainings – gemeinsam mit Kollegen herausgefunden, dass etwa 80 Prozent der Körperenergien über unsere Gehirn- und Sehaktivitäten verbraucht wird, in dem Moment also, in dem wir denken, sehen, lesen, arbeiten, rechnen, entwickeln, kommunizieren etc.

Eine tiefe Regeneration oder das Aufladen der inneren Reserven scheint in der Regel nur über den erholsamen nächtlichen Schlaf möglich zu sein. Doch heute wissen wir, dass wir uns auch durch ganz gezielte Übungen in wenigen Minuten zu jeder Tageszeit regenerieren und unser Gehirn aufladen können.

Misst man die Energieströme beispielsweise während reger geistiger Tätigkeit, so ist anhand der unterschiedlichsten Gehirnwellen und Messungen in unserem Körper feststellbar, wie viel Energie jeweils in der rechten und linken Gehirnhälfte erzeugt wird. Ideal ist es, wenn in beiden Gehirnhälften etwa gleich viel Energie vorhanden ist, weil bei einem ausgeglichenen Verhältnis die Denkleistung ansteigt und eine ganzheitliche Sichtweise unterstützt wird. Sind die Energieimpulse der linken und rechten Hirnhälfte im Gleichgewicht, ermöglichen sie größere Flexibilität und Kreativität, ein gleich bleibendes Leistungsniveau etc.

Das Gehirn kann Energie erzeugen, aber nicht speichern

Gemäß dieser Forschungsergebnisse scheint unser Gehirn in der Lage zu sein, sehr viel Energie zu erzeugen, jedoch nicht zu speichern. Umgekehrt können andere Regionen unseres Körpers keine solchen Mengen an Energie erzeugen, dafür aber speichern. Als idealer Speicherplatz hierfür wird besonders unser Bauchraum angesehen. Dort sitzt sozusagen unsere innere Batterie. Sie gibt bei hohem Energiebedarf die gespeicherte Energie ans Gehirn ab und wird in Phasen geringen Bedarfs wieder aufgeladen.

Nutzen Sie Aktivität und Anspannung positiv! Das geht nur, wenn Sie Ruhephasen einlegen.

Diese Erkenntnis belegt, was viele heute nicht ausreichend berücksichtigen: Ihr Energiespeicher hat nur begrenzte Kapazität und wird vor allem bei intensiver geistiger Aktivität stark beansprucht. Wenn »die Batterie« nämlich fast leer ist, wir aber trotzdem weiterarbeiten, weiterdenken etc., dann verbrauchen wir insgesamt mehr Energie, als wir produziert haben, und das führt auf Dauer zu lang anhaltender Erschöpfung.

Viele Menschen haben den Kontakt zu ihrem Energiehaushalt schon so weit verloren, dass sie es gar nicht mehr bemerken, wenn das rote Warnlämpchen schon seit einer ganze Weile aufleuchtet. Sie arbeiten dann weit über den Punkt hinaus, der eigentlich dem Aufladen vorbehalten wäre. Werden die Reserven weit überzogen, dauert natürlich der Vorgang der Regeneration auch wesentlich länger, der Erschöpfungszustand ist entsprechend größer. Und viele fangen schon wieder an, aus dem Vollen zu schöpfen, wenn noch gar nicht genügend Energie nachgetankt wurde.

Überprüfen Sie, ob Sie dazu neigen, Ihre Energiereserven zu stark zu beanspruchen.

Der Selbsterkenntnis-Check:
Gehen Sie verschwenderisch mit Ihrer Energie um?

Arbeit und Aufregung gehören zu unserem modernen Leben. Wann aber wird es zu viel? Bitte kreuzen Sie jeweils an, welche Aussage am besten auf Sie zutrifft.

1. Am Ende eines anstrengenden Tages bin ich meist

1 kaputt, aber zufrieden.
2 kaputt und froh, dass der Tag zu Ende geht.
3 einfach nur kaputt.

2. Nach solch einem anstrengenden Tag

3 will ich gar nicht an das denken, was den Tag über alles passiert ist.
2 frage ich mich meist, was ich eigentlich den ganzen Tag gemacht habe.
1 weiß ich genau, was ich geleistet habe.

3. Wenn ich Menschen treffe, die weniger leisten als ich,

1 frage ich mich, ob ich nicht auch weniger tun könnte.
3 steigt manchmal der Hass in mir hoch.
2 empfinde ich Selbstmitleid.

4. Oft fühle ich mich

1 überarbeitet.
3 ausgebeutet.
2 vom Leben ungerecht behandelt.

Bei Stress steigt der Adrenalinspiegel. Das macht uns leistungsfähiger, ist aber auf lange Sicht ungesund.

5. Morgens vor dem Aufstehen

1 überlege ich, welche Arbeit ich auf andere abschieben kann.
2 denke ich oft an meine Pflichten und plane den Tag.
3 möchte ich oft am liebsten im Bett bleiben.

6. Wenn ich aus dem Bett steige,

3 bin ich sofort »auf vollen Touren«.
2 lasse ich es meist langsam angehen und genieße noch für eine Weile meine Schlaftrunkenheit.
1 bin ich meist fit und munter.

7. Je größer die Anforderungen an mich,

3 desto eher gerate ich an den Rand der Verzweiflung.
2 desto größer wird mein Ärger oder meine Frustration über mein Leben.
1 desto stolzer bin ich auf mich.

Auswertung zum Check

Zählen Sie bitte die Punkte vor den Antworten zusammen.

Weniger als zehn Punkte: Sie haben viele Aufgaben und Pflichten, aber Sie lassen sich davon den Spaß nicht verderben. Sie finden im Laufe eines hektischen Tages immer wieder Zeiten, in denen Sie zur Besinnung kommen, Kraft tanken und innere Ruhe finden. Das ist der beste Schutz gegen Überforderung. Belastungen werden ja nur dann unangenehm oder sogar gesundheitsschädlich, wenn einem die Dinge aus der Hand gleiten, und man das Gefühl bekommt: Das Leben kontrolliert mich. Das ist bei Ihnen nicht der Fall, und deshalb brauchen Sie keine Angst zu haben, dass Ihnen nachhaltig die Energie ausgeht.

10–15 Punkte: Sie leben an der Grenze dessen, was Sie sich an Belastungen zumuten sollten. Daher sollten Sie anfangen zu überlegen, wo Sie Stress abbauen können. Ein Tipp dazu: Meist sind es gar nicht die Aufgaben selbst, die einem so viel Zeit und Kraft rauben. Überlastung führt dazu, dass man manche Dinge einfach nicht tun will: Manche Arten von Haus- oder Büroarbeit gehören dazu, oder auch nur ein Brief, der zu schreiben ist. Dann vergeudet man viel Energie damit, sich überhaupt zum Anfangen zu bewegen und die Sache womöglich doch wieder abzubrechen. Das daraus entstehende schlechte Gewissen macht dann alles noch schlimmer. Aufgeschobene und halbfertige Dinge nehmen einen aber seelisch mehr in Anspruch, als wenn man sie einfach erledigt nach dem Motto: »Augen zu und durch«.

Mehr als 15 Punkte: Sie haben eindeutig zu viel Stress im Leben. Sie werden die Belastung vermutlich auch nicht dadurch los, dass Sie Ihre Zeit und Kraft besser einteilen. Der beste Rat für Sie: Sprechen Sie mit guten Freunden oder professionellen Beratern einmal Ihre Situation durch. Lassen Sie sich von ihnen erzählen, wie sie ihr Leben regeln, und lassen Sie sich Tipps geben, wo Sie Abstriche machen könnten. Vielleicht wollen Sie ja immer auf allen Gebieten der oder die Beste sein. Das schafft niemand. Sie sollten ganz konkret herausfinden, auf welchen Gebieten Sie nicht so perfekt sind – und dazu stehen, sonst bringt der Stress Sie noch um all Ihre Lebensfreude.

Hier lauern die größten »Energiefresser«

Die allergrößten Energiefresser sind psychische Belastungen. Mit permanentem Druck und ständiger Angst im Nacken kann niemand entspannt und voller Elan seiner Arbeit nachgehen. Ein gewisses Maß an Anspannung gehört zu einem hohen Energielevel zwar dazu, aber der

Druck darf nicht so groß werden, dass uns der Schädel zu platzen droht. Dabei ist es ganz egal, ob wir tatsächlich unter Leistungsdruck von außen stehen, oder ob wir – was heute viel häufiger auftritt – aus uns selbst heraus zum Workaholic werden, weil das unsere einzige Quelle der Selbstbestätigung zu sein scheint.

Übergroßer Leistungswille verzehrt Energie

Ulla arbeitet bei einer Zeitung und verbrachte lange Zeit selten weniger als 240 Stunden im Monat in der Redaktion. Wenn sie frei hatte, lag sie die meiste Zeit im Bett, weil sie so erschöpft war, dass sie keine Energie für Freizeitaktivitäten mehr aufbringen konnte. Auch abends kam sie erst so spät nach Hause, dass jeder Sportverein oder erreichbare Fitnessstudios schon geschlossen hatten. Sie klagte mit ihren knapp über 40 Jahren bereits über ständige Kopf-, Gelenk- und Rückenschmerzen. Die Arbeit war ein einziger Kampf. Es gab sogar Kollegen, die behaupteten, sie wäre »ausgebrannt«, und die kräftig an ihrem Stuhl sägten.

Wenn wir uns trotz ihrer knappen Zeit manchmal trafen, strahlte Ulla eine tiefe Unzufriedenheit aus und war im Vergleich zu früher ungewöhnlich streitsüchtig. Sie sagte, dass sie den Alltag nur mit jeder Menge Kaffee und Zigaretten überstand.

Glauben Sie nicht, dass meine Freundin nicht wusste, was mit ihr los war. Wahrscheinlich könnte sie dicke Bücher über Selbstmanagement und den Umgang mit den eigenen Energiereserven schreiben. Sie wusste, dass ihre schlechte Ernährung und Bewegungsarmut eine Katastrophe für ihren Energiehaushalt und damit ihre körperliche und geistige Gesundheit waren.

Wenig Bewegung, falsches Essen – das kostet viel

Wenn wir uns kaum bewegen, weil wir notorische Schreibtischtäter sind, und keine Zeit für sportliche Betätigung
aufbringen, kommt zu dem verschwenderischen Umgang
mit unseren Reserven hinzu, dass Energiequellen ungenutzt
bleiben, die unsere Muskeln und Zellen liefern könnten.
Sie werden nicht genügend »genährt« und unter Umständen wird sogar zusätzlich der Energiefluss durch eine falsche Haltung blockiert.

Verleiben Sie sich dann womöglich mittags noch ein
schweres Kantinenessen mit fetten Saucen, viel Fleisch und
verkochtem Gemüse ein, können Sie Ihre Kreativität
zumindest für ein paar Stunden erst recht vergessen. Alle
beteiligten Organe haben so viel mit der Verarbeitung dieser Stoffe zu tun, dass für die energetische Versorgung des
Gehirns keine Kapazität mehr vorhanden ist.

Auch das meist zu späte Essen am Abend senkt Ihr Energieniveau. Wenn wir uns wie Ulla mit einem relativ vollen
Bauch schlafen legen, geht der Verdauungsprozess weiter,
funktioniert aber nicht so gut wie im Wachzustand. Dadurch enthalten wir dem Organismus die dringend nötige
Ruhe vor, behindern den reibungslosen Ablauf unserer
Körperfunktionen und reduzieren die Produktion des Re-
generationshormons Melatonin, das unser Gehirn dringend braucht. Das heißt, unser Schlaf ist nicht so erholsam, wie er sein sollte, und das wirkt sich natürlich auf
lange Sicht ebenfalls auf unser Gesamtbefinden aus.

Der Magen ist Teil Ihres Energiespeichers. Schütten Sie ihn nicht zu!

Anfallsweise nahm sich Ulla vor, sich besser zu ernäh-
ren, sich Ruhepausen zu gönnen und Sport zu treiben. Aber
nach ein paar Tagen waren alle guten Vorsätze wieder ver-
pufft, der alte Energie raubende Trott hatte sie wieder. Ihr
fehlte die Disziplin, die vielen Änderungen in ihrem Leben
zu verwirklichen, die sie sich vornahm.

Gemeinsam entwickelten wir deshalb einen Plan, der mit
ein paar Kleinigkeiten begann, die Ulla ohne große Schwierigkeiten durchhalten konnte. Für die ersten Wochen stand
auf dem Plan lediglich Folgendes:

- dreimal am Tag eine Pause einlegen, das Fenster öffnen oder nach draußen gehen und Atemübungen machen,
- kein schweres Essen mehr nach 19.00 Uhr,
- mit dem Fahrrad zur Arbeit fahren, auch wenn es zehn Minuten länger dauert.

Nachdem ihr diese drei Punkte zur festen Gewohnheit geworden waren, konnten nach und nach andere Energiefallen beseitigt bzw. die Entspannungs- und Erholungsphasen verlängert werden. Schritt für Schritt wurden Übungen und eine andere Ernährung ganz selbstverständlich in den Alltag integriert. Heute ist Ulla zwar immer noch sehr aktiv und manchmal auch überarbeitet, aber sie hat ihren Energiehaushalt wesentlich besser im Griff, fühlt sich nicht mehr so erschöpft und genießt die Aktivitäten in ihrer Freizeit.

Welche »Zombies« rauben Ihre Energie?

Ullas Geschichte ist nur ein Beispiel von vielen. Es gibt etliche schädliche Angewohnheiten, die sich negativ auf unser Nervenkostüm und unser Energiepotenzial auswirken. Viele wirksame Gegenmittel sind in den 19 Impulsen enthalten. Wählen Sie die Impulse aus, die für Sie besonders nutzbringend sind, weil Sie erkennen, dass an dieser Stelle Handlungsbedarf besteht.

Gehen Sie noch einmal das bisher Gelesene durch und ziehen Sie Resümee. Welche Faktoren rauben Ihnen die meiste Energie?

- Zu viel Arbeit,
- übertriebener Perfektionismus,
- Versagensängste,
- Leistungsdruck,
- falsche Ernährung,
- zu wenig Schlaf,
- zu viel Alkohol oder Zigaretten,

- Angst, die durch ein negatives Selbstbild entsteht,
- zu wenig Bewegung,
- zu wenig Ruhepausen, Entspannungsmöglichkeiten,
- psychische Belastungen,
- falscher Lebensrhythmus – zu früh oder zu spät ins Bett,
- Lärm,
- Reizüberflutung.

Versuchen Sie als Erstes, Stress und Dauerbelastungen von sich fern zu halten. Treffen Sie eine Auswahl der Sie am meisten belastenden Faktoren, und machen Sie einen Plan, welche Veränderungen Sie in der nächsten Zeit durchführen werden. Bauen Sie zusätzlich ein paar ganz einfache Energie spendende Übungen in Ihren Alltag ein. Anregungen dazu finden Sie in den »Praktischen Hilfen« ab Seite 306. Sie werden sehen, welchen Erfolg Sie dadurch in kürzester Zeit erzielen können!

Erzeugen Sie neue Energie

Wenn Sie herausgefunden haben, durch welche Verhaltensweisen Sie die meiste Energie verlieren, geht es nicht nur darum, diese zu vermeiden, sondern darum, auch neue Kräfte zu sammeln. Vor allem hart arbeitende und in den Betonwüsten und der schlechten Luft der Städte lebende Menschen haben oft den Kontakt zu ganz einfachen Energie spendenden Maßnahmen verloren. Dabei ist es ganz leicht, sie auch in einen ausgefüllten Alltag einzubinden.

Praktische Hilfen zum 16. Impuls

1. Bewegen Sie sich nicht nur außerhalb der Arbeitszeit

Wir sollten uns ein Beispiel an der asiatischen Kultur nehmen. Hier gehört es zum gesellschaftlichen Standard, tagsüber Pausen einzulegen und leichte Körperübungen durchzuführen. Ob Sie nur auf dem Stuhl Streck- und Dehnübungen durchführen oder sich ausführliche Gymnastik am geöffneten Fenster gönnen: Wichtig ist, dass Sie es regelmäßig tun, damit es erst gar nicht zu einer blockierten und verkrampften Haltung kommt. Versuchen Sie, des Öfteren Ihre Haltung daraufhin zu überprüfen, ob es einseitig belastete Stellen oder schmerzende Bewegungsabläufe gibt. Erinnern Sie sich immer wieder daran, eine »Körperpause« einzulegen.

2. In drei Minuten zu mehr Energie: die Wirbelsäulenatmung

Eine zu geringe Energieversorgung zeigt sich oft schon mit der Atmung. Viele Schreibtischtäter atmen viel zu flach. Gesundes und kräftiges Atmen ist der Energieerzeuger Nummer eins. Ohne Sauerstoff einzuatmen wären wir nach fünf Minuten tot. Wir können mehrere Wochen ohne Nahrung, ein paar Tage ohne Wasser, aber nur wenige Minuten ohne Luft auskommen.

Atmen heißt Leben. Wie Sie atmen, so leben Sie. Deshalb wäre es gut, nicht nur Frühstücks-, Rauch- oder Kaffeepausen, sondern mindestens ebenso viele Atempausen einzulegen.

Stehen Sie aufrecht, die Beine schulterbreit auseinander. Die Fußzehen schauen gerade nach vorn.

Sinken Sie leicht nach hinten und etwas in die Knie, als wollten Sie sich auf einen Stuhl setzen. Das ist die Reiterstellung.

Nehmen Sie die Arme zur Seite, und winkeln Sie die Unterarme rechtwinklig an, sodass die leicht geschlossenen Fäuste nach oben zeigen.

Während Sie einatmen, dehnen Sie Becken und Schultergürtel nach hinten und bilden damit ein extremes Hohlkreuz.

Mit dem Ausatmen schieben Sie Becken und Schultern ganz nach vorn und machen einen Buckel. Die Oberarme berühren sich dabei fast vor der Brust, der Kopf sinkt nach unten.

Kippen Sie mit dem nächsten Einatmen das Becken wieder nach hinten, nehmen Sie den Schultergürtel zurück, richten Sie den Körper dabei auf, und gehen Sie erneut ins Hohlkreuz. Und so fort.

Machen Sie diese Bewegung in Verbindung mit der Atmung 10- bis 36-mal, am besten im Freien oder bei geöffnetem Fenster. Und wenn Sie viel sitzen, mehrmals am Tag.

3. So entkommen Sie der Reizüberflutung

Menschen, die in Städten leben, klagen wesentlich häufiger über Müdigkeit und Abgespanntheit. Die Abläufe des Alltags gehen schneller vor sich und eine Unzahl von Sinnesreizen stürmt auf sie ein. Die meisten von ihnen atmen viel zu flach, halten sich kaum an der frischen Luft auf und meiden das Tageslicht.

Aber es gibt durchaus Möglichkeiten, der Reizüberflutung des städtischen Betriebs etwas entgegenzusetzen. Der Komponist John Cage hat einmal sinngemäß gesagt: »Wir sind ständig von Geräuschen umgeben. Wenn wir uns nicht auf sie konzentrieren, werden sie zur Belästigung. Wenn wir uns auf sie konzentrieren, werden sie Musik.«

Wir sind von so vielem umgeben, was unsere Aufmerksamkeit fordert, dass es uns zur Last wird. Deshalb müssen wir oft einfach die »seelischen Ohrenschützer« aufsetzen und genau auswählen, was wir überhaupt an uns heranlassen wollen.

Diejenigen Sinnesreize, denen wir aber absolut nicht aus dem Weg gehen können, sollten wir dann zumindest ganz bewusst aufnehmen. So macht uns das Chaos der Großstädte weniger krank. Wir merken durch die Konzentration auf die Reize, denen wir ausgesetzt sind, schon viel früher, wann wir genug haben und ruhigere Gegenden aufsuchen müssen.

4. Mehr natürliches, weniger künstliches Licht

Licht wirkt auf unser Hormonsystem. Licht ist ein Antidepressivum. Daher werden viele Menschen an den kurzen Tagen des Jahres depressiv. Licht macht das Leben auch im übertragenen Sinn heller. Aber künstliches Licht verhält sich zu natürlichem Licht wie Weißbrot zu Vollkornbrot. Künstliches Licht nährt zwar den Verhungernden, aber es baut uns nicht wirklich auf. Künstliches Licht kann sogar Krebs und Fortpflanzungsprobleme verursachen.

Daher: Gehen Sie regelmäßig nach draußen und tanken Sie Tageslicht. Besonders im Winter. Denken Sie auch darüber nach, ob Sie so genannte Vollspektrum- oder Tageslichtröhren und die dazugehörigen Lampen installieren möchten. Das ist gut für die Augen und fürs Gemüt.

Ebenso erleben wir aber auch keine echte Dunkelheit mehr. Wenn es dunkel ist, schlafen wir. Ansonsten halten wir uns in den Abend- und Nachtstunden fast ausschließlich in künstlich beleuchteten Räumen auf, deren Licht von uns nicht kontrolliert werden kann (beispielsweise die Straßenbeleuchtung). Das hat Auswirkungen auf unseren Tagesrhythmus. Dieses ständige Licht hält uns künstlich wach und fit – das heißt, es macht uns nervös.

Gönnen Sie sich daher ab und an einen Abend ohne künstliches Licht. Zünden Sie nur Kerzen an, während Sie mit Freunden zu Abend essen oder ein Glas Wein trinken. Das ist nicht nur urgemütlich, sondern erinnert Sie auch an den natürlichen Rhythmus von Tag und Nacht.

Versuchen Sie ganz allgemein, Ihren Lebensrhythmus ein wenig mehr nach Sonnenaufgang und Sonnenuntergang auszurichten. Das schenkt ungeahnte Kräfte!

5. Der Anker – Nutzen Sie positive Gefühle

Eine weitere Möglichkeit, durch ganz einfache Techniken seine Energie und Tatkraft um ein Vielfaches zu steigern, besteht darin, bereits erlebte Erfolge und schöne Erlebnisse wachzurufen und zu aktivieren. Denn hier besteht ein natürlicher Zugriff auf Energien, die Ihnen Kraft aus Ihrer persönlichen Geschichte geben. Jeder von uns kennt das: Man hört ein Lied im Radio, und schon ist die Erinnerung an wundervolle Stunden wieder da und macht uns so richtig schön sentimental – ganz gleich in welcher Situation wir uns gerade befinden.

Diese von Psychologen in der Theorie des Neurolinguistischen Programmierens (NLP) als »Anker« bezeichneten Erinnerungen können Bilder, Gerüche, Geräusche, Berührungen oder Worte sein. Oftmals entsteht durch diese Auslöser das Bild einer kompletten Situation, in der wir glücklich waren. Und das geht in Sekundenschnelle. Wir reagieren auf die entsprechenden Signale, indem wir alle dazugehörigen Erfahrungen reproduzieren.

Diesen Mechanismus können Sie für sich nutzen, wenn Sie eine »Energiespritze« benötigen: nämlich indem Sie Energie spendende Erfahrungen ganz bewusst festhalten und so durch die vorher gesetzten Anker jederzeit wiederherstellen können.

Jede positive Erinnerung enthält die Energie beflügelnder Gefühle. Aktivieren Sie diese Kräfte!

- Stellen Sie sich aufrecht hin.
- Rufen Sie sich mit geschlossenen Augen eine Situation ins Gedächtnis, in der Sie sehr erfolgreich waren.
- Erinnern Sie sich, wie in diesem Augenblick Ihre Körperhaltung war. Wie haben Sie gestanden, wie waren Ihre

Schultern, wie haben Sie den Kopf gehalten, wie haben Sie geatmet? Und vollziehen Sie dies nach!

- Durchleben Sie diese Situation von erneut.
- Was sehen Sie? Wie sieht Ihr Umfeld aus? Wer ist bei Ihnen?
- Mit wem oder was sind Sie in Kontakt?
- Was sagen Sie oder wer spricht?
- Was hören Sie sonst noch?
- Was fühlen Sie? Wo in Ihrem Körper fühlen Sie dieses tolle Gefühl von Erfolg oder Freude oder Leichtigkeit oder Stolz?
- Fühlt es sich an wie Wärme oder Hitze oder ist es ein klarer Kopf oder Gänsehaut am ganzen Körper oder ein Prickeln?
- Gehen Sie so intensiv wie möglich hinein in dieses Gefühl. Koppeln Sie es von der auslösenden Situation ab. Das heißt: Fühlen Sie nur noch dieses gute Gefühl.
- Stellen Sie sich vor, Sie atmen dieses Gefühl in jede Zelle Ihres Körpers.
- Und wenn dieses Gefühl auf dem Höhepunkt ist, dann ankern Sie es. Das Ankern passiert durch eine Handbewegung, die Ihnen besonders liegt und vielleicht einen Satz oder ein Wort, das Sie aussprechen. Die Hand kann zu einer Faust werden, oder Sie schnippen mit den Fingern, oder Sie klatschen in die Hände. Dabei sagen Sie: »ja« oder »jawohl« oder »das ist es« oder »genau«, »super«, »spitze« oder was immer für Sie stimmig ist.
- Und gleichzeitig mit dieser Bewegung setzen Sie auch Ihren ganzen Körper ein. Und das mehrmals hintereinander.

Dieses Gefühl, die Handbewegung, der Körpereinsatz und das Wort werden zu Ihrem »Erfolgsanker«. Sie sollten nun bei jeder Gelegenheit, die Ihnen gut gelungen ist, genau diesen Erfolgsanker wiederholen. Das bedeutet, alle tollen Erfolge, Gefühle, Situationen etc. werden immer tiefer und öfters eingeprägt und richtiggehend in Ihr Bewusstsein eingebrannt. In Zukunft können Sie sich dann über das Auslösen dieses Ankers für Erfolg stimulieren.

Das Auslösen geschieht ebenfalls ganz einfach: Sie machen die Hand- und Körperbewegung, atmen in der entsprechenden Form und sagen Ihr Wort. Und das mehrmals hintereinander. Sie werden erleben, dass es Ihnen sofort besser geht.

Das Ankern ist eine wunderbare Methode, Energie zu aktivieren, bevor Sie beispielsweise eine Rede halten, ein Meeting leiten, in ein Verkaufsgespräch gehen etc.

»Lache das Leben an! Vielleicht lacht es wieder.«
Jean Paul

Dieser Anker richtet Sie aus auf Erfolg. Er aktiviert all Ihre Kräfte, Sie werden wieder mobil und agil und wirken in dieser Energie ganz selbstverständlich erfolgreich und überzeugend. Denn Sie sind in diesem Augenblick tatsächlich vollkommen ausgefüllt mit Energie und guten Gefühlen.

Stärken Sie Ihre Energiequellen. Mit Energie können Sie alles erreichen, was Sie sich vornehmen!

17. Offenheit

Eines der zentralen Themen in meinen Teambildungs-
seminaren war immer wieder das Thema Offenheit. Der
Wunsch, sich frei äußern zu können, ohne mit irgendwelchen Restriktionen oder beleidigten Kollegen rechnen zu
müssen, war oft so groß, dass daran deutlich wurde, wie
sehr in vielen Firmen das Betriebsklima unter mangelnder
Offenheit leidet.

Viele der Teilnehmer hatten nicht einmal wenigstens
einen Kollegen, mit dem sie einen offenen und manchmal
auch vertraulichen Austausch pflegen konnten – ohne
Angst, dass das Gesagte dann durch alle Abteilungen geis-
tert.

Dazu kam noch, dass es Konflikte gab, die jahrelang
nicht geklärt wurden, weil keiner der Beteiligten sich traute, das schwelende Thema anzusprechen. Wenn es dann
doch einmal auf den Tisch kam, weil es ganze Projekte
behinderte, stellte es sich oft als reines Missverständnis
heraus, das mit etwas mehr Offenheit schon längst hätte
aus der Welt geschafft werden können.

Mir wurde dabei einmal mehr bewusst, wie sehr sich
viele Menschen mit Ihren Meinungen, Gefühlen, Wünschen und Ideen zurückhalten. Dabei erfahren dadurch alle
Beteiligten eine Einschränkung ihrer Persönlichkeit, ihrer
Kreativität, ihres Wohlbefindens. Offenheit ist zudem die
Voraussetzung dafür, dass interessante Erfahrungen aus-
getauscht werden und man sich so gegenseitig inspiriert.

Offener Austausch verhindert Angst

Wenn Offenheit und Austausch durch Angst verhindert
werden, dann geht das fast zwangsläufig auf Kosten der
Flexibilität, der Begeisterung und des Engagements. Und
das wirkt sich letztendlich nicht nur auf das Betriebsklima
aus.

Es gibt natürlich unterschiedliche Grade der Offenheit, die von Charakter und Persönlichkeit abhängen. Einige reagieren schon durch ihr Temperament offener oder eher zurückhaltender. Doch viele nehmen sich aus Angst vor schlechten Erfahrungen und Ablehnung zu sehr zurück. Aber Sie sollten die Möglichkeiten nicht verschenken, die Ihnen mit mehr Offenheit zufallen.

Die perfekte Mischung: Offenheit mit einer kleinen Portion Skepsis und einer großen Portion Herz.

● ●

DER SELBSTERKENNTNIS-CHECK: Sind Sie anderen gegenüber offen genug?

Treten Sie Ihren Mitmenschen aufgeschlossen gegenüber? Kommt bei Ihnen auch noch das Herz dazu? Bitte kreuzen Sie jeweils a. oder b. an.

1. Soll man einen Menschen, der mit einem spricht, unentwegt anschauen?

a. Ja, weil es höflich ist.
b. Nein, weil das so aufdringlich sein kann, wie bei einem Verhör.

2. Gespräche mit Menschen, die deutlich älter sind,

a. finde ich meist etwas anstrengend.
b. sind mir meist erholsam wie ein Bad für die Seele.

3. Welches Gesicht sollte man der Welt zeigen?

a. Immer ein freundliches.
b. Immer ein interessiertes.

● ●

4. Was ist Ihnen in einer Tischrunde wichtiger?

    a. Dass auch die »stillen Wasser« kräftig lachen.
    b. Dass auch die »stillen Wasser« zu Wort kommen.

5. Um Ruhe zu haben, wenn Kinder laut und nervig sind, schickt man sie am besten

    a. in ihr Zimmer.
    b. raus zum Toben.

6. Wie sind die Jugendlichen heute Erwachsenen gegenüber eingestellt?

    a. Eher feindlich.
    b. Eher desinteressiert.

7. Eine Frau lernt eine andere Frau kennen und findet, dass sie gut aussieht. Sollte sie ihr das sagen?

    a. Nie zu Anfang, vielleicht später einmal.
    b. Ja, sofort und spontan.

8. Eine Frau lernt einen Mann kennen und findet, dass er gut aussieht. Sollte sie ihm das sagen?

    a. Nur wenn sie etwas von ihm will.
    b. Ja, auch ohne etwas von ihm zu wollen.

9. Ist es klug, anderen ehrlich seine Gefühle zu zeigen?

    a. Nein, man macht sich dadurch nur das Leben schwer.
    b. Ja, weil man sich so vor falschen Freunden bewahrt und richtige Freunde findet.

10. Darf man Briefe mit dem Wort »ich« anfangen?

    a. Nein, das ist unhöflich.

    b. Ja, denn ein Brief wird nicht dadurch höflich, dass man einen Satz so lange verdreht, bis das »Ich« weiter hinten steht.

11. Ihr Tischnachbar bekleckert sich beim Essen. Alle schauen hin. Was machen Sie?

    a. Ich helfe diskret und unauffällig.

    b. Ich mache einen Scherz, weil sich die Situation so am besten entspannt.

12. Darf eine Frau ein Gespräch mit einem Mann anfangen?

    a. Eigentlich ist das immer noch etwas unschicklich.

    b. Ja, die meisten Männer sind doch sowieso mundfaul. Wenn man auf die wartet, kommt oft gar kein Gespräch zustande.

13. Sind Sie zu einem Kellner so höflich wie zu einem guten Freund?

    a. Ich bemühe mich darum.

    b. Ich bin meist noch höflicher. Meine Freunde können nämlich auch meine unhöflichen Seiten gut verkraften.

Manchmal ist anfängliche Zurückhaltung angebracht, bis man herausfindet, wo aufrichtige Offenheit erwidert wird.

Auswertung zum Check

Bitte zählen Sie nach, wie viele a- und b-Antworten Sie gegeben haben.

Sie haben mehr als zehnmal a angekreuzt: Sie besitzen eine charmante Art mit Menschen umzugehen und das setzen Sie sehr gezielt ein. Sie achten sehr darauf, wie Sie auf andere wirken, und Ihr Charme verhindert, dass Sie mit den Leuten vermeidbare Probleme bekommen. Sie schaffen es sogar, die Menschen auch da noch zu umgarnen und für Ihre Interessen einzuspannen, wo andere Leute Auseinandersetzungen führen oder sogar richtig in Streit geraten. Ihre Äußerungen sind daher selten ganz spontan, sondern Sie überlegen vorher, wie viel Offenheit in der jeweiligen Situation angebracht ist. Das macht Ihr Leben einfacher und erfreulicher und hilft Ihnen, sich wirkungsvoller durchzusetzen. Von manchen wird allerdings ein solches Verhalten als ein wenig »unecht« empfunden.

Sie haben mehr als zehnmal b angekreuzt: Sie sind sehr offen und charmant – und vermutlich wissen Sie gar nicht, wie sehr. Sie sind im Umgang mit Menschen nämlich einfach ungezwungen und natürlich. Sie achten nicht auf die Wirkung Ihrer Worte oder Ihres Verhaltens. Und das müssen Sie auch nicht, denn die Menschen akzeptieren Sie genau so, wie Sie sind. Ihre natürliche Aufgeschlossenheit öffnet Ihnen die Herzen Ihrer Mitmenschen. Denn Ihre Freimütigkeit kommt von Herzen. Sie ist nicht das Ergebnis einer Erziehung zu aufgesetzter Freundlichkeit, sondern Sie haben mehr Herzensbildung als viele andere Menschen.

Sie haben weder a noch b mehr als zehnmal angekreuzt: Sie gehen auf die Menschen ein, sind höflich und freundlich, aber Sie sind damit nicht immer glücklich. Sie spüren nämlich, dass Ihre Freundlichkeit und Ihr Zuvorkommen ausgenutzt werden. Und dann halten Sie es für das Beste, etwas weniger zugänglich zu sein, weil sich ein weit offenes Herz in einer kalten Welt schnell eine Grippe holen kann. Aber Sie sollten Ihre Aufgeschlossenheit nicht aufgeben. Die meisten Menschen reagieren eben doch positiv darauf, wenn man ihnen offen gegenübertritt.

Offenheit ist ein Teil von Beziehungsintelligenz

Anderen Menschen offen gegenüberzutreten bedeutet nicht, dass man sofort und jederzeit sein Herz auf den Tisch legt und intimste Details aus seinem Innenleben vor Kollegen oder Freunden ausbreitet. Wer ein zwanghaftes Redebedürfnis hat, wer ungefragt und in jeder Situation – ob passend oder unpassend – aus seinem Privatleben plaudert, ist nämlich meistens genau das Gegenteil von offen. Richtig verstandene Offenheit ist das wichtigste Kriterium von Beziehungsintelligenz – der Fähigkeit, mit Herz und Verstand zu kommunizieren. In diesem Sinn drückt Offenheit die Bereitschaft aus, sich auf alles, was einem begegnet, einzulassen. Wer mit den sprichwörtlich offenen Augen und Ohren durchs Leben geht, ist in der Lage, sich von der Erfahrung belehren zu lassen, statt dogmatisch an Vormeinungen festzuhalten.

Extrem nach außen gerichtete Menschen aber können nur sehr wenig aufnehmen, sie sind so sehr mit dem Senden ihrer Informationen beschäftigt, dass sie nicht in der Lage sind, etwas anderes zu hören als ihren eigenen Lärm.

Und gerade das begründet die Bedeutung dieses Impulses: Mehr Offenheit zu erreichen, bedeutet nicht nur offen auszusprechen, was einen bewegt, sondern genauso offen

Der Schlüssel für eine kreative Umgebung ist Offenheit.

zu sein für das, was einem vom anderen entgegengebracht wird.

Offen sein können Sie auch durch Schweigen ...

Wenn Sie Ohren, Augen und Herz weit öffnen für ihr Gegenüber, wird Ihre Offenheit mit Vertrauen belohnt werden. Wenn Sie das, was Ihr Gesprächspartner Ihnen mitteilt, nicht nur durch die Ohren rauschen lassen, sondern es in Ihrem Herzen bewegen, werden Sie nicht nur eine bessere Kommunikation, sondern vielleicht auch Freunde gewinnen. Dazu müssen Sie allerdings manchmal Ihre eigenen Geschichten zurückhalten. Wenn Sie auf die Offenbarungen Ihres Gesprächspartners direkt mit einer eigenen Erfahrung reagieren, kann der leicht das Gefühl bekommen, es wäre Ihnen nicht wichtig, was er erzählt und zieht sich zurück. Außerdem ist nichts ermüdender als Gespräche, die zu sehr von einem zum anderen springen. Kennen Sie das? Ganze Abende, an denen eine Geschichte auf die andere folgt, jeder die Worte des Vorredners nur als Stichwort nimmt, um sofort zu antworten: Also, ich hab da mal etwas Ähnliches erlebt ...

Konzentrieren Sie sich auf das, was Ihnen erzählt wird, versuchen Sie, sich in Ihren Gesprächspartner hineinzuversetzen und eventuell zwischen den Zeilen zu lesen. Antworten Sie nur, um durch Fragen noch mehr Informationen zu erhalten oder den anderen zum Weiterreden zu ermuntern. Schweigen und Zuhören besitzen eine große Kraft. (Mehr darüber finden Sie auch im Impuls »Wahrnehmung«.)

... aber nehmen Sie nicht alles hin

Selbstverständlich möchte ich Sie nicht dazu auffordern, sich von genau solchen exzentrischen Quasselstrippen über Gebühr beanspruchen zu lassen. Dann geht es vielmehr darum, die andere Seite der Offenheit zum Zuge kommen zu lassen: Wenn Ihnen jemand mit unsinnigem Gerede auf die Nerven geht, wenn Ihnen Zeit und Energie dadurch geraubt werden, ist es durchaus angebracht, das auch offen und direkt, aber freundlich mitzuteilen. Versuchen Sie, eine herzliche, aber klare Formulierung zu finden, mit der Sie Ihren Standpunkt unmissverständlich, aber nicht verletzend klarmachen.

Zeigen Sie diese Konsequenz vor allem rechtzeitig. Je länger Sie sich einer solchen Situation aussetzen, desto schwerer wird es, sich ihr ohne Verrenkungen zu entziehen. Wenn Sie aber gleich zu Beginn offen und ehrlich sind, gewinnen Sie eher einen Freund, als wenn Sie stundenlang zuhören. Denn viele Quasselstrippen merken zwar nicht währenddessen, aber hinterher, dass sie Ihnen »ein Ohr abgekaut haben«. Im besten Fall meiden sie ihr »Opfer« dann, weil es ihnen peinlich ist, oder sie geben ihm sogar die Mitschuld. Und dann wird es sehr schwer, wieder eine Basis für offene Kommunikation zu schaffen.

Offenheit und Vertrauen können nur dann als Naivität ausgelegt werden, wenn sie von anderen missbraucht werden.

Offenheit erzeugt Offenheit

Offenheit ist immer eine vertrauensbildende Maßnahme: Versuchen Sie einmal, einem Menschen, der sich Ihnen gegenüber bisher sehr zurückhaltend gezeigt hat, selbst etwas mehr Offenheit entgegenzubringen. Geben Sie ihm einen Vertrauensvorschuss! Manchmal ist es ja wirklich nur die Frage des ersten Schrittes.

Zeigen Sie Ihre Gefühle offener, trauen Sie sich, anderen zum Beispiel Ihre Begeisterung mitzuteilen. Begeistert arbeiten und andere Menschen mit der eigenen Begeisterung anstecken, das geht nur mit Offenheit. Und dazu gehört auch, die Leistung der anderen anzuerkennen und zu honorieren.

Offenheit macht kritikfähig

Nicht nur selbst offen zu sein, indem man sich ehrlich äußert, sondern ebenso offen zu sein für die Wünsche der anderen oder für das Feedback, das man bekommt, ist wichtig. Und das ist sogar fast noch der schwierigere Teil. Die wenigsten können ein ehrliches Feedback vertragen, weil sie es nur dann bekommen, wenn es um Kritik geht. Doch Feedback ist die einzige Instanz, die einem hilft, in kritischen Situationen innezuhalten und zu überdenken, ob man sich noch auf dem richtigen Weg befindet.

Aber ebenso schwierig wie das Annehmen ist das Austeilen von Kritik. Leider halten wir mit Kritik oft ewig hinter dem Berg, statt frei zu äußern, was aus fachlicher Sicht zu einem Projekt oder einer bestimmten Vorgehensweise zu sagen ist. Dabei könnten wir so die Untertöne minimieren, die von unserer Angst und eventuell aufgestauten Gefühlen herrühren und dem anderen leicht den Eindruck vermitteln, er sei persönlich gemeint. Diesen Effekt kann man durch freundliche Offenheit vermeiden.

Feedback sollte darüber hinaus aber nicht nur darin bestehen, jemandem zu sagen, was schlecht läuft, sondern auch, was gut gemacht wurde, welche Eigenschaften positiv sind oder was zu verbessern ist.

Wer seine Freude über Lob offen zeigen kann, bekommt bei Gelegenheit mehr davon.

Interessant ist jedoch immer wieder festzustellen, dass viele Menschen ein positives Feedback gar nicht annehmen können. Es wird abgewinkt oder peinlich berührt geschwiegen, auch wenn man sich darüber freut. Dabei ist auch hier Offenheit angebracht: Warum zeigen wir dem Lobenden nicht, dass wir uns freuen? Wenn wir unsere Freude nicht zum Ausdruck bringen, wird er es mit Sicherheit nicht so schnell wieder tun.

Eröffnen Sie neue Möglichkeiten

Offenheit kann stark machen, Offenheit gegenüber sich selbst und anderen. Wer seinen Ängsten und Fehlern offen begegnet und sie vertrauensvoll ausspricht, kann sie auch reduzieren und sich selbst neue Möglichkeiten des Handelns schaffen. Wer seine Wünsche und Hoffnungen offen ausspricht, wird auch andere dafür gewinnen und mit ihnen gemeinsam neue Wege finden.

Und dann wird Folgendes möglich:

- Offen über Träume zu sprechen.
- Offen Fehler zuzugeben.
- Offen sagen zu können: »Ich arbeite gern mit Ihnen.«
- Offen sagen zu können: »Das wünsche ich mir anders.«
- Offen zu sein für Neuerungen.
- Offen zu sein für Experimente.
- Offen neue Kollegen ins Team zu integrieren etc.

Dies gilt es in Firmen wie im Privatleben zu verwirklichen.

• •

Praktische Hilfen zum 17. Impuls

Lesen Sie die unten aufgeführten Beispiele durch, und überlegen Sie, ob Sie sich schon einmal in dieser oder einer ähnlichen Situation befunden haben bzw. solche Verhaltensweisen von sich kennen.

Nach jedem Beispiel ist ein Vorsatz für die Zukunft angefügt, der Ihnen als Inspiration dienen soll, um danach eigene unangenehme Situationen aufzuschreiben und Verhaltensänderungen zu planen.

1. Ich habe mit einem Kollegen ständig Auseinandersetzungen bezüglich eines bestimmten Themas. Mittlerweile weiche ich diesem Thema so gut ich kann aus, damit unsere Beziehung nicht noch schlechter wird.
Vorsatz: Das nächste Mal spreche ich ihn direkt darauf an, schlage vor, darüber zu reden und den Streit zu beenden.

2. Während einer Besprechung wird ein Thema erwähnt, über das ich Bescheid wissen müsste. Ich bin jedoch nicht infor-

• •

miert und versuche, das Thema abzubiegen, damit meine Sachkenntnis nicht angezweifelt wird.

Das nächste Mal werde ich meine Unwissenheit ohne Bedenken zugeben und den entsprechenden Kollegen bitten, mich so rasch wie möglich über das Thema zu informieren.

3. Einer meiner Kollegen hat einen persönlichen Konflikt mit unserem Chef. Ich mische mich nicht ein, um es mir nicht mit beiden zu verderben.

Das nächste Mal werde ich Stellung beziehen und versuchen, ihm zu erklären, wie sein Verhalten auf mich wirkt und in welchen Punkten er für diesen Konflikt mitverantwortlich ist.

4. Über einen Kollegen wurde ein Gerücht verbreitet, das ihm schadete. Als er mich fragte, was ich darüber weiß, habe ich mich unwissend gestellt und ihn beruhigt, dass das sicher nicht wahr ist.

Das nächste Mal werde ich ihm sagen, dass Gerüchte über ihn in Umlauf sind und er der Ursache dafür nachgehen sollte.

5. Ich meine, dass durch das Verhalten eines bestimmten Kollegen die Zusammenarbeit nicht effektiv ist, behalte meine Meinung aber für mich.

Das nächste Mal nehme ich in Kauf, als Besserwisser zu gelten, sage ihm freundlich, aber bestimmt, was ich beobachtet habe und was ich davon halte.

6. Kollegen erwähnen versehentlich, dass sie Vorschläge zur Veränderung in der Abteilung geplant haben. Ich weiß noch nichts davon und warte ab, bis sie mir darüber berichten.

Das nächste Mal dränge ich darauf, Genaueres über die Pläne zu erfahren.

7. Ein Kollege ist mir so unsympathisch geworden, dass ich nicht mehr effektiv mit ihm zusammenarbeiten kann. Ich spreche ihn aber nicht darauf an, distanziere mich und halte unsere Beziehung rein geschäftsmäßig.
Das nächste Mal spreche offen mit ihm darüber, was ich empfinde, um die Atmosphäre zu reinigen, sodass wir unser Verhältnis klären und mit der Arbeit vorankommen können.

8. Ein Kollege beschäftigt sich immer öfter während der Arbeitszeit mit anderen Dingen. Er wirkt häufig gereizt und wird leicht ausfallend. Ich ziehe mich zurück und entschuldige ihn damit, dass er wahrscheinlich zurzeit persönliche Probleme hat.
Das nächste Mal rede ich mit ihm darüber und erkläre ihm, wie sein Verhalten auf mich und andere wirkt.

Wenn Sie viele dieser Situationen schon erlebt haben, stellen Sie sich die Frage, warum Sie sich so wenig Offenheit zutrauen. Schlechte Erfahrungen? Unsicherheit? Oder fehlt ganz einfach der Mut?

Rufen Sie sich nun einige persönliche Situationen der oben beschriebenen Art ins Gedächtnis, in denen Sie sich über sich selbst geärgert haben, weil Sie mit mehr Offenheit spätere Konflikte vermieden hätten. Schreiben Sie auf die gleiche Weise darunter auf, wie Sie sich das nächste Mal in einer ähnlichen Situation verhalten werden.

Wenn Sie Ihre persönlichen Situationen aufgelistet haben, können Sie Offenheit ähnlich trainieren wie Mut.

Beginnen Sie einfach damit, häufiger ungefragt Ihre Meinung zu äußern. Sprechen Sie aus, was Sie denken. Gehen Sie auf andere zu und erkennen Sie deren Leistungen an.

Wenn Sie das eine Weile praktizieren, dann wird es Ihnen immer leichter fallen, auch in kritischen Situationen Ihre Meinung zu äußern, Verhalten zu kommentieren oder Verbesserungen einzubringen.

18. Intuition

Längst ist bekannt, dass Intuition eine Fähigkeit von herausragender Bedeutung für die Entscheidungsfindung und eine unverzichtbare Ergänzung rationaler Überlegungen ist. Vor allem hochrangige Führungskräfte verlassen sich täglich auf Ihre Intuition. Sie geben unumwunden zu, dass die Fähigkeit, Entscheidungen »aus dem Bauch heraus« zu treffen, ausschlaggebend für ihren Erfolg ist.

Kennen Sie das: Sie stehen vor einer Entscheidung und treffen spontan eine Wahl, ohne groß zu überlegen. Dann fangen Sie an, das Für und Wider abzuwägen, alle Argumente hin- und herzuwälzen und etliche Experten zurate zu ziehen.

Wie oft kommt es vor, dass Sie hinterher nicht die Entscheidung treffen, die Sie schon am Anfang bevorzugt haben? Oder passiert es sogar, dass Sie nach reiflichem Abwägen die entgegengesetzte Entscheidung treffen und später feststellen müssen, dass die erste Wahl die bessere gewesen wäre?

»Oft werden Probleme zu Tode analysiert.«
Weston H. Agor

Mangelnde Intuition verzögert also nicht nur die Entscheidungen, sondern führt häufig trotz gründlicher Recherche zu falschen Ergebnissen. Wer auch und gerade in wichtigen Dingen mehr auf seine »innere Stimme« hört, ist nicht nur schneller, sondern oft auch besser.

Intuition ist nicht nur »Frauensache«

Von Oscar Wilde stammt das Zitat: »Intuition ist der eigenartige Instinkt, der einer Frau sagt, dass sie Recht hat, gleichgültig ob das stimmt oder nicht.« Und bis heute gibt es nur wenige, die ihrer Intuition vertrauen – das gilt übrigens für Männer wie für Frauen. Doch die meisten von uns verdrängen viel zu häufig ihr erstes, unmittelbares Gefühl, wollen es nicht wahrhaben, dass wir durchaus ohne genaue Kenntnis der Faktenlage Entscheidungen treffen können. Die meisten Menschen können nicht verstehen, dass wir in der Lage sind, aus einer unmittelbaren Empfindung heraus richtig zu handeln. Gefühl, Intuition, unmittelbarer Eindruck, das sind Attribute, denen heute leider misstraut wird. Vor allem Männer schreiben diese Fähigkeit fast ausschließlich den Frauen zu – und natürlich nur denen, die es nach ihrer Meinung nie in die Führungsetagen größerer Unternehmen schaffen werden. Auch wenn wissenschaftliche Untersuchungen ebenso wie Erkenntnisse aus der Praxis erfolgreicher Manager(-innen) das Gegenteil beweisen: Nach wie vor halten sich hartnäckige Vorbehalte gegenüber den intuitiven Fähigkeiten der rechten Gehirnhälfte. Es ist kaum zu glauben, was wir uns durch diese Skepsis an Möglichkeiten nehmen.

Selbst normalerweise sehr intuitive Menschen nutzen ihre Möglichkeiten zum Teil nicht, weil sie Angst haben, als unseriös oder als unrealistischer »Gefühlsmensch« abgestempelt zu werden. Sie halten sich in ihrer Arbeitsweise dann doch lieber an die bisher praktizierten Methoden oder lassen sich von scheinbar gut begründeten Argumenten von ihrer intuitiven Einschätzung abbringen – ob diese sich als effektiv und richtig erwiesen haben oder nicht.

Hören Sie auf Warnsignale

Viele Manager sind zumindest schon so weit, dass sie zugeben, sich auf ihre Intuition zu verlassen, wenn es darum geht, Fehlentscheidungen zu vermeiden. Sie trauen ihrem Gefühl immerhin zu, ein Alarmsignal zu senden, wenn trotz gründlichem Abwägen eine falsche Entscheidung droht. Intuition kann zwar weit mehr, aber das ist wenigstens ein Anfang. Wer das unbestimmte Gefühl hat, dass irgendetwas nicht in Ordnung ist, sollte die Finger von den geplanten Vorhaben lassen und sich nicht selbst damit beschwichtigen, dass das nur Einbildung und ansonsten ja alles voll unter Kontrolle wäre.

Lassen Sie nicht allein die Vernunft entscheiden

Nun ist es allerdings so, dass unsere Entscheidungen fast nie rein vernunftmäßig durch nüchternes Abwägen aller Tatsachen zustande kommen, sondern immer auch wesentlich von emotionalen Faktoren beeinflusst werden. Deshalb ist es wichtig, diese Faktoren in die Entscheidungsfindung mit einfließen zu lassen, sie nicht zu leugnen und auszuklammern. Viele kluge Pläne funktionieren nicht, weil sie von einer rational erfassbaren Welt ausgehen, während die Realität immer auch irrational und absurd ist. Wer also bei seinen Entscheidungen beides gleich berücksichtigt und seine emotionalen Stärken und Schwächen einkalkuliert, ist der Verwirklichung seiner Ziele deutlich näher.

»Der Geist des Menschen ist kein Behälter, der gefüllt, sondern ein Feuer, das entfacht werden muss.«
Plutarch

Das soll nicht heißen, dass Hintergründe, Fakten und Erfahrungen bei der Entscheidungsfindung nicht berücksichtigt werden sollen. Eine rationale Vorgehensweise, die darauf abzielt, Informationen zu sammeln und Daten realistisch einzuschätzen, ist ebenso wichtig wie die Intuition. Es kommt darauf an, beides harmonisch zu verbinden, um all unsere Fähigkeiten und gleichzeitig beide Gehirnhälften einzubinden. Erst dann schöpfen wir tatsächlich all unsere Möglichkeiten aus.

Doch wenn wir unser wahres Potenzial nutzen wollen, wenn wir die Produktivität und Kreativität, zu der wir alle fähig sind, erreichen wollen, müssen wir vor allem in diesem bisher vernachlässigten Bereich aktiv werden.

Aktivieren Sie Ihr kreatives Potenzial

Intuition entsteht hauptsächlich in der rechten Gehirnhälfte, hier liegen die Zentren für sämtliche Tätigkeiten, die man unter Kreativität zusammenfassen kann. Wenn Sie sich kreativ betätigen, stärken Sie die Funktion Ihrer rechten Gehirnhälfte, und Sie schaffen damit die Voraussetzungen, eine deutlich stärkere Intuition zu entwickeln.

Um Fantasie und Kreativität zu entwickeln, müssen Sie aus den Bahnen logischer Ordnung ausbrechen und die Dinge mit anderen Augen betrachten. Das ist der erste Schritt, der Ihnen einen besseren Zugang zu Ihren intuitiven Kräften verschafft.

• •

DER SELBSTERKENNTNIS-CHECK
Wie gut sind Ihre kreativen Fähigkeiten entwickelt?

Fantasie ist: Wenn man die geistigen Trampelpfade verlässt und im Gespräch oder beim Lösen von Problemen gute Einfälle und originelle Lösungsmöglichkeiten bringt. Können Sie das? Dieser Check gibt Ihnen darauf eine erste Antwort.

1. Bitte schreiben Sie den ersten Reim auf, der Ihnen zu den folgenden zehn Wörtern einfällt. Setzen Sie sich dabei unter Zeitdruck. Je schneller Ihre Antwort, desto aussagekräftiger Ihr Ergebnis:

A Herz　　　　＿＿＿＿＿＿＿

B Leute　　　　＿＿＿＿＿＿＿

C Macht　　　　＿＿＿＿＿＿＿

D im Dunkeln ＿＿＿＿＿＿＿

E Liebe　　　　＿＿＿＿＿＿＿

F Schmerz　　＿＿＿＿＿＿＿

G heute　　　　＿＿＿＿＿＿＿

H Nacht　　　　＿＿＿＿＿＿＿

I munkeln　　＿＿＿＿＿＿＿

J Hiebe　　　　＿＿＿＿＿＿＿

2. Setzen Sie die Zahlenreihe 1 – 2 – 3 – ... fort. Welche Zahl kann logisch als Nächste folgen, die 4, die 5 oder beide?

• •

3. Die folgenden Worte sind unvollständig: Die Selbstlaute fehlen. Wie viele Buchstabenkombinationen können Sie in fünf Minuten zu einem sinnvollen Wort ergänzen. Beispiel: »MNSCH« wird durch »E« zu MENSCH ergänzt:

BN, BLCH, BR, BTT, DCK, DLL, DR, F, FGN, FLL, FST, GGN, GL, GLD, H, HBL, HBN, HLL, HRD, HRR, KKS, KLLR, KNNN, LBN, MHR, NGR, NPP, PLL, PLZ, PNDL, RGN, S, SCHN, SCHS, SGN, SPR, WG, WGN, ZLL.

Auswertung zum Check

»Einige Menschen sehen Dinge, wie sie sind, und fragen warum. Andere träumen Dinge, die niemals waren, und fragen warum nicht.«
George Bernard Shaw

Fantasie haben heißt, das Ungewöhnliche denken können. Deshalb bekommen sie die folgenden Punkte:

1. Ein Punkt für jeden Reim, den Sie überhaupt gefunden haben. Aber: Bei den Worten A – E jeweils drei Punkte für jeden Reim, der nicht mit den Worten F – J übereinstimmt. Bei den Worten F – J jeweils fünf Punkte, wenn hier die unter A – E angegebenen Worte nicht als Reim auftauchen. Und fünf Extrapunkte für jeden Reim, der nicht dieselbe Silbenzahl hat wie das Wort, zu dem Sie den Reim gesucht haben (Beispiel für Extrapunkte: »munkeln – verdunkeln«).

2. Ein Punkt, wenn Sie »4« gesagt haben. Aber zehn Punkte, wenn Sie »5« gesagt haben. (Das wäre dann die Reihe der Primzahlen, also der Zahlen, die nur durch sich selbst und 1 teilbar sind.) Zehn Punkte, wenn Sie »beides« gesagt haben.

3. Alle Buchstabenkombinationen werden zu sinnvollen Wörtern, wenn Sie ein »E« (oder mehrere) ergänzt haben. Sie erhalten einen Punkt für jedes Wort, das Sie herausbekommen haben. Aber: Drei Punkte zusätzlich für jedes Mal,

328

an dem Sie einen anderen Selbstlaut als »E« (also: A, I, O, U oder die Umlaute Ä, Ö, Ü) eingesetzt haben.

Weniger als 60 Punkte: Sie sind geistig rege, aber dennoch bringen andere Menschen bei diesem Test mehr Fantasie auf als Sie. Diese Menschen finden zu einfachen Fragen ungewöhnlichere Antworten. Und oft ist das Ungewöhnliche einfach besser, weil es neue Wege aufzeigt.

60 bis 100 Punkte: Sie sind geistig flexibel. Sie haben Fantasie. Sie denken nicht immer in den vorgegebenen Bahnen. Ihnen fällt es leichter als anderen Menschen, im Gespräch auf originelle Ideen und bei Problemen zu eigenständigen Lösungen, die von der Norm abweichen, zu kommen.

Mehr als 100 Punkte: Sie sind kreativ. Wo andere Menschen sich nur auf die Erfahrung verlassen und geistig mit dem Strom schwimmen, fällt Ihnen in Gesprächen und bei der Lösung von Aufgaben das wirklich Neue und Originelle ein, auf das alle warten, das aber den meisten Menschen verschlossen bleibt.

Intuition – das intelligente Gefühl

»Frauen wissen dies meist besser als Männer, aber auch Frauen gehen oft falsch damit um, sie sagen dies entschuldigend: *Das hab ich nur so aus dem Bauch gesagt*, so als ob nicht viel mehr dahinter stecke als eben weibliches Gefühl.« (Rosemarie Strebe, *Ich fühle, also bin ich*)

Intuition ist schneller als der Intellekt

Wenn man sich einmal näher mit dieser »Frauenlogik« befasst, wird deutlich, dass es sich um eine grundlegend kreative Eigenschaft handelt, die der rationalen »Männerwelt« einiges erleichtern könnte. Viele Künstler beherrschen diese Fähigkeiten ganz selbstverständlich.

Dazu kommt: Intuition ist nicht nur reines Gefühl, Intuition ist intelligent. Sie beruht auf einem Wissen, zu dem wir aber im normalen Wachbewusstsein keinen eindeutigen Zugang haben. Trotzdem können wir es nutzen, wenn wir dem intelligenten Gefühl nur trauen. Das folgende Beispiel zeigt Ihnen, wie das Prinzip funktioniert:

Ich befehle meinen Fingern, sich einzeln zu heben. Dann befehle ich den Fingern, sich in Paaren zu heben, sagen wir: erster und dritter gegen zweiter und vierter Finger. Ich bekomme das ganz gut hin, ich habe geübte Hände. Allerdings muss ich mich dabei sehr konzentrieren und meinen ganzen Verstand einsetzen, um es fehlerlos zu machen. Reden kann ich nebenher nicht mehr. Nun lege ich meine Hand auf den Tisch: Und siehe da – plötzlich geht diese schwierige Übung rasant schnell, weil ich in Gedanken nicht mehr meinen Fingern diese Befehle gebe, sondern in meinem Kopf Terzen spiele, die ich auf dem Klavier gelernt habe. Und ich kann gleichzeitig völlig frei reden, meine Finger tun dies ohne meinen Intellekt. Die Terzen sind genau so, dass sich die Finger in Paaren heben: erster und dritter gegen zweiten und vierten Finger. Ebenso wären Sekunden oder Quarten möglich, je nachdem welche Melodien ich einschalte. Ich muss also nur eine richtige Tonfolge in mein inneres Gehör holen.

Ich habe diese Terzen und Fingerübungen jahrzehntelang geübt. Ich habe sie als Routine übernommen. Sie sind antrainiertes Wissen. Wenn wir gefragt werden: »Was ist 8 mal 8?« antworten wir automatisch: »64«. Wir hören innerlich ein »i« wie in »vierundsechzig«. Ein »ü« wie in »fünfundsechzig« ist ausgeschlossen, wir würden sagen: »Das klingt falsch.« Wie oft überprüfen wir allein phonetisch die Richtigkeit unserer Grammatik, unserer Sprache – auch sie ist antrainiertes Wissen. So überprüfen wir auch Telefonnummern, die wir im Kopf haben. Wir alle kennen diese Vorgänge sehr gut. Wir benutzen sie dauernd. Und nun kommt der verblüffende Schluss: Der gefühlsmäßige Abruf von antrainiertem Wissen ist dem intellektuellen Denkvorgang an Geschwindigkeit hundertfach überlegen und nicht weniger sicher. Also sollten wir unserem intelligenten Gefühl vertrauen und es bewusst einsetzen. Jeder von uns hat es.

Intuitiv erfassen Sie das Wesentliche

Wir besitzen ein verborgenes Wissen, tief im Unterbewusstsein vergrabene Erfahrungen und Instinkte, zu denen wir mithilfe der Intuition einen Zugang finden können. Deshalb ist Intuition ein äußerst intelligentes Gefühl, es schöpft aus Quellen, die uns auf anderem Wege verschlossen bleiben.

Nichts ist so gefährlich wie eine Lösung, wenn sie die Einzige ist.

Harte und weiche Informationen

Dringend erforderlich ist die Intuition bei der Lösung jeglicher Art von Problemen, die auf komplexen Zusammenhängen beruhen. Für solche Strukturen ist sie eindeutig die präzisere Form der Erkenntnis.

Wer angesichts komplizierter Strukturen versucht, alle einzelnen Faktoren zu analysieren, wird bald vor den Einzelteilen stehen und keinen Schimmer mehr haben, wie das Ganze denn einmal ausgesehen haben mag. Komplizierte Zusammenhänge enthalten etliche Besonderheiten und Abweichungen. Das Wesentliche können Sie hier ohne Intuition kaum auf einen Blick erfassen. Mit ihr aber sind Sie in der Lage, ein breites Spektrum von Informationen auf verschiedenen Ebenen zu überblicken und gefühlsmäßig sicher zu entscheiden.

Den Blick für das Wesentliche, für die in dem jeweiligen Zusammenhang relevanten Informationen zu behalten, gelingt nur, wenn man keine glasklaren Gewissheiten braucht, um ein Urteil zu fällen.

Auf nichts anderem zum Beispiel beruht unsere Menschenkenntnis. Wer Menschenkenntnis besitzt, ist in der Lage, schnell und mit feinem Gespür nicht nur Situationen, sondern eben auch Menschen anhand verschiedenster Informationen einzuschätzen, die wir gar nicht alle bewusst aufzählen könnten.

Diese so genannten »weichen« Informationen, das Gegenteil harter Fakten, sind in vielen Bereichen oft wichtiger, um die richtigen Weichen stellen zu können.

Der kanadische Wirtschaftswissenschaftler Professor Harvey Mindess hat untersucht, welche Informationen Führungskräfte mit großer Verantwortung für die Zukunft ihrer Unternehmen sammeln und welche sie weniger berücksichtigen.

Mindess begleitete eine Woche lang verschiedene Führungskräfte fast rund um die Uhr, um wirklich mitzuerleben, was sie taten. Ein Beispiel: Er beobachtete, wie ein Topmanager seinen Postkorb ausleerte. 130 Vorgänge wurden innerhalb von zwei Stunden angesehen und erledigt – die meisten durch Nichtkenntnisnahme. Darunter war unter anderem die Bilanz des vorausgegangenen Quartals. Auf die Frage, warum er denn ein so wichtiges Zahlenwerk nicht ansehen würde, antwortete der Manager: »Meine Aufgabe liegt in der Zukunft. Was in Zahlen zusammengefasst werden kann, gehört aber der Vergangenheit an.« Natürlich hat dieser Mann eine ganze Riege von Buchhaltern im Rücken, die sehr wohl die Zahlen studieren, regelmäßige Analysen anfertigen und die Dinge so auf den Punkt bringen, dass der Manager in zwei kurzen Absätzen zusammengefasst nachlesen kann, was seine Kollegen sich aus ellenlangen Computerlisten mühsam extrahieren müssen.

Was er dem Professor ansonsten über seine eigene Tätigkeit erzählt hat, zeigt dennoch sehr gut, welches Informa-

> »Instinkt ist der blinde Führer, der den inneren Weg dorthin geht, wo die Vernunft auf sichtbare Markierungen angewiesen ist.«
> Hans Lohberger

tionsfutter eine zukunftsgerichtete Intelligenz braucht: Anstelle von nackten Zahlen nimmt dieser Manager Gerüchte, Klatsch, Meinungen und Spekulationen zur Kenntnis und katalogisiert sie auf seine Weise.

Nicht die »harte« Information aus dem Computer lehrt ihn etwas über zukünftige Entwicklungen, er braucht »weiche« Daten, zum Beispiel das Gerücht, dass ein Konkurrent am Ort vorhabe, ein Grundstück zu kaufen – ein Hinweis darauf, dass dieser womöglich schon dabei ist, seine Produktionsstätten auszubauen oder die Produktion zu diversifizieren. Für beides muss der Manager gewappnet sein, denn wenn die Einladung zum Richtfest auf dem Tisch liegt, ist es für entsprechende Gegenmaßnahmen zu spät.

Diese Beispiel zeigt, wie wichtig es für die Leitung eines Unternehmens ist, ein Gespür für leise Töne, vage Andeutungen und weiche Informationen zu entwickeln. Intuition ist nichts anderes, als auf diese Hinweise und die Signale seiner inneren Stimme zu hören.

Intuitive Imagination

Stellen Sie sich vor, Sie reden drei Sätze über ein Thema, zum Beispiel über Mitarbeitermotivation. Wenn Sie sozusagen an Ihre Gedanken ein Bild anfügen, schwingt diese Vorstellung in Ihren Sätzen mit, obwohl sie nicht ausgesprochen wird. Sehen Sie einen Angestellten vor ihrem geistigen Auge: Wie lebt er, hat er genug Geld? Was sind seine Interessen, was macht er in seiner Freizeit? Hat er Freude daran, noch etwas dazuzulernen, seinen Aufgabenbereich zu erweitern? usw. Je deutlicher Ihr Bild für Sie Gestalt annimmt, ohne dass Sie sich darauf konzentrieren müssen, desto umfassender können Sie über Mitarbeitermotivation reden – auch wenn Sie nur einen ganz kleinen Teil dessen aussprechen, was Sie intuitiv vor Ihrem inneren Auge sehen können. Je mehr Sie sich angewöhnen, bei allem, was Sie sagen, ein entsprechendes Bild im Kopf zu haben, desto schneller finden Sie auch den Zugang zu den Argumenten, mit denen Sie Ihre Aussage belegen können. Das stets präsente Bild stützt Ihre Gedanken und ermöglicht Ihnen raschere und tiefgründigere Darlegungen.

So finden Sie den Zugang zu mehr Intuition

Intuitive Menschen sind einfallsreich. Aufgrund ihrer kreativen Fähigkeiten zeichnen sich Personen, die besonders intuitiv sind, durch bestimmte Eigenschaften und Fähigkeiten aus:

- Sie haben ein positives Selbstbild,
- sie gehen Risiken ein,
- sie sind unabhängig und wissbegierig,
- sie konzentrieren sich eher auf Lösungen als auf Probleme,
- sie bevorzugen Aktivität und einen zwanglosen Umgangsstil,
- sie sind einfallsreich,
- sie sehen Veränderungen voraus,
- sie haben einen Blick für das Wesentliche,
- sie bringen neue Möglichkeiten ins Spiel und
- sie gehen Schwierigkeiten mit Elan an.

Jedoch können sie manchmal auch schneller ungeduldig werden, zum Beispiel in Routineangelegenheiten. Einige intuitive Menschen begehen häufiger Sachfehler, arbeiten unstetig oder verlassen sich manchmal auch zu sehr auf ihre Intuition.

Daher ist es wichtig, beide Gehirnhälften zu integrieren, bei jeder Tätigkeit. Unser Gehirn funktioniert zwar immer als integriertes Ganzes – es geschieht nie, dass nur die eine oder die andere Hirnhälfte aktiv ist. Aber die vor allem durch unsere Sozialisation bedingte Konzentration auf kognitive Fähigkeiten führt zu einem Ungleichgewicht. Dabei sind kreative Fähigkeiten genauso erlernbar wie zum

Beispiel neue Programmiersprachen für Computer. Es gibt lediglich individuelle Unterschiede in der Zeit, die man für den Lernprozess benötigt, wie bei Programmiersprachen übrigens auch.

Wenn man Intuition trainieren will, ist es zunächst erforderlich, sich in einem entspannten Zustand zu befinden.

Der Zusammenhang von Intuition und Hirnfrequenzen

Abhängig von der Art unserer Aktivität werden bei der Messung von Hirnströmen unterschiedliche Frequenzen festgestellt: Sie werden unterteilt in Beta-, Alpha-, Theta- und Delta-Frequenzen.

Die Abbildung verdeutlicht die einzelnen Abstufungen und Bewusstseinszustände.

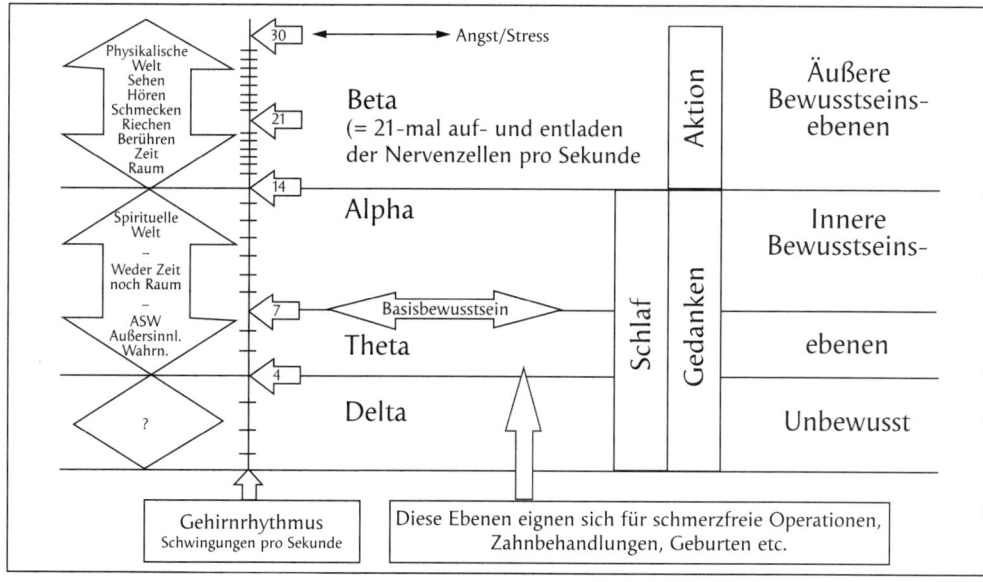

Gehirnfrequenzen

Die Beta-Frequenz entsteht während unseres aktiven Arbeitens. Hier stehen wir sozusagen Mitten im Leben und bewegen die Dinge.

Auf den Alpha-Frequenzen beginnt bereits einerseits die Entspannung und zum anderen die verstärkte Wahrnehmmung der inneren Gefühlswelten. Hier gelingt es am besten zu visualisieren, Ziele bildhaft und gefühlsmäßig durchzuspielen oder sich selbst in den »inneren Filmen« zu betrachten. Außerdem scheinen wir in diesem Wellenbereich aufnahmefähiger zu sein für diffuse und »weiche« Informationen, die wir sonst eher ausblenden.

Befinden sich unsere Hirnströme in der Alpha-Frequenz, sind wir entspannt und können in einer eher neutralen Atmosphäre Probleme durchdenken und Lösungen erhalten. Die Entspannung ist so nachhaltig, dass zehn Minuten in der Alpha-Frequenz eine Stunde Schlaf ersetzen können und gleichzeitig das Immunsystem stabilisieren. In diesem beruhigten Zustand sind die Aufnahmefähigkeit und die Sensibilität für den Kontakt zum Unterbewusstsein um ein Vielfaches erhöht.

Die Möglichkeit, sich auf die Alpha-Frequenz zu begeben, ist im Grunde ausgesprochen einfach. Es ist – wie mit allem – lediglich eine Frage der Übung und der Disziplin.

• •

Praktische Hilfen zum 18. Impuls

Und so trainieren Sie den Alpha-Zustand, um Ihre Intuition – auch im Wachbewusstsein – zu erhöhen (es ist übrigens sinnvoll, sich den folgenden Text – sehr langsam – auf Band zu sprechen):

Setzen Sie sich bequem, aber aufrecht in einen Sessel oder auf einen Stuhl. Sie können sich dabei ruhig anlehnen.

Halten Sie den Blick eine kurze Weile etwa 20 Grad über dem Horizont und sprechen Sie in Gedanken mit dem Ausatmen dreimal hintereinander die Zahl 6.

• •

Dann schließen Sie die Augen, aber lassen Sie sie hinter den geschlossenen Lidern trotzdem noch leicht nach oben schauen. Atmen Sie tief ein und wiederholen Sie im Geist mit dem Ausatmen dreimal die Zahl 5.

Atmen Sie erneut tief ein und wiederholen Sie im Geist mit dem Ausatmen dreimal die Zahl 4.

Atmen Sie tief ein und wiederholen Sie im Geist mit dem Ausatmen dreimal die Zahl 3.

Denken Sie jetzt: körperliche Entspannung.

Atmen Sie einige Male tief in den Unterbauch aus und ein. Konzentrieren Sie sich ganz auf das Atmen.

Erlauben Sie, dass mit jedem Ausatmen ein Gefühl der Entspannung durch Ihren Körper fließt. Vom Kopf hinunter bis in die Zehenspitzen.

Atmen Sie tief ein und wiederholen Sie im Geist mit dem Ausatmen dreimal die Zahl 2.

Denken Sie: geistige Entspannung.

Lassen Sie alle Gedanken des Tages los, indem Sie sie mit dem Ausatmen herausströmen lassen.

Atmen Sie tief ein und wiederholen Sie im Geist mit dem Ausatmen dreimal die Zahl 1.

Nun sind Sie auf der tieferen und entspannteren Bewusstseinsebene, »auf alpha«.

Denken Sie innerlich: Ich bin jetzt auf einer tieferen und gesünderen Bewusstseinsebene, »auf Alpha«.

Stellen Sie sich jetzt Ihren Lieblingsplatz vor. Einen Ort, den Sie eventuell öfters besuchen, oder der Ihnen in einem Urlaub besonders gefallen und gut getan hat. Es sollte ein Ort der Entspannung und Ruhe sein.

Genießen Sie es eine Weile, an diesem Ort zu sein.

Dann geben Sie sich selbst den Impuls und denken im Geist:

Um auf eine noch tiefere und gesündere Bewusstseinsebene zu gelangen, zähle ich jetzt von 10 bis 1.

Und dann zählen Sie genauso hinunter, wie Sie das vorher von 6 bis 1 getan haben.

Nun sind Sie in einem tieferen Alpha-Zustand.

Stellen Sie sich mit der Zahl 10 vor, dass Sie einen wunderschönen Raum betreten. In diesem Raum ist alles vorhanden, was Sie brauchen, um Lösungen zu finden oder Unterstützung zu erhalten. Sie können sich diesen Raum ganz nach Ihren Wünschen einrichten mit Schreibtisch, Bildschirm, Entspannungszone etc. Ich nenne diesen Raum »Labor«.

Sie sollten sich jetzt entscheiden, wie viel Minuten Sie auf Alpha verweilen möchten. Zum Beispiel:

Ich werde jetzt zehn Minuten in Alpha sein und dann wieder ins Tagesbewusstsein zurückkehren.

Dann können Sie Fragen zu eventuellen Problemen stellen und abwarten, welche Antworten kommen. Es können gedankliche Impulse sein, es können Bilder sein. Es kann aber auch sein, dass nichts geschieht. Das macht nichts. Sie haben Ihre Frage bzw. Bitte um Antwort bewusst dem Unterbewusstsein gestellt. Die Antwort kann Ihnen dann auch spontan tagsüber kommen oder nachts im Traum.

Wenn Sie von Alpha wieder zurück in das Tagesbewusstsein kommen wollen, dann sagen Sie zu sich selbst folgende Sätze:

Gleich werde ich bis 5 zählen. Wenn ich bei 5 bin, werde ich die Augen öffnen, hellwach, ausgeruht und vollkommen gesund sein. Es wird mir besser gehen als zuvor.

Und dann zählen Sie langsam:

1, 2, langsam herauskommen

3,

wenn ich bei 5 bin, werde ich die Augen öffnen, hellwach, ausgeruht und vollkommen gesund sein.

4 und 5,

Augen auf, hellwach, ausgeruht, vollkommen gesund, und es geht mir besser als zuvor.

Und dann gehen Sie wieder Ihrem normalen Alltag nach.

Üben Sie diese Alpha-Technik zunächst, wenn Sie keinen Zeitdruck haben. Da unser Gehirn es nicht gewohnt ist, auf Alpha trotz der Entspannung relativ wach zu sein, kann es zu Anfang des Öfteren vorkommen, dass Sie in einen Kurzschlaf verfallen.

Normalerweise dauert es einige Wochen regelmäßigen Trainings, bis Sie sich sicher fühlen. Doch das Üben lohnt sich! Seien Sie nun äußerst wachsam für Ihre innere Stimme. Drücken Sie sie nicht weg, und schütteln Sie auch nicht den Kopf, falls unklare Ideen kommen oder Ideen, die im Augenblick nicht umsetzbar sind. Lassen Sie Ihrer Intuition den Raum, sich zu entfalten. Sie werden sehen: Ihre Intuition wächst, Sie bekommen neue Impulse und können besser Entscheidungen treffen.

Versuchen Sie, die Kraft der Vorstellung so oft wie möglich zu nutzen. Wenn Sie auf dieser tieferen Bewusstseinsebene eine Situation beispielsweise im Voraus ein oder mehrmals durchlebt haben, wird damit bereits eine Verbindung auch zu anderen Personen geschaffen, was sich in einer größeren Harmonie mit diesen Personen zeigen kann.

»Intuition findet ihren Ausdruck durch Imagination.« Dan Dorfman

Wissenschaft und Praxis bestätigen immer wieder, dass es für unser Gehirn fast keinen Unterschied macht, ob wir eine Handlung definitiv ausführen oder ob wir sie mit den begleitenden Emotionen visualisieren. Für unser Gehirn ist das bereits eine reale Erfahrung.

Im Alpha-Zustand kommt jedoch noch etwas hinzu: Unsere Wahrnehmung dehnt sich aus, wir sind unabhängig von

Zeit und Raum und können sozusagen intensiv »probeleben«. Darüber hinaus bekommen wir ganz klare Signale, ob unsere Vorstellung wirklich zu uns passt, ob wir unsere Ziele etwas verändern sollten, an wen wir uns eventuell wenden können etc. Sie müssen Ihre intuitiven Bilder nur aufmerksam anschauen und die Dinge innerlich geschehen lassen.

Durch das Training der intuitiven Kräfte wird ein innerer Raum mit Ihren Vorstellungen geschaffen, in den Sie sich auch im Wachbewusstsein zurückziehen können, und dessen Bilder Sie bei der Entscheidungsfindung aktivieren können.

Dieser Prozess steht dahinter, wenn wir »Entscheidungen aus dem Bauch« treffen. Mit einem kleinen Unterschied: Mithilfe der Alpha-Technik treten wir ganz bewusst mit diesem Platz in Verbindung – und können immer mehr auf diese innere Stimme vertrauen.

19. Liebe

Dieser Impuls ist der wichtigste. Und er ist der schwerste. Alles, was Sie tun, jede Anstrengung für ein besseres Leben wird nicht fruchten, wenn Sie es ohne Liebe tun – Liebe zu den Dingen, die man macht, Liebe zu anderen und – daran denken die wenigsten – Liebe zu sich selbst.

Liebe ist mächtig, Liebe ist allumfassend, und der Zugang zur Liebe ist für jeden anders. Deshalb finden Sie in diesem Kapitel keinen Selbsterkenntnis-Check und keine praktischen Übungen. Sie finden nur ein paar Überlegungen, aber die können vielleicht bewirken, dass Sie einige Dinge in puncto Liebe grundsätzlich anders sehen.

Jeder von uns hat wahrscheinlich mindestens einmal in seinem Leben erfahren, welche unglaublichen Kräfte die Liebe mobilisieren kann. Wenn wir lieben, dann gelingt alles, das Leben ist mühelos und wunderschön. »Liebe verleiht Flügel« – aber warum stürzen so viele ab?

Liebe in der Zweisamkeit

Die Sehnsucht nach Liebe zeigt sich in etlichen Filmen, in Büchern und in der Musik. Viele suchen sie in Discos, Singleclubs, auf »Bällen der Einsamen Herzen« und in Kontaktanzeigen. Und seien Sie ehrlich: Denken Sie nicht auch, Liebe hätte hauptsächlich etwas mit Glück zu tun, man müsse eben darauf warten, dass einem der richtige Partner begegnet? Und dann fällt einem per Zufall die Liebe in den Schoß. Auch wenn Sie wissen, dass Liebe nicht mit der ersten Verliebtheit gleichzusetzen ist und die dauerhafte Stabilität von Partnerschaft »harte« Beziehungsarbeit erfordert – was tun Sie, um Ihre Liebe aufrechtzuerhalten?

Zwar wird die Liebe äußerst wichtig genommen, die Gedanken vieler Menschen kreisen ständig darum. Doch trotz der tiefen Sehnsucht nach Liebe werden all unsere

Energien an anderer Stelle eingesetzt: Beruflicher Erfolg, Geld, Prestige und sogar eine erlebnisreiche Freizeit sind den meisten wichtiger, als in ihre Liebesfähigkeit zu investieren. Aber genau darin liegt der springende Punkt: Liebe ist eine Fähigkeit, kein Schicksal! Wir müssen genauso wie in alle anderen Fähigkeiten Zeit und Aufmerksamkeit investieren, um die Liebe zu lernen. Das Gefühl ist immer da, aber um es zu erleben, zu vertiefen und dauerhaft aufrechtzuerhalten, müssen wir uns schon ein wenig anstrengen.

Warum glauben so viele, es läge am Partner oder an den Umständen, wenn ihre Beziehung gescheitert ist?

Das »Projekt Liebe« aufgeben?

Erich Fromm schreibt in seinem Klassiker »*Die Kunst des Liebens*«: »Diese Auffassung, nichts sei einfacher als zu lieben, herrscht noch immer vor, trotz der geradezu überwältigenden Gegenbeweise. Es gibt kaum eine Aktivität, kaum ein Unterfangen, das mit so ungeheuren Hoffnungen und Erwartungen begonnen wird und das mit einer solchen Regelmäßigkeit fehlschlägt wie die Liebe. Wäre das auf irgendeinem anderen Gebiet der Fall, so würde man alles daransetzen, die Gründe für den Fehlschlag herauszufinden und in Erfahrung zu bringen, wie man es besser machen könnte – oder man würde es aufgeben.«

Natürlich denkt keiner ernsthaft daran, das »Projekt Liebe« aufzugeben. Deshalb sollten wir es ernster nehmen und unsere Energie an der richtigen Stelle einsetzen.

Als Erstes gilt es zu erkennen, dass die meisten die Schwierigkeit darin sehen, jemanden zu finden, der sie liebt. Alle Mittel und Tricks der Kosmetik-, Fitness- und Selbsterfahrungs-»Industrie« werden angewendet, um die Voraussetzungen dafür zu schaffen, geliebt zu werden. Das ist Energieverschwendung, wenn man es nur aus diesem Grund macht: Das Problem liegt nämlich nicht in erster Linie darin, geliebt zu werden, sondern selbst lieben zu können, selbst Liebe zu geben. Nur wer zur Liebe fähig ist, wird Liebe zurückbekommen. Nur wer seine eigene Liebe pflegt und entwickelt, wird auch Liebe empfangen.

Lieben Sie sich selbst wie Ihren Nächsten

Liebe bedeutet nicht nur, einen Partner zu finden und mit ihm vereint zu sein und zu bleiben. Liebe bedeutet, unsere tiefste Quelle von Energie und Freude zu aktivieren. Aber wie kommen wir am besten an diese Ressource heran?

Auch nichtreligiöse Menschen kennen einen der zentralen Imperative aus der Bibel: Liebe deinen Nächsten wie dich selbst!

Nehmen Sie diese Forderung wörtlich: Sie werden anderen keine Liebe entgegenbringen können, wenn Sie sich selbst nicht leiden mögen. Nur wer sich selbst liebt, mit sich zufrieden ist, der hat auch die Fähigkeit, andere zu lieben. Lieben Sie sich selbst! Das ist die Voraussetzung.

Und das ist das Gegenteil von Egoismus. Ich bin der festen Überzeugung, dass sich die meisten nur deshalb so rücksichtslos und egozentrisch verhalten, weil sie mit sich selbst unzufrieden sind.

Solange ein paar Grundvoraussetzungen nicht erfüllt sind, wird kaum jemand in der Lage sein, von sich und seinen Problemen abzusehen und anderen die Zuneigung und Aufmerksamkeit zu schenken, die wahre Nächstenliebe erfordert. Diese sind:

- Mit sich selbst im Reinen zu sein,
- darauf zu achten, dass es uns gut geht,
- gesund und stabil zu werden und zu bleiben,
- fröhlich und ausgeglichen zu sein.

Wenn Samy Molcho fordert: »Ändere deine Einstellung zu den Menschen und die Menschen ändern ihre Einstellung zu dir.« ist das für mich erst der zweite Schritt. Voraussetzung dafür ist: Ändere deine Einstellung zu dir selbst und du änderst deine Einstellung zu den Menschen. Dann zieht eins das andere nach sich.

Wenn wir uns selbst nicht lieben, sind wir eine Belastung für die gesamte Gesellschaft. Denn wer gestresst ist,

- demotiviert andere,
- reagiert aggressiv,
- ärgert die anderen oder
- wird krank.

Niemandem ist damit gedient! Am wenigsten Ihnen selbst. Sie lösen lediglich eine Kette von negativen Reaktionen aus, die am Ende zu Ihnen zurückkehrt.

Schenken Sie sich Zeit

Was tun Sie, wenn Sie jemanden lieben? Sie nehmen sich Zeit für ihn. Sie kaufen Geschenke. Sie schreiben Liebesbriefe. Sie streicheln ihn. Sie sagen ihm was Nettes. Sie gehen mit ihm aus. Sie haben Spaß mit ihm.

Und was tun Sie für sich?

Seien Sie liebevoll zu sich, investieren Sie jeden Tag in Ihre Beziehung zu sich selbst.

Eine Möglichkeit wäre: Machen Sie sich ein Geschenk. Schenken Sie sich Zeit!

Die wichtigste Stunde am Tag ist die, die Sie sich für sich selbst nehmen. Eine Stunde! Das muss doch möglich sein bei 24 Stunden am Tag. Eine Stunde, nur für Sie allein.

Zum Beispiel am Morgen. Das Erste, worum Sie sich kümmern sollten, sind Sie.

Beginnen Sie mit einem Spaziergang oder einer Runde Jogging noch vor dem Frühstück – wenn alles noch ruhig, die Luft noch klar ist.

Stimmen Sie sich morgens auf sich selbst ein, während Sie gehen oder laufen. Überlegen Sie, was Sie erreicht haben, was Sie glücklich macht und worauf Sie stolz sein können.

Es gibt so viel Positives, das wir für selbstverständlich halten, und wir nehmen uns nicht die Zeit, es uns bewusst zu machen. All das, was Sie erreicht haben in Ihrem Leben, hat doch sehr viel Einsatz und manchmal große Mühen gekostet. Erinnern Sie sich daran, welche Kräfte in Ihnen stecken und was Sie auf diese Weise künftig noch erreichen können.

So bekämpfen Sie jegliche schlechte Laune und Unzufriedenheit mit sich selbst, vor allem wenn Sie einmal »mit dem falschen Fuß« aufgestanden sind.

Das ist nur eine Möglichkeit von vielen, wichtig ist: Sorgen Sie konsequent dafür, dass Sie nicht zu kurz kommen. Wenn Sie sich selbst nicht vernachlässigen, werden Sie auch genügend Kapazität haben, sich um andere zu kümmern und Liebe zu geben!

Nehmen Sie Ihr Schicksal in die Hand!

Sich selbst annehmen mit allen Fehlern, Ecken und Kanten ist ein Ausdruck von Liebe. Lieben ist eine aktive Handlung, die Sie vollziehen müssen. Warten Sie nicht, bis die Liebe auf dem weißen Pferd angeritten kommt, nehmen Sie Ihr Schicksal in die Hand!

Sie tragen alle nötigen Voraussetzungen in sich. Umsorgen Sie sich, muten Sie sich etwas zu, entwickeln Sie sich weiter!

Nutzen Sie die 19 Impulse, um täglich etwas für sich zu tun. Sie werden die Welt nur verändern, wenn Sie sich selbst verändern.

Machen Sie aus Ihrem Leben ein Meisterstück der positiven Veränderung!

Anhang

Ihre persönliche Positivitätsskala

0%	50%	100%	
├──┼──┼──┼──┼──┼──┼──┼──┼──┼──┤			Die Macht der geistigen Gesetze
├──┼──┼──┼──┼──┼──┼──┼──┼──┼──┤			Mut
├──┼──┼──┼──┼──┼──┼──┼──┼──┼──┤			Willenskraft
├──┼──┼──┼──┼──┼──┼──┼──┼──┼──┤			Initiative
├──┼──┼──┼──┼──┼──┼──┼──┼──┼──┤			Visionäres Denken
├──┼──┼──┼──┼──┼──┼──┼──┼──┼──┤			Selbstkenntnis
├──┼──┼──┼──┼──┼──┼──┼──┼──┼──┤			Energie
├──┼──┼──┼──┼──┼──┼──┼──┼──┼──┤			Emotionale Stabilität
├──┼──┼──┼──┼──┼──┼──┼──┼──┼──┤			Konzentration
├──┼──┼──┼──┼──┼──┼──┼──┼──┼──┤			Ehrlichkeit
├──┼──┼──┼──┼──┼──┼──┼──┼──┼──┤			Entscheidungskraft
├──┼──┼──┼──┼──┼──┼──┼──┼──┼──┤			Disziplin
├──┼──┼──┼──┼──┼──┼──┼──┼──┼──┤			Glauben
├──┼──┼──┼──┼──┼──┼──┼──┼──┼──┤			Klare Sprache
├──┼──┼──┼──┼──┼──┼──┼──┼──┼──┤			Kommunikationsfähigkeit
├──┼──┼──┼──┼──┼──┼──┼──┼──┼──┤			Offenheit
├──┼──┼──┼──┼──┼──┼──┼──┼──┼──┤			Wahrnehmung
├──┼──┼──┼──┼──┼──┼──┼──┼──┼──┤			Intuition
├──┼──┼──┼──┼──┼──┼──┼──┼──┼──┤			Liebe

So nutzen Sie Ihre persönliche Positivitätsskala

Vielleicht empfinden Sie es als Spielerei, aber diese spielerische Art der Selbstkontrolle ist wichtig, damit Sie sich immer wieder mit Ihren Leistungen und Erfolgen befassen, damit Sie sich immer wieder vor Augen halten, in welche Bereiche Sie eventuell noch mehr Energie investieren müssen. Und ganz nebenbei entsteht eine bunte Visualisierung Ihrer Fortschritte.

Tragen Sie entsprechend der Skaleneinteilung Ihre Einschätzung ein, auf welchem Stand Sie sich im Moment befinden, wie viel Prozent des jeweiligen Impulses Sie sich zuschreiben.

Nehmen Sie Ihre Skala jede Woche neu zur Hand und überprüfen Sie den Stand. Berücksichtigen Sie, was Sie im Verlauf der Woche für die einzelnen Impulse getan, welche Übungen Sie gemacht haben etc. Jedes noch so kleine Stückchen, das Sie weiterkommen, ist ein Erfolg!

Verwenden Sie unterschiedliche Farben, nehmen Sie zum Beispiel für jeden Monat des Jahres eine andere Farbe. Dann haben Sie einen wunderbaren Überblick, in welchen Monaten und bei welchem Impuls sie die besten Fortschritte gemacht haben.

Natürlich können Sie die Skala selbst nach eigenen Vorstellungen ergänzen, zum Beispiel indem Sie eine Kategorie mit Daten für bestimmte Ereignisse eintragen, die in Hinsicht auf spezielle Impulse für Sie wichtig waren. Ihrer Fantasie sind keine Grenzen gesetzt!

Visualisieren Sie Ihre Fortschritte zum positiven Veränderer. Je bunter und vielfältiger Ihnen das gelingt, desto besser erfüllt die Positivitätsskala ihren Sinn.

Dank

Als Erstes möchte ich aus tiefstem Herzen meinem Internisten und Freund Dr. Thomas Ortner danken. Ihm habe ich es zu verdanken, dass 1987 ein völlig neuer Weg in mein Leben gekommen ist, der mir unendliche neue Aspekte und Erfahrungen beschert hat. Für mich bist du, lieber Thomas, mit deinem ruhigen, intensiven Wesen, mit deiner Fürsorge, deiner Geduld, deinem ganzheitlichen Wissen und deiner oftmals aufopfernden Art mein menschlicher Engel.

Ebenfalls großen Dank sende ich an dieser Stelle meinem langjährigen Lehrer Meister Mantak Chia. Er lehrt in überaus freizügiger und offener Weise diese wundervollen alten taoistischen Techniken, ohne dass er sie mystifiziert, indem er sie »Geheimnisse« oder »Geheimlehren« nennt. Im Gegenteil, er gibt sie uns und mir so offen weiter, dass es für jeden, der diese Techniken praktiziert, möglich wird, persönlich unabhängig zu werden. Er ist ein wunderbarer Lehrer und Mensch und ich habe ihm sehr, sehr viel zu verdanken.

Ich danke meinem Lehrer und Coach Anthony Robbins für seine jahrelangen Forschungen und die Techniken, die er entwickelt hat, welche phänomenale Wandlungen von Glaubensmustern und persönlichen Überzeugungen bewirken. Seine Lehren und Techniken bringen Menschen in andere Dimensionen ihres Wirkens und haben mich in der emotional schlimmsten Phase meines Lebens wie Phönix aus der Asche auferstehen lassen.

Ich danke an dieser Stelle meiner Mutter, Ilse Nimsky, die mir mein erstes spirituelles Buch schenkte, das seinerzeit von Shirley MacLaine erschienen war, mit dem Titel *Zwischenleben*. So gab sie mir über dieses Medium den ersten Impuls zu der Erkenntnis, dass es (außerhalb der christlichen Tradition) noch etwas anderes zwischen Himmel und Erde geben kann. Außerdem danke ich ihr, dass sie all ihre damaligen Zweifel, ihre Tochter könnte in eine Sekte geraten, über Bord geworfen hat. Und nicht nur das

– sie hat sich im Gegenteil für sämtliche Religionen oder Möglichkeiten geöffnet, und so können wir noch heute einen hochinteressanten und regen Austausch pflegen, durch den ich mich sehr unterstützt fühle.

Ich danke meinen Geschwistern Dagmar, Karla und Gabriele für ihr Vertrauen und ebenso allen Menschen, die bisher meine Seminare oder mich persönlich besucht haben.

Das Weitergeben dessen, was ich gelernt habe, was ich erkennen durfte, was ich daraus entwickeln konnte, ist mein innerstes Bedürfnis und gleichzeitig meine größte Freude.

Literaturverzeichnis

Geist / Führung / Management

Agor, Weston H.: *Intuitives Management,* Synchron
Verlag, ISBN 3-88911-010-X

Aïvanhov, Omraam Mikhaël: *Die Kraft der Gedanken,*
Prosveta Verlag, ISBN 2-85566-602-3

Alethophilo: *Hermetis Trismegisti. Erkenntnis der Natur,*
Akasha Verlagsges., ISBN 3-922992-01-3

Allen, James: *Heile deine Gedanken. Werde Meister dei-
nes Schicksals,* Lüchow-Verlag, ISBN 3-925898-41-7

Backofen, Rudolf: *Laotse. Tao-Te-King,* Drei Eichen
Verlag, ISBN 3-7699-0420-6

Berth, Rolf: *Erfolg. 12 Mind-Profit-Strategien mit aus-
führlichem Testprogramm,* Econ Verlag,
ISBN 3-430-11239-7

Birkenbihl, Vera F: *Kommunikations-Training.
Zwischenmenschliche Beziehungen erfolgreich gestalten,* mvg Verlag, ISBN 3-478-03040-4

Carse, James P.: *Endliche und unendliche Spiele. Die
Chancen des Lebens,* Klett-Cotta Verlag,
ISBN 3-608-93366-2

Chibber, M.L. *Sai Babas Mahavakya über Führung* S-Sai
Vereinigung, ISBN 3-924739-90-0

Covey, Stephen R.: *Die sieben Wege zur Effektivität. Ein
Konzept zur Meisterung Ihres beruflichen und privaten
Lebens,* Campus bei Heyne, ISBN 3-453-09174-4

Gawain, Shakti: *Stell dir vor. Kreativ visualisieren,* roro-
ro Verlag, ISBN 3-499-18093-6

Gerken, Gerd: *Geist. Das Geheimnis der neuen Führung,*
Econ-Verlag, ISBN 3-430-13159-6

Holmes, Ernest: *Die Vollkommenheitslehre,* Verlag CSA,
ISBN 3-922779-13-1

Imai, Masaaki: *Kaizen. Der Schlüssel zum Erfolg der
Japaner im Wettbewerb,* Ullstein Taschenbuch,
ISBN 3-548-35332-0

Laszlo/Laszlo: *Managementwissen der 3. Art. Vorsprung durch evolutionäres Denken,* Gabler Verlag, ISDN 3-409-18796-0

Lilly, John C.: *Das Zentrum des Zyklons. Eine Reise in die inneren Räume,* Fischer Verlag, ISBN 3-596-21768-7

Lynch, Dudley / Kordis, Paul: *Delphin-Strategien. Management-Strategien in chaotischen Systemen,* Paidia Verlag, ISBN 3-89459-009-2

Robbins, Anthony: *Das Prinzip des geistigen Erfolgs. Der Schlüssel zum Power-Programm,* Heyne Verlag, ISBN 3-453-14836-3

Robbins, Anthony: *Grenzenlose Energie. Das Power Prinzip,* Heyne Verlag, ISBN 3-453-06572-7

Scheelen, Frank M.: *Menschenkenntnis auf einen Blick,* mvg Verlag, ISBN 3-478-72870-3

Schellbach, Oscar: *Mein Erfolgs-System. Das positive Leben in Theorie und Praxis,* Bauer-Verlag, ISBN 3-7626-0469

Schmidt, K.O.: *Seneca. Der Lebensmeister,* Drei Eichen Verlag, ISBN 3-7699-0426-5

Tracy, Brian: *Thinking Big. Von der Vision zum Erfolg,* Gabal Verlag, ISBN 3-930799-73-1

Walsch, Neale Donald: *Gespräche mit Gott. Ein ungewöhnlicher Dialog,* Goldmann Verlag, ISBN 3-442-30737-6

Psyche

Bandler, Richard/Grinder, John: *Reframing. Ein ökologischer Ansatz in der Psychotherapie (NLP),* Junfermann Verlag, ISBN 3-87387-228-5

Bradshaw, John: *Das Kind in uns. Wie finde ich zu mir selbst,* Droemer Knaur Verlag, ISBN 3-426-26568-0

Cameron-Bandler, Leslie / Lebeau, Michael: *Die Intelligenz der Gefühle. Grundlagen der »Imperative Self Analysis I«,* Junfermann Verlag, ISBN 3-87387-014-2

Diamond Dr., John: *Die heilende Kraft der Emotionen,*
Verlag für Angewandte Kinesiologie,
ISBN 3-924077-02-9

Jampolsky, Gerald G.: *Lieben heißt die Angst verlieren,*
Goldmann Verlag, ISBN 3-442-01381-9

Ledoux, Joseph: *Das Netz der Gefühle. Wie Emotionen
entstehen,* Carl Hanser Verlag, ISBN 3-446-19308-1

Topping, Wayne W.: *Stress Release,* Verlag für Angewandte Kinesiologie, ISBN 3-924077-04-5

Warnke, Ulrich: *Die geheime Macht der Psyche. Quanten-
philosophie – Die Renaissance der Urmedizin,* Popular
Academic Verlags-Gesellschaft, ISBN 3-929929-06-6

Körper / Energie / Gesundheit

Abrezol Dr., Raymond: *Vital und Gesund mit Sophrolo-
gie. Ein neuer ganzheitlicher Weg zur Alltagsbewälti-
gung,* Hüthig Verlag, ISBN 3-7785-2330-9

Birkenbihl, Vera F.: *Signale des Körpers. Körpersprache
verstehen,* mvg Verlag, ISBN 3-478-02280-0

Chia, Mantak: *TAO Yoga. Praktisches Lehrbuch zur
Erweckung der heilenden Urkraft Chi.* Ansata Verlag,
ISBN 3-7787-7028-4

Chia, Mantak: *TAO: Yoga des Heilens. Die Kraft des
inneren Lächelns,* Ansata Verlag, ISBN 3-7787-7180-9

Chia, Mantak: *TAO: Yoga der heilenden Liebe. Der
geheime Weg zur weiblichen Liebesenergie,* Ansata
Verlag, ISBN 3-7787-7025-X

Chia, Mantak: *TAO: Yoga der Liebe. Der geheime Weg
zur unvergänglichen Liebeskraft,* Ansata Verlag,
ISBN 3-7787-7026-8

Chopra Dr., Deepak: *Die Körperzeit. Mit Ayurveda
jung werden, ein Leben lang,* Lübbe Verlag,
ISBN 3-7857-0708-8

Chopra Dr., Deepak: *Die Körperseele. Grundlagen und
praktische Übungen der Ayurveda-Medizin,* Lübbe
Verlag, ISBN 3-7857-0616-2

Clark, Hulda Regehr: *Heilung ist möglich. Eine revolutionäre Technik zur Behandlung chronischer Erkrankungen,* Knaur Verlag, ISBN 3-426-76152-1
Da Silva, Kim: *Richtig essen zur richtigen Zeit. Ernährung und Kinesiologie,* Knaur Verlag, ISBN 3-426-06014-0
Da Silva, Kim / Rydl, Do-Ri: *Energie durch Bewegung. Kinesiologische Übungen für die ganze Familie,* hpt-Verlagsgesellschaft, ISBN 3-7004-0975-3
Dennison Dr., Paul E.: *Befreite Bahnen. Ein Buch über Edu-Kinestetik,* Verlag für Angewandte Kinesiologie, ISBN 3-924077-01-0
Diamond Dr., John: *Der Körper lügt nicht. Eine neue, revolutionäre Wissenschaft, die ihr Leben verändern wird,* Verlag für Angewandte Kinesiologie, ISBN 3-924077-00-2
Jentschura, Peter / Lohkämper, Josef: *Gesundheit durch Entschlackung,* Verlag Peter Jentschura, ISBN 3-933874-33-5
Juchheim Dr., Jürgen K. / Poschet, Jutta: *Immun. Das Ernährungsprogramm zur Stärkung des Immunsystems,* BLV Verlagsgesellschaft, ISBN 3-405-14458-2
Molcho, Samy: *Körpersprache im Beruf,* Goldmann Verlag, ISBN 3-442-12733-5
Warnke, Ulrich: *Der Mensch und die 3. Kraft. Elektromagnetische Wechselwirkung,* Popular Academic Verlag, ISBN 3-929929-09-0

Wissenschaft

Begich, Nick: *Auf den Spuren einer neuen Alchemie. Über die phantastischen Erfindungen des Patrick Flanagan,* Omega-Verlag, ISBN 3-930243-08-3
Bischof, Marco: *Biophotonen. Das Licht in unseren Zellen,* Zweitausendeins, ISBN 3-86150-095-7
Frissell, Bob: *Zurück in unsere Zukunft. Die MER-KA-BA: Ein Schlüssel zur 4. Dimension,* Michaels-Vertrieb, ISBN 3-89538-260-X

Oberbach Dr., Josef: *Feuer des Lebens. Dein Bioplasma – Die Wunderkraft des Menschen,* DBF Verlag, ISBN 3-980077-0-0

Peat, David F.: *Synchronizität. Die verborgene Ordnung,* Goldmann Verlag, ISBN 3-442-12432-8

Prigogine, Ilya: *Vom Sein zum Werden. Zeit und Komplexität in den Naturwissenschaften,* Piper Verlag, ISBN 3-492-02943-4

Sheldrake, Rupert: *Die Wiedergeburt der Natur. Wissenschaftliche Grundlagen eines neuen Verständnisses der Lebendigkeit und Heiligkeit der Natur,* Scherz Verlag, ISBN 3-502-19662-1

Sheldrake, Rupert/McKenna, Terence/Abraham, Ralph: *Denken am Rande des Undenkbaren. Über Ordnung, Chaos, Physik und Metaphysik, Ego und Weltseele,* Piper Verlag, ISBN 3-492-12004-0

Informationen über Seminare, Firmentrainings und
Coaching erhalten Sie bei:

nimski : *sucess*coaching®
Zum Schweigert 8
69234 Dielheim

Fax: +49 (0) 62 22-77 31 12
www.beatenimsky.de
www.nimsky.com
e-mail: coaching@beatenimsky.de